Interpretationen

Franz Kafka. Romane und Erzählungen

Interpretationen

Franz Kafka
Romane und Erzählungen

Das Urteil
Die Verwandlung
Der Verschollene
Der Proceß
Vor dem Gesetz
In der Strafkolonie
Ein Bericht für eine Akademie
Ein Landarzt
Auf der Galerie
Der Kübelreiter
Das Schloß
Ein Hungerkünstler

Interpretationen

Franz Kafka
Romane und Erzählungen

Herausgegeben von
Michael Müller

Philipp Reclam jun. Stuttgart

Universal-Bibliothek Nr. 8811
Alle Rechte vorbehalten
© 1994 Philipp Reclam jun. GmbH & Co., Stuttgart
Gesamtherstellung: Reclam, Ditzingen. Printed in Germany 1996
RECLAM und UNIVERSAL-BIBLIOTHEK sind eingetragene Marken
der Philipp Reclam jun. GmbH & Co., Stuttgart
ISBN 3-15-008811-9

Inhalt

Vorbemerkung 7

Das Urteil
Von Richard T. Gray 11

Die Verwandlung
Von Karlheinz Fingerhut 42

Der Verschollene
Von Bodo Plachta 75

Der Proceß
Von Ritchie Robertson 98

Vor dem Gesetz
Von Aage A. Hansen-Löve 146

In der Strafkolonie
Von Hans Dieter Zimmermann 158

Ein Bericht für eine Akademie
Von Hans-Gerd Koch 173

Ein Landarzt
Von Detlef Kremer 197

Auf der Galerie
Von Roger Hermes 215

Der Kübelreiter
Von Sabine Schindler 233

Das Schloß
  Von Michael Müller 253

Ein Hungerkünstler
  Von Michael Müller 284

Bibliographische Hinweise 313

Die Autoren der Beiträge 318

Vorbemerkung

1983 stellte Horst Steinmetz in einem Rückblick auf ein halbes Jahrhundert Kafka-Forschung fest: »Die unzähligen, ja unzählbaren Deutungen, Interpretationen, Analysen, die in den letzten fünfzig Jahren Kafka gewidmet worden sind, haben unsere Kenntnis über diesen Autor und sein Œuvre unendlich vermehrt; und doch ist es, als ob die Werke daraus gleichsam unberührt hervorgegangen wären, als ob wir dem Kern ihres Wesens nicht näher gekommen wären.«[1] Ähnlich pessimistisch beurteilen auch andere Literaturwissenschaftler die Möglichkeit, Kafkas Werke zu ›deuten‹. Brauchbare Verstehenshilfen für den ›Normalleser‹ sehen diese darin nicht. So schrieb beispielsweise Theo Elm 1977: »Dem ›unprofessionellen‹ Leser, der sich von der Germanistik ein wenig Hilfe für die eigene Kafka-Lektüre erhofft, drohen inzwischen rund 11 000 Experten-›Meinungen‹, die sich – Charakteristikum der Kafkaliteratur – allesamt den Anspruch der Kompetenz streitig machen. Ein Blick etwa auf den ›stehenden Sturmlauf‹ der Interpretationen zum ›Prozeß‹ vermittelt **so** kontradiktorisch gesetzte Thesen, daß dem Hilfesuchenden als Fazit nur noch Zweifel bleiben.«[2]

Die Resistenz der Werke Kafkas gegen eine eindeutige Sinnfixierung scheint diesen »Sturmlauf« keineswegs gehemmt, sondern ihn im Gegenteil provoziert zu haben. Was den unprofessionellen Leser – und nicht nur diesen – heute

---

1 Horst Steinmetz, »Negation als Spiegel und Appell. Zur Wirkungsbedingung Kafkascher Texte«, in: *Was bleibt von Franz Kafka? Positionsbestimmung, Kafka-Symposion Wien 1983*, unter Mitw. von G. Kranner hrsg. von W. Schmidt-Dengler, Wien 1985, S. 156.
2 Theo Elm, »Die unveränderliche Schrift und die verzweifelten Meinungen. Zur Deutungsproblematik des Romans ›Der Prozeß‹«, in: *Türen zur Transzendenz. Internationales Kafka-Symposion, 1.–11. Dezember 1977 in der Evangelischen Akademie Hofgeismar*, [Hofgeismar] 1978, S. 31.

irritieren muß, ist nicht allein die schiere Menge der Interpretationen, sondern auch der fast sektiererische Eifer, der ihnen oft innewohnt. Kafka läßt offenbar viele Wissenschaftler nicht los, so daß sie sich immer wieder aufs neue bemühen, diesem Autor sein Geheimnis abzujagen. Sie gehen davon aus, daß Kafka seine Schriften in einer Art von Geheimsprache abgefaßt habe, daß die eigentliche Aussage demnach nicht ausgesprochen, sondern verschlüsselt dargestellt oder in Bilder gefaßt sei. »Das Wort ›Jude‹ kommt im ›Schloß‹ nicht vor«, schrieb Max Brod schon 1927 in einem Aufsatz, mit dem er Kafka zum Zionisten erklären wollte.[3] »**Dennoch** ist mit Händen zu greifen, daß Kafka im ›Schloß‹ die große tragische Darstellung der Assimilation und ihrer Vergeblichkeit gegeben hat [...]« (Hervorhebung M. M.).

Man hat die frühe Phase der wissenschaftlichen Kafka-Rezeption als ›naive‹ Phase bezeichnet, man könnte sie aber auch die ›aggressive‹ Phase nennen. In Brods »Dennoch« kommt viel von dieser Haltung gegenüber den Werken Kafkas zum Ausdruck, die auch heute noch vielen Interpreten eigen ist.

Nicht nur die Schriften Kafkas sind im Lauf von siebzig Jahren im wahrsten Sinne des Wortes immer wieder ›in Angriff‹ genommen worden, auch seine Biographie wurde bis ins kleinste erforscht. Es gibt wohl keinen anderen deutschsprachigen Autor, über dessen Leben soviel bekannt ist. Auch hier scheint ein gewisser Widerspruch vorzuliegen, denn Kafka war ein Mensch, der das Rampenlicht der Öffentlichkeit scheute, dem es – jedenfalls Brod zufolge – nie um »Publizität« zu tun war. Die biographischen Recherchen entspringen der mehr oder weniger reflektierten Erkenntnis, daß bei Kafka Leben und Schreiben in besonderer Weise eine Einheit bilden, daß man sich über eine Erfor-

---

[3] Max Brod, »Tragödie der Assimilation: Bemerkungen zu Franz Kafkas Roman ›Das Schloß‹«, in: *Selbstwehr*, Prag, 26. August 1927.

schung der einzelnen Lebensabschnitte dem Werk nähern kann. So informiert der erste Band von Hartmut Binders *Kafka-Handbuch*, der dem »Leben und der Persönlichkeit« gewidmet ist, nicht nur über Kafkas erste »Schreibversuche« und sein »Leseverhalten«, sondern auch über sein »Längenwachstum« und seine »Geschlechtsreife«, seine Augenfarbe und sein Gewicht. Es gilt ›dennoch‹, was Steinmetz formuliert hat: unsere ›Kenntnis‹ über den Autor hat sich vermehrt, sie ist eigentlich schon mehr als erschöpfend, aber dem ›Kern‹ seiner Werke sind wir dadurch nicht unbedingt näher gekommen.

Angesichts der Deutungsflut und des Überangebots an Informationen über Kafka fühlt man sich heute, wie es einer der Autoren unseres Bandes formuliert, schon fast verpflichtet, eine Entschuldigung dafür vorzubringen, daß man zur Vermehrung der Sekundärliteratur beiträgt. Allerdings hat sich in den letzten zwanzig Jahren die Attitüde vieler Interpreten gegenüber Kafka geändert. Sie sind nicht mehr verzweifelt darum bemüht, seine Schriften zu enträtseln oder – wie Friedrich Beißner es wissenschaftssatirisch ausgedrückt hat –, »in einen der gerade im Schwunge befindlichen Dialekte«[4] zu übertragen; sie versuchen nicht mehr, dem Leser den goldenen Schlüssel auszuhändigen, der ihm den einen oder anderen Text oder sogar das Gesamtwerk Kafkas erschließt. Zunehmend ist man sich der Tatsache bewußt geworden, daß es in Kafkas Schriften ein Spannungsverhältnis zwischen Erkenntnisdrang und Erkenntnisverweigerung gibt, und gerade diese hermeneutische Problematik als solche ist seitdem in den Blickpunkt der Forschung gerückt. So erheben die in diesem Band versammelten Einzelinterpretationen nicht den Anspruch, den endgültigen ›Sinn‹ des jeweiligen Textes ans Tageslicht zu bringen. Sie beleuchten vielmehr wesentliche Aspekte in-

---

4 Friedrich Beißner, *Der Erzähler Franz Kafka und andere Vorträge*, mit einer Einl. von Werner Keller, Frankfurt a. M. 1983, S. 32.

haltlicher und formaler Art und können auf diese Weise vielleicht jedem Leser bei seiner eigenen Lektüre der Romane und Erzählungen Kafkas Anregungen und Hilfen geben.

Die Abfolge der Beiträge orientiert sich an der Entstehungschronologie der interpretierten Werke. Dabei ist zu berücksichtigen, daß in einigen Fällen die Entstehungsdaten nicht genau zu ermitteln sind und es in anderen zu Überschneidungen kommt. So entstanden beispielsweise die Texte *In der Strafkolonie* und *Ein Hungerkünstler*, als Kafka die Arbeit an größeren Projekten – den Romanen *Der Proceß* und *Das Schloß* – vorübergehend unterbrach. *Vor dem Gesetz* ist eine zu Lebzeiten des Autors separat veröffentlichte Passage aus *Der Proceß*. Die Erstdrucke der Werke sind in den Literaturhinweisen der betreffenden Beiträge ausgewiesen.

M. M.

Das Urteil – Unheimliches Erzählen und die Unheimlichkeit des bürgerlichen Subjekts

Von Richard T. Gray

Das Urteil gehört ohne Zweifel zu den meist interpretierten Kurztexten Kafkas, was dazu geführt hat, daß es unter Literaturwissenschaftlern geradezu zum Brauch geworden ist, jeder Neuinterpretation dieses Textes eine Apologie vorauszuschicken. Diesem Brauch soll hier nicht gefolgt werden. Statt dessen sollen als Einführung kurz die Gründe dafür skizziert werden, warum ausgerechnet diesem Text Kafkas soviel hermeneutische Energie und Akribie gewidmet worden sind. Kafka selbst ist zum Großteil dafür verantwortlich, denn er schrieb dem *Urteil* eine Schlüsselstellung in seiner eigenen literarischen Entwicklung zu. Unmittelbar nach der Niederschrift dieser Geschichte in der Nacht vom 22. zum 23. September 1912 notiert er in seinem Tagebuch: »Nur so kann geschrieben werden, nur in einem solchen Zusammenhang, mit solcher vollständigen Öffnung des Leibes und der Seele« (KKAT 461); und anläßlich der Druckfahnenkorrektur des »Urteils« behauptet Kafka, die Geschichte sei »wie eine regelrechte Geburt mit Schmutz und Schleim bedeckt« (KKAT 491) aus ihm herausgekommen. Damit wird der von Spontanität und Unreflektiertheit gekennzeichnete Schaffensprozeß, der *Das Urteil* hervorbringt, für ihn zum Wahrzeichen jedes authentischen literarischen Schreibens. Noch vier Jahre später, im August 1916, schreibt Kafka an seinen Verleger Kurt Wolff, diese Geschichte sei von seinen Werken die ihm »liebste Arbeit« (Br 149), und dieses Urteil über *Das Urteil* behält er bis zum Ende seines Lebens bei. Die Bedeutung dieser durchaus positiven Auffassung wird erst dann verständlich, wenn man sie vor dem Hintergrund der übermäßig scharfen Kritik betrachtet, mit der Kafka sonst seinen eigenen literarischen Produkten begegnete. Nicht nur die fragmentarisch gebliebenen Romane, sondern Texte wie *Die Verwandlung* und *In der Strafkolonie*, deren Veröffentlichung Kafka selbst autorisierte, fallen dieser Tendenz zu strenger Selbstkritik anheim.

Der Schlüsselstellung des *Urteils* innerhalb von Kafkas Schaffen entspricht die Schlüsselstellung, die das Auslegen dieses Textes in der Kafka-Forschung eingenommen hat: Keine Gesamtinterpretation seines Werks kann um eine Interpretation dieses Textes umhin, und nicht selten wird das Auslegen dieser Erzählung zum Ausgangspunkt für eine Darstellung des Kafkaschen Gesamtwerks.[1] Ein zweiter Grund für die Häufigkeit der Auseinandersetzungen mit diesem Text ist darin zu sehen, daß Kafka selbst sich mit seiner Auslegung befaßt hat. Bei einem Dichter, der sich äußerst selten – und dann meistens nur kurz und aphoristisch – zu seinen Texten äußert, bilden die recht ausführlichen Erläuterungen zum *Urteil* eine bemerkenswerte Ausnahme.[2] Durch das Heranziehen dieser Auslegungsansätze Kafkas hoffen viele Interpreten ein sichereres Fundament für den Bau ihrer eigenen Interpretation schaffen zu können. Doch gründet diese Hoffnung in dem Postulat, der Autor – wie diese Bezeichnung selbst andeutet – habe absolute Autorität über den von ihm verfaßten Text; aber gerade dieses Postulat, wie im folgenden erörtert werden soll, gilt für das *Urteil* nicht. Ein weiterer Grund für die vielfältigen Versuche, diese Geschichte zu interpretieren, liegt in der hermeneutischen Herausforderung der Erzählung: wie fast kein anderer Text der literarischen Moderne ist dieser gekennzeichnet durch formale Geschlossenheit und inhaltliche Offenheit, durch den Gegensatz zwischen einer klaren, konsequenten

---

1 Beispielhaft für diese Tendenz ist die Arbeit von Demmer (1973). Auch in der Monographie von Walter H. Sokel, *Franz Kafka – Tragik und Ironie*, München/Wien 1964, S. 44–62, wird *Das Urteil* als Paradigma für Kafkas »tragische« Erzählung eingestuft.
2 Vgl. KKAT 461 f. und 491 f., sowie F 394 und 396 f.

sprachlich-erzählerischen Entwicklung und einem anscheinend alogischen, inkonsequenten Handlungsablauf. Während die diskursive Ökonomie dieser Geschichte den Eindruck eines abgeschlossenen, folgerichtigen und lückenlosen Textgefüges erweckt, erscheint die Handlung als sprunghaft und von unerklärlichen Rissen durchzogen. Hinzu kommt, daß Kafka in den einleitenden Absätzen, in denen die empirische Umwelt des Helden Georg Bendemann und dessen persönliche Situation beschrieben werden, den Anschein erweckt, es handele sich einfach um eine konventionelle Erzählung, die den Normen des literarischen Realismus folgt.³ Im Laufe der Geschichte werden aber die am Anfang hervorgerufenen Lesererwartungen zunehmend enttäuscht. Letztlich wirft der Text eine Reihe rätselhafter Fragen auf: Wer ist und was bedeutet der Freund in Petersburg? Wie erklärt es sich, daß der Vater einerseits die Existenz dieses Freundes anzweifelt (E 28), andererseits aber behauptet, er habe selbst brieflichen Kontakt mit diesem Freund und sei sein »Vertreter« (E 30)? Was motiviert das strenge und harte Urteil, das der Vater über Georg verhängt? Warum akzeptiert Georg diese Strafe, ja wieso führt er sie selbst aus? Ist Georg ein unschuldiges Opfer? Wenn nicht, worin liegt seine Schuld?

Es ist auffallend, daß Kafka gerade diese Erzählung, die er sein Leben lang als seine höchste literarische Leistung angesehen hat, für unerklärlich deklariert. An Felice Bauer schreibt er: »Findest Du im ›Urteil‹ irgendeinen Sinn, ich meine irgendeinen geraden, zusammenhängenden, verfolgbaren Sinn? Ich finde ihn nicht und kann auch nichts darin erklären. Aber es ist vieles Merkwürdige daran« (F 394). Und ein paar Tage später behauptet er noch apodiktischer: »Das ›Urteil‹ ist nicht zu erklären« (F 396). Von daher ist die Hypothese berechtigt, Kafka habe diese Rätselhaftigkeit, diesen Mangel an einem »geraden, zusammenhängen-

---

3 Vgl. hierzu Kemper, S. 286–291.

den, verfolgbaren Sinn« für das wesentliche Kriterium eines gelungenen literarischen Textes gehalten. Eine Tendenz der Kafka-Forschung hat dieses Unerklärlichkeitspostulat nicht nur für *Das Urteil*, sondern für Kafkas Texte überhaupt beim Wort genommen; sie vertritt die Ansicht, diese hätten eben nicht einen »verfolgbaren Sinn«, sondern seien so strukturiert, daß sie eine Vielfalt möglicher Sinnzuschreibungen hervorrufen.[4] Diesen Befürwortern der Sinndisseminierung gegenüber steht eine andere Gruppe von Interpreten, die glauben, doch noch einen Sinn im *Urteil* aufdecken zu können. Sie lesen den Text als eine literarisch verschlüsselte Darstellung von Kafkas psychobiographischer Situation,[5] und auch sie können sich auf Aussagen des Autors stützen, denn Kafka hat in seinen Ansätzen zur Analyse des *Urteils* autobiographische Elemente betont.

> Georg hat soviel Buchstaben wie Franz. In Bendemann ist »mann« nur eine für alle noch unbekannten Möglichkeiten der Geschichte vorgenommene Verstärkung von »Bende«. Bende aber hat ebensoviele Buchstaben wie Kafka und der Vokal e wiederholt sich an den gleichen Stellen wie der Vokal a in Kafka.
> Frieda hat ebensoviel Buchstaben wie Felice und den gleichen Anfangsbuchstaben, Brandenfeld hat den gleichen Anfangsbuchstaben wie Bauer und durch das Wort »Feld« auch in der Bedeutung eine gewisse Beziehung.
> (KKAT 492)

Es besteht kein Zweifel daran, daß der Herbst 1912, also die Zeit seines literarischen ›Durchbruchs‹, für Kafka in vielerlei Hinsicht eine Wasserscheide in seinem Leben bedeutete. Einerseits wurde seine erste Buchveröffentlichung in dieser

---

4 Vgl. Corngold, S. 39–62; Rainer Nägele, »Kafka and the Interpretive Desire«, in: *Kafka and the Contemporary Critical Performance: Centenary Readings*, hrsg. von A. Udoff, Bloomington 1987, S. 16–29.
5 Diese recht ergiebige Auslegungsrichtung wurde ausgelöst von Flores' frühem Aufsatz (1958).

Zeit vorbereitet, so daß er sich in seiner Berufung zum Schriftstellertum bestätigt fühlen konnte; andererseits war er gerade im Begriff, sich mehr denn je den bürgerlichen Wert- und Lebensverhältnissen zuzuwenden, die seiner Schriftstellerpersona so verhaßt waren und die er in der Figur seines Vaters Hermann Kafka verkörpert sah. Ende 1911 wurde Kafka mit seinem Schwager Karl Hermann Mitbegründer und Mitbesitzer einer Prager Asbestfabrik, und damit betrat er – ob willentlich oder unwillentlich ist nicht mit Sicherheit festzustellen – eine bürgerliche Laufbahn, die der seines Vaters nicht unähnlich war.[6] Es dauerte nicht lange, bis ihm die zusätzliche Verantwortung für die Fabrik zur Last wurde und er seinen Verpflichtungen als Fabrikbesitzer weder nachkommen wollte noch konnte.[7] Hinzu kommt, daß Kafka im August 1912 Felice Bauer kennenlernte und kurz nach der Niederschrift des *Urteils* mit ihr Briefkontakt aufnahm. Er plante seit der Begegnung mit Felice seinen Eintritt in das bürgerliche Leben mittels einer Heirat, die Gründung seiner eigenen Familie. Wenn er durch die Fabrikgründung zum Nachfolger seines Vaters im geschäftlichen Leben wurde, sollte die Heirat diese Nachfolgerschaft im bürgerlichen Privatleben vollziehen. Damit konnte Kafka symbolisch in die Fußstapfen seines Vaters treten, ein Sohn werden, der dem Wunschbild des Vaters mehr entsprach als der neurotisch gequälte Einzelgänger, der einen Freiraum außerhalb der bürgerlichen Gesellschaftsordnung für das Dichten seiner merkwürdigen Geschichten suchte. Es steht außer Frage, daß diese Problematik das Verhältnis zwischen Georg, seinem Vater und dem Petersburger Freund im *Urteil* mitbestimmt. Georg Bendemann ist dabei, seinen Vater sowohl im geschäftlichen als

---

6 Für detaillierte Information über Kafkas Rolle in der Fabrikgründung und seine Reaktion darauf siehe Anthony Northey, *Kafkas Mischpoche*, Berlin 1988, S. 78–86.
7 Schon am 28. Dezember 1911 notiert Kafka in seinem Tagebuch: »Die Qual, die mir die Fabrik macht« (KKAT 327).

auch im sexuellen Bereich zu ersetzen, während der Freund vor diesem restlosen Aufgehen im bürgerlichen Leben zurückschreckt und in die Fremde flüchtet. Rückblickend hat Kafka seinen Entschluß zur Heirat so beschrieben: »Ein durch seine Lebensumstände und durch seine Natur gänzlich unsocialer Mensch [...] entschließt sich allerdings unter dem stärksten innersten Zwang, zum Heiraten, also zur socialsten Tat« (F 598). Im *Urteil* vertritt der Freund in Petersburg, der »keine rechte Verbindung mit der dortigen Kolonie seiner Landsleute« und auch »fast keinen gesellschaftlichen Verkehr mit einheimischen Familien« (E 23) hatte, Kafkas Wesenszug des »unsocialen Menschen«,[8] während Georg den vom »stärksten innersten Zwang« zum bürgerlichen Verkehr getriebenen Sohn Hermann Kafkas – also Kafkas bürgerliches Zwangs-Ich – verkörpert.

Dadurch, daß man die autobiographischen Korrelate der Geschichte aufgedeckt hat, hat man nur den Anlaß des Textes erklärt, aber bei weitem noch nicht den Text an sich interpretiert. Denn *Das Urteil* ist weit mehr als nur eine Verschlüsselung von Kafkas persönlichem Konflikt; es konkretisiert eine allgemeinere Krise des bürgerlichen Selbstbewußtseins, die für eine ganze Generation bürgerlicher Intellektueller vor dem Ausbruch des Ersten Weltkriegs paradigmatisch ist.[9] Kafka hat die Repräsentativität seines Lebens und Leidens für seine Zeit tief empfunden; in einer im Februar 1918 niedergeschriebenen Selbstbetrachtung notiert er: »Ich habe von den Erfordernissen des Lebens gar nichts mitgebracht, so viel ich weiß, sondern nur die allgemeine menschliche Schwäche. Mit dieser [...] habe ich das Negative meiner Zeit, die mir ja sehr nahe ist, die ich nie zu bekämpfen, sondern gewissermaßen zu vertreten das Recht habe, kräftig aufgenommen« (H 120 f.). Kafka unterstreicht nicht nur seine Nähe zu seiner Zeit, sondern betont auch,

---

8 Vgl. Sokel (Anm. 1) S. 64–66.
9 Vgl. Neumann, S. 80–86; Sautermeister, S. 215.

daß diese Nähe vorwiegend im Negativen besteht, in seiner eigenen menschlichen Schwäche, die für das Negative seiner Zeit stellvertretend ist. Diese Neigung zur Verallgemeinerung des eigenen Lebens und der eigenen Lebensproblematik ist typisch für sein Werk. In der zitierten Analyse der Namen im *Urteil* läßt er diese Tendenz erkennen, wenn er die Anfügung der Nachsilbe »mann« zu »Bende« im Namen Bendemann erklärt. Während er zugibt, »Bende« sei als eine Art Anagram für Kafka zu lesen, betont er gleichzeitig, »mann« sei eine »Verstärkung von ›Bende‹« – also eine Verstärkung von »Kafka« –, die »für alle noch unbekannten Möglichkeiten der Geschichte« einstehe. Mit dem Suffix »mann« wird Georg / Franz Bende / Kafka zu einem historisch bedingten Jedermann, zu einer literarischen Figur, die nicht nur Kafka, sondern mit ihm das »Negative« von Kafkas Zeit vertritt. Demnach wäre *Das Urteil* als eine Art Zeitdokument zu lesen, das Aufschluß zu geben vermag über eine historisch verankerte Krise des bürgerlichen Selbstverständnisses im zweiten Jahrzehnt dieses Jahrhunderts. Es ist wichtig zu erkennen, daß *Das Urteil* neben der zur selben Zeit entstandenen Erzählung *Die Verwandlung* und dem frühen Novellenfragment *Hochzeitsvorbereitungen auf dem Lande* steht, deren Helden im konkreten Kontext des bürgerlichen Geschäftslebens handeln und an den gesellschaftlichen Bedingungen dieser bürgerlichen Umwelt scheitern.

Was *Das Urteil* zu einem anerkannten Meisterwerk der literarischen Moderne macht, ist nicht die Tatsache, daß es Autobiographisches verarbeitet und verallgemeinert, sondern die Weise, in der es dies tut. Keine ernstzunehmende Interpretation dieser Erzählung kann an einer Beschreibung des verwickelten Textgeflechtes und der komplizierten Erzählstruktur vorbeikommen, da die Aussage des Textes wesentlich mit seinen literarischen Darstellungsstrategien zusammenhängt: die Darstellungsmittel beinhalten schon hier die Botschaft (um die bekannte Formel Marshall McLuhans etwas abgewandelt auf Kafka anzuwenden). Um dem Zusammenhang zwischen den formalen Eigenschaften des *Urteils* und seinen Rezeptionsbedingungen nachzugehen, möchte ich Sigmund Freuds Aufsatz *Das Unheimliche* heranziehen, der sieben Jahre nach Kafkas Niederschrift der Erzählung erschien. Freuds Aufsatz ist nicht nur wegen seiner historischen Nähe zur Entstehung des Kafka-Textes von Relevanz, sondern auch wegen seines literaturwissenschaftlichen Ansatzes. An E. T. A. Hoffmanns Geschichte *Der Sandmann* versucht Freud zu erklären, welche Eigenschaften eine Geschichte haben muß, wenn sie auf ihre Leser eine »unheimliche« Wirkung ausüben soll. Freud isoliert dabei zwei erzähltechnische Züge, die er für die Fähigkeit eines Textes, den Eindruck des Unheimlichen zu hinterlassen, für konstitutiv erklärt: Einerseits müsse das unheimliche Ereignis in einer Umgebung scheinbar objektiver Berichterstattung vorkommen; andererseits müsse die Perspektive des Lesers völlig mit der des Helden übereinstimmen.[10] Damit beschreibt Freud zwei zentrale Eigenschaften, die nicht nur Hoffmanns *Sandmann* bedingen, sondern auch Kafkas *Das Urteil*;[11] gerade der Einsatz dieser erzähltechnischen Strategien ermöglicht Kafkas literarischen Durchbruch zu dem ihm eigenen Stil. Die sogenannte »Einsinnigkeit« der Perspektive in Kafkas Erzählungen, die schon früh von der Forschung als formgebend erkannt wurde,[12] bestimmt über weite Strecken die Erzählhaltung im *Urteil*. Lediglich Anfang und Ende der Geschichte, die aus der Perspektive eines scheinbar allwissenden, auktorialen Erzählers präsentiert

---

10 Sigmund Freud, *Das Unheimliche*; *Freud-Studienausgabe*, Bd. 4., hrsg. von A. Mitscherlich, Frankfurt a. M. 1970, S. 243–274; hier S. 271–274.
11 Zur Verwandtschaft von Kafkas Dichtung mit der E. T. A. Hoffmanns siehe Bert Nagel, *Kafka und die Weltliteratur. Zusammenhänge und Wechselwirkungen*, München 1983, S. 258–277.
12 Zuerst von Friedrich Beissner, *Der Erzähler Franz Kafka*, Stuttgart 1952; vgl. auch Peter Beickens Artikel »Erzählweise«, in: KHB II, S. 36–44.

werden, weichen von dieser figuralen Erzählhaltung ab. Der erste Absatz des *Urteils* – hierin den Erzählstrategien der realistischen Literatur verpflichtet – gibt Hinweise zu Zeit und Ort des Geschehens und macht den Leser mit dem Protagonisten und seiner Lebenssituation bekannt: Georg Bendemann, »ein junger Kaufmann«, sitzt »an einem Sonntagvormittag im schönsten Frühjahr in seinem Zimmer« und schaut, nachdem er »einen Brief an einen im Ausland befindlichen Jugendfreund beendet« hat, »aus dem Fenster auf den Fluß, die Brücke und die Anhöhen am anderen Ufer« (E 23). Langsam verschiebt sich die Perspektive der Geschichte von dieser Verankerung in der empirischen Umgebung Georg Bendemanns in die subjektive Innenwelt des Helden, um dann am Schluß zu diesem objektiven Rahmen zurückzukehren: die Brücke und der Fluß, die im ersten Absatz scheinbar nur nebenbei als zur empirischen Umgebung gehörende Züge erwähnt werden, tauchen am Schluß der Erzählung wieder auf; doch haben sie sich nun in bedeutende Requisiten der Handlung verwandelt, da sie jetzt die Instrumente sind, mit denen Georg das Todesurteil des Vaters vollstreckt. Es ist das erzähltechnische Mittel der erlebten Rede, die Wiedergabe subjektiv bedingter Eindrücke des Hauptcharakters in der äußeren Erzählform auktorialen Erzählens,[13] das den objektiven Rahmen und die subjektiv gefärbten Erzählereignisse unmerklich ineinander übergehen läßt.

Nicht nur diese erzähltechnischen Übereinstimmungen legen die Verwandtschaft des *Urteils* mit Freuds Ausführungen über »das Unheimliche« nahe, sondern auch die Tatsache, daß die seltsame Ambivalenz, die Freud in dem semantischen Spannungsfeld der Begriffe »heimlich« und »unheimlich« aufdeckt, auch »das besondere Korrespondenzverhältnis« (E 25) besonders gut zu beschreiben ver-

---

13 Vgl. Dorrit Cohn, *Transparent Minds: Narrative Modes for Presenting Consciousness in Fiction*, Princeton 1978, S. 100.

mag, das in Kafkas Text nicht nur zwischen Georg und dem Petersburger Freund, sondern auch zwischen Georg und seinem Vater besteht. Freud stellt fest, daß »dies Wort heimlich nicht eindeutig ist, sondern zwei Vorstellungskreisen zugehört, die, ohne gegensätzlich zu sein, einander doch recht fremd sind: dem des Vertrauten, Behaglichen und dem des Versteckten, Verborgengehaltenen«[14]. Das Wort »unheimlich«, als Negation von »heimlich«, hat nach Freud auch zwei Bedeutungen, einerseits bezeichne es das Un-Vertraute und andererseits das Un-Versteckte. Diese Überlegungen führen Freud zu dem Schluß, »daß das Unheimliche das Heimliche-Heimische ist, das eine Verdrängung erfahren hat und aus ihr wiedergekehrt ist«[15], wobei die »Vorsilbe ›un‹ an diesem Worte [...] die Marke der Verdrängung«[16] sei.

Genau diese Vorsilbe spielt eine bedeutende Rolle in Kafkas Selbstverständnis und in der Literatur seiner Durchbruchszeit. In einer Reihe von Tagebuchskizzen, in denen Kafka seine Erzieher dafür anklagt, daß sie ihm »in mancher Richtung geschadet« hätten, vergleicht er sein unbeschädigtes, vorkultiviertes Ich mit dem eines »Ruinenbewohners« und die »guten Eigenschaften«, die die Erziehung in ihm unterdrückt habe, mit »Unkraut«, das ohne kultivierende Unterdrückung in ihm »emporgewachsen« wäre (KKAT 17–27). Auffallend in dieser Selbstbetrachtung, deren Bedeutung für Kafka dadurch unterstrichen wird, daß er sie im Tagebuch mehrmals überarbeitet und neugefaßt hat, ist die Verbindung des ununterdrückten Ichs mit einem Einsiedler, einer Art Kaspar Hauser, der jenseits der gegebenen gesellschaftlichen Schranken aufwächst. Die positiven Eigenschaften, die der Zivilisationsprozeß aus diesem Ur-Ich verbannt, werden mit Unkraut verglichen, also mit unkultivierten Pflanzen. Hier repräsentiert die Vorsilbe »un« sowohl das Unkultivierte als auch das durch die Kultivierung Ver-

---

14 Freud (Anm. 10) S. 248.
15 Ebd., S. 268.
16 Ebd., S. 267.

drängte: als Zeichen markiert es die Stelle des von der Erziehung in der Gesellschaft unterdrückten Ur-Ichs. Nun werden die Protagonisten in Kafkas literarischen Texten häufig mit der Vorsilbe **un** assoziiert. Das bekannteste Beispiel dafür ist wohl Gregor Samsa in der *Verwandlung*, der eines Tages aufwacht und sich »zu einem ungeheueren Ungeziefer« verwandelt findet (E 56). Gregors Verwandlung dient dazu, ihn aus dem Kreis des gesellschaftlichen Verkehrs herauszuheben – seiner Tätigkeit als Geschäftsreisender kann er in Käfergestalt schwerlich nachgehen –, indem sie ihn zu seinem vorkultivierten Ur-Ich zurückführt. Seine Verwandlung ist »unheimlich« im doppelten Sinne: sie ist einerseits etwas Unvertrautes, etwas, was aus dem Rahmen des alltäglichen Lebens herausfällt, andererseits bezeichnet sie die Rückkehr des unter gesellschaftlichem Druck verdrängten Ureigenen, die Wiederkehr des Heimlich-Heimischen.

Genau diese semantische Spannung in den Begriffen »heimlich« und »unheimlich« bestimmt das Spannungsverhältnis zwischen Georg Bendemann und seinem Petersburger Freund. Georg ist der »heimliche« Partner in dieser Beziehung, wenn dieses Wort in der Bedeutung vom »Heimischen«, »Vertrauten« verstanden wird: er ist der »erfolgreiche, zu Hause gebliebene« Freund (E 23 f.). Im Gegensatz dazu ist der Petersburger Freund, der sich »in der Fremde« nutzlos abarbeitet (E 23), im wörtlichen Sinne »unheimlich«, das heißt unheimisch. Andererseits aber vertritt gerade dieser Petersburger Freund etwas »Heimliches« in diesem »Korrespondenzverhältnis«: insofern nämlich, als er mit Georgs vorkultiviertem, unter gesellschaftlichem Erfolgsdruck verdrängtem, das heißt verheimlichtem Ur-Ich »korrespondiert«. Von daher ist es kein Zufall, daß der Freund ausdrücklich mit der Vorsilbe »un« assoziiert wird:[17] Seiner Braut gegenüber charakterisiert Georg den

---

17 Vgl. Sokel (Anm. 1) S. 64.

Freund als »unzufrieden und unfähig, diese Unzufriedenheit jemals zu beseitigen« (E 25). Er ist mit dem Ruinenbewohner der zitierten Tagebucheintragungen nicht nur durch dieses Zeichen der Negation und Verdrängung verbunden, sondern auch durch seine Stellung außerhalb des gewohnten gesellschaftlichen Verkehrs: Er hat »keine rechte Verbindung« mit seinen Landsleuten in Petersburg und auch »fast keinen gesellschaftlichen Verkehr mit einheimischen Familien«, so daß er sich »für ein endgültiges Junggesellentum« einrichten muß (E 23). Die ureigene »Korrespondenz« zwischen Georg und seinem Freund wird dadurch zum Ausdruck gebracht, daß der Freund wiederholt mit Georgs Jugend und Kindheit identifiziert wird, ein Bezug, der schon in dem Wort »Junggesellentum« (Hervorhebung R. T. G.) anklingt. Der Freund wird ausdrücklich Georgs »Jugendfreund« genannt (E 23), und obwohl sein Georg »seit den Kinderjahren wohlbekanntes Gesicht« jetzt von einem »fremdartigen Vollbart« (ebd.) verdeckt ist, bleibt es Georg noch erkenntlich. Und wenn Georg den Freund als »ein altes Kind« (ebd.) aburteilt, macht er ihm offenbar den Vorwurf, sich seit der Kindheit nicht verändert zu haben. Dies alles legt dem Leser die Vermutung nahe, der Freund vertrete die kindlichen Eigenschaften Georgs, die im Laufe seiner Entwicklung zum erfolgreichen Kaufmann unterdrückt werden mußten. Diese Hypothese wird bestätigt durch die Aussage des Vaters, mit der er die Verurteilung seines Sohnes einleitet und begründet: »Ein unschuldiges Kind warst du ja eigentlich, aber noch eigentlicher warst du ein teuflischer Mensch! – Und darum wisse: Ich verurteile dich jetzt zum Tode des Ertrinkens!« (E 32). Es ist der »teuflische Mensch« Georg, der hier verurteilt wird, nicht aber der Freund, das »unschuldige Kind«, das Georg »eigentlich« war.

Daß die Beziehung zwischen Georg und seinem Freund eine der Unterdrückung und Verdrängung ist, wird im Text mehrmals hervorgehoben. Im allgemeinen ist die gestörte

Kommunikation, die der »Korrespondenz« Georgs mit dem Freund eigen ist, symptomatisch für ihre gegenseitige Entfremdung. Mehr noch, diese »briefliche Verbindung«, in der Georg »keine eigentlichen Mitteilungen machen [kann]«, wie man sie ohne Scheu auch den entferntesten Bekannten machen würde« (E 24), ist nicht nur Symptom, sondern auch Mittel dieser Entfremdung. Weil Georg der Meinung ist, jede eigentliche Mitteilung an den Freund könne nur dazu beitragen, daß dieser »noch ein Stück mehr entfremdet« (ebd.) werden würde, findet er sich damit ab, dem Freund nur »bedeutungslose Vorfälle« (E 25) mitzuteilen. Daß er die Kommunikationslinie zum Freund doch noch aufrechterhält, bringt Georgs Ambivalenz gegenüber seinem vorkultivierten Ur-Ich zum Ausdruck: obwohl er sich von dieser kindlichen Version seines Selbst distanziert, war er offenbar bisher noch nicht bereit, jeden Kontakt mit ihm abzubrechen. Genau dies ist es jedoch, was Georg jetzt überlegt; denn der Brief an den Freund, den Georg an diesem »Sonntagvormittag« geschrieben hat und mit dem er anschließend in das Zimmer seines Vaters eintritt, um anzukündigen, daß er »nun doch nach Petersburg [seine] Verlobung angezeigt« habe (E 27), enthält Georgs endgültige Absage an den Freund und dessen Lebensstil. »So bin ich und so hat er [der Freund] mich hinzunehmen« (E 25), sagt sich Georg bei diesem Entschluß; das heißt, er identifiziert sich vollkommen mit seiner Georg-Persona, mit dem in jeder Hinsicht erfolgreichen Kaufmann, und er meldet seinem Ur-Ich, daß jetzt, wo er durch die geplante Heirat in dem Strom bürgerlichen Verkehrs völlig aufgehen wird, an dieser Tatsache nicht mehr zu rütteln ist.

Es ist gerade dieser Entschluß Georgs, den Freund – sein »eigentliches«, »unschuldiges«, »kindliches« Ur-Ich – endgültig zu verdrängen, der die un-heimlichen Ereignisse in dieser Geschichte auslöst. *Das Urteil* erzählt von dem Mißlingen dieses Entschlusses, von seinem Scheitern am Vater, der die Seite des Freundes im Kampf gegen diese Verdrängung einnimmt und den Sohn Georg zum Tode verurteilt. So gesehen ist *Das Urteil* eine unheimliche Geschichte im doppelten Sinne: unheimlich einerseits, insofern es von dem unheimlichen, unvertrauten Ereignis der väterlichen Verdammung seines Sohnes handelt, unheimlich andererseits, insofern es von der Rückkehr des Verdrängten, dem Unheimlichwerden des Heimlichgehaltenen handelt. Bis man aber die Schuldfrage aufklärt, die dem Text wesentlich ist,[18] bleibt diese Erklärung des Handlungsganges nicht zufriedenstellend. Was an dieser Geschichte dem Leser immer noch »unheimlich« vorkommt, ist die Frage, ob Georg die harte Strafe, die ihm auferlegt wird, tatsächlich verdient, und wenn er sie nicht verdient, warum er das Urteil des Vaters akzeptiert und vollstreckt. Unerklärlich bleibt auch, warum der Vater ausgerechnet diejenige Persona seines Sohnes verurteilt, die dem Wesen des Vaters offensichtlich am nächsten steht und sich mit Georgs verdrängtem Ur-Ich alliiert, das er früher »nicht besonders gern« hatte (E 28). Um Antworten auf diese Fragen geben zu können, müssen wir uns mit der Textstruktur des *Urteils* näher auseinandersetzen. *Das Urteil* ist nicht nur ein Text, der auf der Ebene seines Gehalts psychische Ambivalenzen seines Protagonisten darstellt und behandelt, vielmehr wird der Text selbst in seiner Semantik von diesen Ambivalenzen strukturiert. Wenn die beherrschende figurale Erzählhaltung den Leser die erzählten Ereignisse durch die Perspektive des Helden miterleben läßt, heißt das, daß der Leser sozusagen in die Psyche des Protagonisten hineinprojiziert wird. Das hat zur Folge, daß der Leser denselben psychischen Zensurmechanismen ausgesetzt ist, wie der Held selbst. Der Text des *Urteils* ist weitgehend ein psychischer Text, der von semantischen Ambivalenzen durchsetzt ist, die den von Freud in den Begriffen »heimlich« und

---

18 Zur Schuldfrage vgl. Neumann, S. 206 f.; Helmut Kobligk, ».. . ohne daß er etwas Böses getan hätte . . .‹. Zum Verständnis der Schuld in Kafkas Erzählungen ›Die Verwandlung‹ und ›Das Urteil‹«, in: *Wirkendes Wort* 32 (1982) S. 392–395.

»unheimlich« aufgedeckten semantischen Spannungen nicht unähnlich sind. Auch in diesem tieferen Sinne ist *Das Urteil* ein unheimlicher Text, und der Interpret dieser Erzählung muß versuchen, ihre semantischen Knotenstellen zu identifizieren und in deren Doppeldeutigkeit auszulegen.

Georg Bendemann und sein Petersburger Freund verkörpern zwei gegensätzliche Reaktionen auf die Forderungen des bürgerlichen Lebens; dieser entscheidet sich für Flucht vor den Institutionen bürgerlichen Verkehrs, jener für Anpassung an die Machtstrukturen des bürgerlichen Lebens. Der Freund setzt sich den politischen Instabilitäten des vorrevolutionären Rußlands aus; ja, er wird sogar mit diesen politischen Unruhen identifiziert, da er sie persönlich erlebt und bei seinen Heimatbesuchen davon erzählt. Georg erinnert den Vater daran, wie der Freund »zum Beispiel auf einer Geschäftsreise in Kiew bei einem Tumult einen Geistlichen auf einem Balkon gesehen hatte, der sich ein breites Blutkreuz in die flache Hand schnitt, diese Hand erhob und die Menge anrief« (E 28 f.). Interpreten neigen dazu, diese Stelle entweder als Hinweis auf die Thematik christlicher Aufopferung zu lesen,[19] oder als Anspielung auf die jüdischen Pogrome. Dabei wird übersehen, daß es sich hier höchstwahrscheinlich um einen konkreten historischen Verweis handelt, nämlich auf die Oktoberrevolution des Jahres 1905, in der der Geistliche Georgi Gapon einen Arbeiteraufstand in Petersburg anführte, der auf blutigste Weise von zaristischen Soldaten niedergeschlagen wurde.[20] Es ist bekannt, daß der junge Kafka starke Sympathien für die sozialistischen und anarchistischen Bewegungen Europas am Anfang dieses Jahrhunderts hegte;[21] von daher scheint es

---

19 Seidler, S. 187; Karl H. Ruhleder, »Franz Kafkas ›Das Urteil‹. An Interpretation«, in: *Monatshefte für den Deutschunterricht* 55 (1963) S. 18–20.
20 Vgl. Heinz Politzer, *Franz Kafka der Künstler*, Frankfurt a. M. 1978, S. 95.
21 Vgl. Klaus Wagenbach, *Franz Kafka. Eine Biographie seiner Jugend 1893–1912*, Bern 1958, S. 62, 74 und 162.

wahrscheinlich, daß dieses historische Ereignis sich seinem Gedächtnis stark genug einprägte, um im *Urteil* literarisch verarbeitet werden zu können. Im Gegensatz zu seinem Freund optiert Georg für die soziopolitische und ökonomische Sicherheit: er folgt in den Fußstapfen seines Vaters, übernimmt das Familiengeschäft und wird zum erfolgreichen Kaufmann. Während diese Neigung zur Angleichung an die bürgerlichen Lebensbedingungen – es ist dieselbe Neigung, der Kafka nachging, als er die Gründung der Asbestfabrik unterstützte und die Möglichkeit einer Heirat ernstlich überlegte – für durchaus verständlich und berechtigt gehalten werden kann, fordert sie vom sich anpassenden bürgerlichen Subjekt beachtliche Kompromisse. Dazu schreibt Theodor W. Adorno: »Der Mechanismus der Anpassung an die verhärteten Verhältnisse ist zugleich einer der Verhärtung des Subjekts in sich: je realitätsgerechter es wird, desto mehr wird es sich selbst zum Ding, desto weniger lebt es überhaupt noch, desto unsinniger wird sein ganzer ›Realismus‹. [...] Das Subjekt zerlegt sich in die nach innen hin fortgesetzte Maschinerie der gesellschaftlichen Produktion und einen unaufgelösten Rest, der als ohnmächtige Reservatsphäre gegenüber der wuchernden ›rationalen‹ Komponente zur Kuriosität verkommt.«[22] Dieser Passus scheint fast auf *Das Urteil* gemünzt zu sein, denn er beschreibt exakt die Entwicklung Georg Bendemanns als bürgerliches Subjekt. Georgs Anpassung an die vorgegebene Wirklichkeit der Heimat bringt seine eigene Verdinglichung mit sich, insofern sie ihn zum ökonomischen Konkurrenten macht, der bereit ist, über Leichen – wortwörtlich – hinwegzuschreiten, um seinen eigenen ökonomischen und gesellschaftlichen Erfolg zu sichern. Was nach diesem Prozeß der Introjektion gesellschaftlicher Machtstrukturen übrigbleibt, ist etwas – wie Kafka selbst schreibt – »russischen

---

22 Theodor W. Adorno, »Zum Verhältnis von Soziologie und Psychologie«; *Soziologische Schriften I*, hrsg. von R. Tiedemann, Frankfurt a. M. 1979, S. 60.

Revolutionen Ausgesetztes« (KKAT 296), ein impotenter Rest, der aus dem Bereich des bürgerlichen Verkehrs verbannt ist: nämlich der Petersburger »Freund«, Georgs kindliches Ur-Ich.
Ein Teil der ›Schuld‹ Georg Bendemanns liegt gerade in der Verdrängung dieses Ur-Ichs zugunsten seines geschäftlichen Erfolgs. Aber Georg bleibt in einem doppelten Sinne auch seinem Vater etwas schuldig: wenn das Wort im ökonomischen Sinne verstanden wird, schuldet Georg seinem Vater seinen eigenen Erfolg, da er schließlich das Geschäft von ihm erbt; wenn man das Wort im moralischen Sinne nimmt, macht sich Georg insofern seinem alternden Vater gegenüber schuldig, als er ihn gewissenlos und ohne jede Rücksicht aus dem Geschäft verdrängt. Genau dies wirft jener Georg vor, wenn er euphemistisch behauptet, seit dem »Tode unserer teuren Mutter sind gewisse unschöne Dinge vorgegangen« (E 27). Etwas später nennt der Vater diese »unschönen Dinge« beim Namen, wenn er Georg beschuldigt, »unserer Mutter Andenken geschändet, den Freund verraten und deinen Vater ins Bett gesteckt« (E 30) zu haben. Wenn dem Vater geglaubt werden kann, trägt Georg eine Schuld den Menschen gegenüber, denen er von Natur aus am nächsten steht: seinen Eltern, denen er entsprungen ist, und seinem Freund bzw. seinem eigentlichen Selbst. Nun könnte man meinen, diese Schuldzuweisungen stellten bloß lügnerische Machtstrategien des Vaters dar, mit denen er Georg als Konkurrenten aus dem Wege schaffen wollte. Dagegen spricht aber einiges, vor allem die Tatsache, daß Georg seine Verurteilung durch den Vater ohne Widerspruch hinnimmt. Jedoch ginge die Behauptung, Georg sei sich seiner Schuld letztlich bewußt, insofern zu weit, als man kaum von Georgs Bewußt-Sein dieser Schuld sprechen kann. Eher kann man von einem Bewußt-Werden dieser Schuld sprechen, von einer Rückkehr der verdrängten Schuld aus dem Unbewußtsein Georgs. Genau dieser psychische Konflikt läßt sich durch eine Analyse der semanti-

schen Ambivalenzen im Text des *Urteils* festlegen, der, wie wir gesehen haben, als ›Psychograph‹ des Helden gelesen werden muß.

Der Diskurs Georg Bendemanns sowohl seinem Freund als auch seinem Vater gegenüber folgt einer Formel, auf die Georg selbst hinweist: »je schonender« seine Rede ist, »desto kränkender« (E 23) muß sie auf ihre Adressaten wirken. Das heißt, daß sowohl das Mitleid, das Georg für den Freund aufbringt als auch die Sorge, die er für den Vater zeigt, nichts anderes als Deckmäntel sind für seinen Willen zur Herrschaft über diese gesellschaftlichen bzw. psychischen Instanzen. Jede Handlung und jede Aussage Georgs ist motiviert durch seine Besessenheit nach persönlichem Erfolg. Das kommt besonders gut in dem »Korrespondenzverhältnis« mit seinem Freund zum Ausdruck, in dem Georg seine eigenen Erfolge gegen diesen ausspielt. Wie der Handlungsgang der Geschichte zeigt, sind Georgs Bedenken, dem Freund seine Erfolge im geschäftlichen wie im privaten Leben mitzuteilen, bloß ein Vorwand – oder mehr noch eine Strategie –, ihm »je schonender, desto kränkender« Georgs eigene Überlegenheit einzuprägen; denn trotz aller Bedenken schreibt Georg doch den berüchtigten »Brief« nach Petersburg, der einzig den Zweck haben kann, daß der Freund »sich gezwungen und geschädigt fühlen«, Georg »beneiden« und deshalb mit sich selbst »unzufrieden« (E 25) werden soll. Georgs Doppelzüngigkeit läßt sich besonders gut an dem Wort »Erfolg« und an seinen versteckten Anspielungen auf dieses Wort vorweisen. Seine Vorstellung des Rates, den er seinem Jugendfreund in aller Ehrlichkeit geben müßte, schließt mit der Aufforderung, der Freund müsse einsehen, »daß seine bisherigen Versuche mißlungen seien, daß er endlich von ihnen ablassen solle, daß er zurückkehren [...] müsse, daß nur seine Freunde etwas verstünden und daß er ein altes Kind sei, das den erfolgreichen, zu Hause gebliebenen Freunden einfach zu folgen habe« (E 23 f.). Die Herablassung in diesen Worten ist kaum zu überhören, und die Vorschläge Georgs enthüllen fast unmerklich das Rezept seines eigenen Erfolgs: zu Hause bleiben und den dort vorgegebenen Mustern folgen. Im Prinzip manövriert Georg den Freund in die Lage eines verlorenen Sohnes, dem er selbst, die Rolle des Vaters besetzend, mit väterlichem Rat begegnen kann. Es ist kein Zufall, daß in seiner Formulierung die Begriffe »Erfolg« und »Folgen« in unmittelbarer Nachbarschaft stehen, denn seinem Erfolg liegt tatsächlich ein Akt des Folgens zugrunde: nämlich in der Aneignung genau jener patriarchalischen Übermachtsposition, die er dem Freund und dem Vater gegenüber auszunutzen versucht. Georgs Schuld besteht darin, daß in der Machtökonomie der bürgerlichen Welt, diese Aneignung nur dadurch zustande kommen kann, daß andere entmachtet und herabgesetzt werden.[23]

Wie der Text durch die Wortverwandtschaft von »Erfolg« und »Folgen« die Strategie des Folgens als Rezept für Georgs Erfolg bloßlegt, so unterstreicht er auch die dialektische Zusammengehörigkeit von Machtaneignung und Entmachtung anderer durch eine subtile Anspielung auf das Wort »Erfolg«. Die Erkenntnis des Vaters, daß der Tod der Mutter ein »gewisse unschöne Dinge« auslösender Wendepunkt in seinem Verhältnis zu Georg bedeutet, wird von diesem bestätigt, wenn er den Tod der Mutter mit seinem gesellschaftlichen Erfolg in Verbindung setzt.

> Von dem Todesfall von Georgs Mutter, der vor etwa zwei Jahren erfolgt war [...], hatte der Freund wohl noch erfahren und sein Beileid in einem Brief mit einer Trockenheit ausgedrückt, die ihren Grund nur darin haben konnte, daß die Trauer über ein solches Ereignis in der Fremde ganz unvorstellbar wird. Nun hatte aber Georg seit jener Zeit, so wie alles andere, auch sein Geschäft mit größerer Entschlossenheit angepackt. Vielleicht hatte ihn der Vater bei Lebzeiten der Mutter dadurch, daß er im

---

23 Vgl. Sokel (Anm. 1) S. 47.

Geschäft nur seine Ansicht gelten lassen wollte, an einer wirklichen eigenen Tätigkeit gehindert, vielleicht war der Vater seit dem Tode der Mutter, trotzdem er immer noch im Geschäft arbeitete, zurückhaltender geworden [...], jedenfalls aber hatte sich das Geschäft in diesen zwei Jahren ganz unerwartet *entwickelt*, das Personal hatte man verdoppeln müssen, der Umsatz hatte sich verfünffacht, ein weiterer Fortschritt stand zweifellos bevor.

(E 24; Hervorhebung R. T. G.)

Diese Textstelle zeigt, wie in Georgs Denken der Tod der Mutter, die Machtabgabe des Vaters und sein eigener Geschäftserfolg eng miteinander verstrickt sind. Klar ist jedenfalls, daß für Georg diese drei Ereignisse zeitlich zusammenfallen. Daß aber unter ihnen ein bestimmter Kausalitätszusammenhang besteht, wird in dem Verb »erfolgen«, mit dem Georg den Todesfall der Mutter beschreibt, angedeutet: die Möglichkeitsbedingung von Georgs »Erfolg« ist das »Erfolgen« des Todes der Mutter, der dann die Schwäche seines hauptsächlichen Konkurrenten, des Vaters, herbeiführt. Als schlauer Geschäftsmann weiß Georg diese Gelegenheit zu seinem eigenen Nutzen auszuschlachten. Das Verb »erfolgen« funktioniert im Text wie eine Art psychische Fehlleistung, die die wahren, »teuflischen« Absichten unter der verschönenden Oberfläche von Georgs Diskurs entlarvt. Die »Trockenheit«, die er dem Beileid des Freundes zuschreibt, ist nichts anderes als eine Projektion seiner eigenen Gefühle beim Tode der Mutter auf den Freund: damit versucht Georg sich selbst dafür zu ent-schuldigen, daß er den Tod seiner eigenen Mutter nur unter dem Aspekt seines eigenen geschäftlichen Fortkommens betrachtet. Genau dieselbe sprachliche Fehlleistung, die das Erfolgen bestimmter Ereignisse mit Georgs Erfolg verbindet, findet sich noch einmal etwas später im Text, diesmal auf den privaten Bereich bezogen. Der Wortlaut von Georgs Brief, in dem er dem Freund von seiner bevorstehenden Heirat berichtet, wird mit der Feststellung eingeleitet: »Und tatsächlich berichtete er seinem Freunde in dem langen Brief, den er an diesem Sonntagvormittag schrieb, die erfolgte Verlobung in folgenden Worten [...]« (E 25; Hervorhebung R. T. G.). Dieser Passus dient quasi als Nahtstelle jener Implikationen, die der näheren Verwandtschaft unter den Wörtern »Erfolg« – »Folgen« – »Erfolgen« entspringen: Nicht nur die Verbindung zwischen Erfolg und der Strategie der folgenden Anpassung klingt hier an, sondern auch die Vermählung von einem gewissen erfolgten Ereignis – in diesem Fall Georgs Verlobung – mit dem Erfolg, der Georg vor dem Freund auszeichnet. Die Phrase »erfolgte Verlobung« manifestiert auf geradezu paradigmatische Weise die Strategie des kränkenden Schonens, die Georg gegen seinen Freund einsetzt, da sie Georgs unterschwellige Intention anzeigt, dem Freund gegenüber seine Erfolge hochzuspielen.

Georgs ganzer Diskurs ist voller solcher begrifflicher Zweideutigkeiten und innerer Widersprüche, die die Brüchigkeit seiner selbstgerechten Fassade anzeigen. In diesen im Text konkretisierten Fehlleistungen erkennen wir, wie das, was Georg zu verheimlichen versucht, von ihm selber un-heimlich gemacht wird. Prototypisch für dieses Unheimlich-Machen des Heimlichen ist die Erklärung, die Georg abgibt, um zu rechtfertigen, daß er »schon seit Monaten« (E 26) nicht mehr im Zimmer seines Vaters war.

> Es bestand auch sonst keine Nötigung dazu, denn er verkehrte mit seinem Vater ständig im Geschäft, das Mittagessen nahmen sie gleichzeitig in einem Speisehaus ein, abends versorgte sich zwar jeder nach Belieben, doch saßen sie dann meistens, wenn nicht Georg, wie es am häufigsten geschah, mit Freunden beisammen war oder jetzt seine Braut besuchte, noch ein Weilchen, jeder mit seiner Zeitung, im gemeinsamen Wohnzimmer. (E 26)

Obwohl Georg bemüht ist zu betonen, daß er mit seinem Vater – wie es anderen Orts heißt – »in gemeinsamer Wirtschaft« (E 24) lebt, entlarvt seine eigene Sprache diese Gemeinsamkeit als bloßes Nebeneinanderleben oder gar Aneinander-Vorbeileben: Vater und Sohn essen nicht zusammen zu Mittag im Speisehaus, sondern bloß »gleichzeitig«; abends sitzen sie zwar zusammen im gemeinsamen Wohnzimmer, aber jeder ist mit seiner eigenen Zeitung beschäftigt, so daß von wirklichem ›Verkehr‹ kaum die Rede sein kann. Diese Widersprüche geben uns zu verstehen, daß Georg den guten Verkehr mit seinem Vater nur vortäuscht, um über den eigentlichen Kampf, der ihre Beziehung auszeichnet, hinwegzutäuschen.

Wie Georg den »Freund« psychisch verdrängen will, will er den Vater physisch verdrängen und dessen Rolle, die des bürgerlichen Patriarchen, übernehmen. Im Geschäft hat Georg schon die Oberhand gewonnen, und seine Verlobung bedeutet für ihn den ersten Schritt zum Sieg über den verwitweten Vater im Privatleben. Nun gedenkt er, seinen Triumph dadurch zu besiegeln, daß er den Vater im eigenen Hause ersetzt, indem er sein Zimmer und damit seine Stellung in der Familie, übernimmt: Georg will im wörtlichen Sinne zum Stell-Vertreter des Vaters werden. Dieser Rollentausch ist der Zweck seines Besuchs im lange nicht mehr betretenen Zimmer des Vaters; von vornherein begegnet Georg jenem mit übertriebener Sorge und Fürsorge, so als sei er der Vater und der Vater sein Kind, für das er die väterliche Verantwortung hat. Bald wird es aber klar, daß diese Liebe des Sohnes für seinen Vater, bzw. des »Vaters« für sein »Kind«, nichts anderes ist, als eine Tarnstrategie, die Georgs Willen zur Herrschaft über den Vater verheimlichen soll. Seine wahre Motivation offenbart er, wenn er dem Vater sagt: »Die Zimmer werden wir wechseln, du wirst ins Vorderzimmer ziehen und ich hierher. Es wird keine Veränderung für dich sein, alles wird mit übertragen werden. Aber das alles hat Zeit, jetzt lege dich noch ein wenig ins Bett, du brauchst unbedingt Ruhe. Komm, ich werde dir beim Ausziehn helfen, du wirst sehn, ich kann es« (E 28;

Hervorhebung R. T. G.). Wiederum wird Georgs Heuchelei durch eine sprachliche Fehlleistung entlarvt, denn seine Versicherung, er könne dem Vater »beim Ausziehn« helfen, heißt nicht nur, er könne dem Vater helfen, seine Kleider auszuziehen, sondern auch – und wohl vorwiegend –, aus seinem Zimmer auszuziehen.[24] Sogar die Phrase »alles wird mit übertragen« bleibt verdächtig zweideutig, denn sie könnte sowohl bedeuten, daß die Sachen des Vaters ins neue Zimmer hinübergetragen werden, oder aber, daß »alles«, was bisher die Machtposition des Vaters auszeichnete, auf Georg übertragen wird.

Der un-heimliche Wendepunkt in dieser Geschichte ereignet sich in dem Moment, wo der Vater das unterschwellige Machtstreben ans Licht bringt, das Georgs Diskurs heimlich halten möchte, aber durch sprachliche Fehlleistungen doch andeutet. Der Vater erweist sich Georg gegenüber als der einsichtigste Hermeneut, denn »den Vater muß glücklicherweise niemand lehren, den Sohn zu durchschauen« (E 29 f.). Der Vater entgegnet den diskursiven Ambivalenzen seines Sohnes in einem bewußten, heimtückischen Spiel mit sprachlichen Zweideutigkeiten. Dies tritt am deutlichsten zutage in seiner persistenten Beanstandung von Georgs Meinung, er hätte einen Freund in Petersburg. »Hast du wirklich diesen Freund in Petersburg« (E 28), fragt der Vater zuerst, um später mit Gewißheit zu behaupten: »Du hast keinen Freund in Petersburg [...] Wie solltest du denn gerade dort einen Freund haben!« (Ebd.) Georg geht in die vom Vater gestellte Falle, indem er annimmt, der Vater zweifele die empirische Existenz des Freundes an. Deshalb reagiert er auf die Zweifel des Vaters mit Erinnerungen an den letzten Besuch des Freundes. Aber für den Vater steht nicht so sehr die Existenz eines Freundes in Frage, als die Annahme, daß die Beziehung zwischen Georg und dem

---

24 Vgl. John J. White, »Franz Kafka's ›Das Urteil‹. An Interpretation«, in: *Deutsche Vierteljahrsschrift für Literaturwissenschaft und Geistesgeschichte* 38 (1964) S. 222.

»Freund« in Petersburg wirklich Freundschaft genannt werden kann.[25] Eigentlich ist sie – genauso wie die Beziehung zwischen Vater und Sohn – eher als eine Feindschaft zu bezeichnen. Der Vater erkennt, daß der erfolgreiche, zu Hause gebliebene Georg Bendemann, der sich an die patriarchalischen Machtstrukturen bis zum Punkt des Aneignens dieser Macht anpaßt, mit dem gescheiterten, russischen Revolutionen ausgesetzten Menschen in Petersburg überhaupt nichts gemein hat. Dieses Spiel mit semantischen Ambivalenzen treibt der Vater auf die Spitze, wenn er seinen Sohn wiederholt fragt, ob er, der im Bett liegende Vater, »gut zugedeckt« sei. Als Georg endlich diese Frage bejaht, widerspricht ihm dieser: »›Nein!‹ rief der Vater, daß die Antwort an die Frage stieß, warf die Decke zurück mit einer Kraft, daß sie einen Augenblick im Fluge sich ganz entfaltete, und stand aufrecht im Bett. [...] ›Du wolltest mich zudecken, das weiß ich, mein Früchtchen, aber zugedeckt bin ich noch nicht‹« (E 29). Der Vater entlarvt den Gestus, mit dem Georg ihn in seinem Bett »zudeckt«, als den Versuch, den Vater wörtlich »zuzudecken«, das heißt, ihn aus dem Weg zu räumen, ihn lebendig zu verschütten oder zu begraben. Das Zurückwerfen der Bettdecke gibt szenisch konkret den Akt des Aufdeckens, des Un-Heimlich-Machens des Heimlichen wieder, der den Wendepunkt in der Geschichte bildet. Von diesem Moment an ist Georg praktisch der zum Tode Verurteilte, dessen »Schuld«, der heimliche Wunsch, seinen Vater zu begraben und dessen Machtposition selbst zu besetzen, offenbart wird. Was den Vater schließlich zum Sieger über seinen Sohn macht, ist seine Fähigkeit, den Spieß der semantischen Ambivalenzen umzukehren, um sie gegen Georg auszunutzen.

Damit ist die Frage von Georgs Schuld insoweit aufgeklärt, als verständlich wird, warum er das Urteil des Vaters akzeptiert: nämlich weil er die Anklage, er sei ein teuflischer

---

25 Vgl. Sokel (Anm. 1) S. 52f.

Mensch gewesen, als berechtigt anerkennen muß. Unerklärt bleibt aber, warum es ausgerechnet dem Vater, dem Georg am meisten ähnelt, zufällt, dieses Todesurteil auszusprechen. Denn Vater Bendemann und Sohn Georg haben tatsächlich vieles gemeinsam: Doppelzüngigkeit, einen ausgeprägten Willen zur aggressiven Übermacht, eine von väterlicher Fürsorge übertünchte Kaltblütigkeit. In der Familie Bendemann bewahrheitet sich die Redewendung, »der Apfel fällt nicht weit vom Stamm«; das bestätigt der Vater, wenn er Georg sein »Früchtchen« (E 29) nennt und wenn er Georgs Entwicklung mit der Metapher des Reifwerdens beschreibt: »Wie lange hast du gezögert, ehe du reif geworden bist!« (E 31), klagt der Vater Georg an. Wenn wir seine Aussage wörtlich nehmen – und wie wir gesehen haben, haben wir guten Grund, dies zu tun, da das Wörtlichnehmen sprachlicher Ausdrücke den Verkehr zwischen Vater und Sohn bestimmt –, erscheint Georgs Tod als die notwendige Konsequenz dieses Prozesses der Reifwerdung; denn, wenn ein »Früchtchen« reif wird, fällt es in einer ähnlichen Weise vom Baum, wie Georg von der Brücke fällt. Aber insofern Georg sich im Prinzip nur dessen schuldig gemacht hat, seinen Vater nachzuahmen, das heißt der Aneignung der väterlich-patriarchalischen Willkür und Tyrannei, bleibt offen, mit welcher moralischen Autorität der alte Bendemann den jungen überhaupt verurteilt. Schließlich hatte Georg nur eine Kernlektion der bürgerlichen Welt sehr gut – vielleicht allzu gut – gelernt, eine Lektion, die Max Horkheimer in folgenden Worten zusammenfaßt: »Die Wege, die zur Macht führen, sind in der bürgerlichen Welt nicht durch Verwirklichung moralischer Werturteile, sondern durch geschickte Anpassung an die Verhältnisse gezeichnet«.[26] Von der Perspektive der bürgerlichen Welt aus, die der Vater und Georg vertreten, kann man weder erwarten, daß Georg sei-

---

26 Max Horkheimer, »Autorität und Familie«; *Gesammelte Schriften*, Bd. 3, hrsg. von A. Schmidt, Frankfurt a. M. 1988, S. 397.

nem Vater gegenüber moralisch handelt, noch daß die Verurteilung Georgs durch den Vater eine moralische Basis hat, da es in dieser »heimlichen« Welt des bürgerlichen Heims nicht um Moral, sondern ausschließlich um Macht geht.
Wenn man von der moralischen Erklärung absieht, bleiben einige andere mögliche Gründe für die Verurteilung Georgs durch den Vater. Sie könnte zum Beispiel einen einfachen Akt der Aggression gegen einen übermütigen Konkurrenten darstellen; aber diese Erklärung scheint deshalb mangelhaft, weil sie keine befriedigende Antwort auf die Frage geben kann, warum Georg sich freiwillig diesem Urteil unterwirft. Man könnte aber auch die Verdammung des Sohns durch den Vater als eine Selbstverdammung des einem mörderischen System dienenden bürgerlichen Subjekts auffassen. Diese Interpretation hat zwei Vorzüge: erstens kann sie den Freitod Georgs als den durch Selbsthingabe an die Tyrannei herbeigeführten Selbstmord dieses bürgerlichen Subjekts erklären; zweitens kann sie die Tatsache, daß der Vater unmittelbar nach der Verurteilung mit einem »Schlag« auf sein Bett zurückfällt (E 32), zur Bestätigung dieser Hypothese heranziehen. Beide Bendemanns, Vater und Sohn, sind eliminiert worden, bzw. haben sich gegenseitig eliminiert. Das Schlußbild der Geschichte bestimmt »ein geradezu unendlicher Verkehr« (ebd.). Nun bildet gerade das Wort »Verkehr« einen semantischen Knotenpunkt in dieser Erzählung, denn schließlich ist es seine Einbettung im Netzwerk des gesellschaftlichen, kommunikativen, geschäftlichen und sexuellen Verkehrs, die Georgs Erfolg ausmacht und ihn vor seinem Petersburger Freund auszeichnet. Georgs Versuch scheitert, sich in Nachahmung seines Vaters als Herrscher über dieses bürgerliche Verkehrssystem zu etablieren; letztlich überlebt nur das abstrakte System selbst, dessen unendlicher Verkehr den Tod des Subjekts, das dieses System zu beherrschen meint, »mit Leichtigkeit [...] übertönt« (ebd.). Damit eröffnet sich ein Horizont auf eine zusätzliche Erklärung für die Verdammung Georgs durch

den Vater, nämlich im Kontext des Problems der Historizität. Während Vater Bendemann in der Unendlichkeit bürgerlichen Verkehrs aufgeht, geht sein Nachfolger, Sohn Bendemann, in diesem unendlichen Verkehr unter. Die Verurteilung des Vaters könnte bedeuten, daß eine der Generation der Väter angebrachte Handlungsweise nicht unreflektiert auf die Generation der Söhne übertragen werden kann. Damit würde es nicht so sehr Georg selbst sein, den der Vater verurteilt, sondern dessen Strategie der Mimesis der zu Hause vorgezeichneten bürgerlichen Verhältnisse, weil diese Strategie einer veränderten bürgerlichen Welt, die zudem revolutionären Unruhen ausgesetzt ist, nicht mehr gerecht zu werden vermag. Diese Interpretation wird von zwei Details der Erzählung bestätigt, die sich für Interpreten als besonders problematisch erwiesen haben: einerseits der Gestus, mit dem der Vater an Georgs »Uhrkette« (E 29) festhält, während der Sohn ihn ins Bett trägt; andererseits die Tatsache, daß die »alte Zeitung«, die der Vater dem Sohn zuwirft, »mit einem Georg schon ganz unbekannten Namen« (E 31) versehen ist. Beide Motive verweisen auf die Dimension der Zeit. Vor allem die alte, Georg unbekannte Zeitung deutet auf eine entscheidende zeitliche Diskrepanz zwischen dem Leben des Vaters und dem des Sohnes hin. Ähnliches besagt das Spielen mit der Uhrkette, das in dem Moment stattfindet, als Georg die Rolle des Vaters übernimmt und den Vater als Kind behandelt, das ins Bett getragen werden muß. Durch diese Tat erinnert der Vater Georg an den Generationsunterschied, der sie voneinander trennt, und deutet damit gleichzeitig an, daß Georgs Übernahme der Vaterrolle ihm gegenüber völlig unangemessen ist.

Diese Einsicht in die historische Unangemessenheit von Georgs Strategie der nachahmenden Anpassung macht es möglich, die sonst verblüffende Behauptung des Vaters, der Freund in Petersburg sei »ein Sohn nach [seinem] Herzen« (E 29), zu erläutern. Der Freund wäre demnach im Gegensatz zu Georg ein Sohn, der die Möglichkeiten und Unmöglichkeiten seiner historisch bedingten Lage erkennt und sein Leben danach einrichtet. Folglich würde aus der Sicht des Vaters die Flucht des gescheiterten Freundes die einzige Handlungsweise gewesen sein, die Georg hätte verfolgen können, wenn er statt der Verurteilung das Lob seines Vaters hätte ernten wollen. Aus diesem Grunde hat der Vater sich mit dem Freund so »herrlich verbunden« (E 31), daß er sich sogar seinen »Vertreter hier am Ort« nennen kann. Aber als Vertreter des »Freundes« hat er einen weiteren Grund, den Sohn Georg zum Tode zu verurteilen: er verdammt Georg im Namen seines verdrängten Ur-Ichs, das den historischen Bedingungen gemäßer handelt als sein nach bürgerlichen Maßstäben »erfolgreiches« Ersatz-Ich Georg. Diese Allianz mit dem Freund gibt dem Vater schließlich die Autorität, Georg zu verurteilen: die Verurteilung Georgs durch den Vater ist letztlich die Verurteilung von Georgs historisch unzeitgemäßem Ersatz-Ich durch sein historisch zeitgemäßes Ur-Ich, also eine Selbstverurteilung des bürgerlichen Subjekts. Die Lebensweise des »Freundes« wird am Schluß der Erzählung als einzig historisch mögliche bestätigt: Der Freund ist der einzige Charakter, der überlebt. Hoffnung für das bürgerliche Subjekt in der modernen Welt ergibt sich daraus nicht; als Georg nach seiner Entlarvung durch den Vater das Bild des Freundes zum letzten Mal heraufbeschwört, sieht er ihn vor dem Hintergrund einer grenzenlosen Verwüstung. »Der Petersburger Freund, den der Vater plötzlich so gut kannte, ergriff [Georg] wie noch nie. Verloren im weiten Rußland sah er ihn. Zwischen den Trümmern des leeren, ausgeraubten Geschäftes sah er ihn. Zwischen den Trümmern der Regale, den zerfetzten Waren, den fallenden Gasarmen stand er gerade noch« (E 30). Der Freund steht umgeben von den zerstörten Requisiten des bürgerlichen Geschäftslebens. Daß er nur »gerade noch« steht, deutet darauf hin, daß er von der Zerstörung seines Geschäftes stark in Mitleidenschaft gezogen wurde. Sein Schicksal ist dem Georg Bendemanns diametral entgegengesetzt: Während Georg erlischt, um von dem autonom gewordenen System bürgerlichen Verkehrs überlebt zu werden, überlebt der Freund »gerade noch« die Zerstörung dieses sozioökonomischen Systems. Damit beschreibt *Das Urteil* zwei Lebensalternativen für das junge heranwachsende Bürgertum der europäischen Moderne, wobei aus dem Gesichtspunkt des bürgerlichen Subjekts heraus die eine Alternative ebenso fatal wie die andere erscheint. Entweder Nachahmung der verhärteten Umstände des bürgerlichen Lebens, oder Flucht in die Ohnmacht des passiven Ausgesetztseins einer Revolution von unten: Dies ist die Aporie des bürgerlichen Menschen der Generation Kafkas, wie er sie im *Urteil* diagnostiziert. *Das Urteil* ›verurteilt‹ ein bürgerliches Subjekt, dessen eigene sozioökonomische Lebensweise ihm selbst so unheimlich geworden ist, daß sie nur noch in diese Aporie zu führen scheint. Als literarischer Text ist Kafkas Erzählung so strukturiert, daß sie – wie die Psyche ihres Helden – auf dieses Urteil gerade dadurch hinweist, daß sie es zu verheimlichen versucht. Dem Interpreten wird die Aufgabe gestellt, diese Zudeckungsstrategien wie Vater Bendemann aufzudecken, die heimlich gehaltene Botschaft über die Aporie des bürgerlichen Subjekts un-heimlich zu machen.

Literaturhinweise

Das Urteil. Eine Geschichte von Franz Kafka. Für Fräulein Felice B. In: Arkadia. Ein Jahrbuch für Dichtkunst. Hrsg. von Max Brod. Leipzig: Kurt Wolff, 1913. S. 53–65.
Das Urteil. Leipzig: Kurt Wolff, 1916. (Der jüngste Tag. 34.)

Bartels, Martin: Der Kampf um den Freund. Die psychologische Sinneinheit in Kafkas Erzählung »Das Urteil«. In: Deutsche Vierteljahrsschrift für Literaturwissenschaft und Geistesgeschichte 56 (1982) S. 225–258.
Beckmann, Martin: Franz Kafkas Erzählung »Das Urteil«. Versuch einer Deutung. In: Literatur für Leser (1990) S. 44–59.
Beharriell, Frederick J.: Freud, Kafka und »Das Urteil«. In: Texte und Kontexte. Studien zur deutschen und vergleichenden Literaturwissenschaft. Hrsg. von M. Durzak [u. a.]. Bern/München 1973. S. 27–47.
Bernheimer, Charles: Letters to an Absent Friend. A Structural Reading. In: The Problem of »The Judgment«. Eleven Approaches to Kafka's Story. Hrsg. von A. Flores. New York 1977. S. 146 bis 167.
Binder, Hartmut: Kafkas Schaffensprozeß, mit besonderer Berücksichtigung des »Urteils«. In: Euphorion 70 (1976) S. 129–174.
Corkhill, Alan: Tiecks »Blonder Eckbert« und Kafkas »Urteil«. Textliche Übereinstimmungen. In: Literatur in Wissenschaft und Unterricht 18 (1985) S. 1–11.
Corngold, Stanley: The Hermeneutic of »The Judgment«. In: The Problem of »The Judgment«. Hrsg. von A. Flores. New York 1977. S. 39–62.
Demmer, Jürgen: Franz Kafka. Der Dichter der Selbstreflexion. Ein Neuansatz zum Verstehen der Dichtung Kafkas, dargestellt an der Erzählung »Das Urteil«. München 1973.
Ellis, John M.: The Bizarre Texture of »The Judgment«. In: The Problem of »The Judgment«. Hrsg. von A. Flores. New York 1977. S. 73–96.
Falke, Rita: Biographisch-literarische Hintergründe von Kafkas »Urteil«. In: Germanisch-Romanische Monatsschrift 41 (1960) S. 164–180.
Flores, Kate: »The Judgment«. In: Franz Kafka Today. Hrsg. von A. Flores und H. Swander. Madison 1958. S. 5–24.
Kemper, Hans-Georg: Gestörte Kommunikation. Franz Kafka

»Das Urteil«. In: Expressionismus. Hrsg. von S. Vietta und H.-G. Kemper. München 1975. S. 286–305.

Murrill, V. / Marks, W. S.: Kafka's »The Judgment« and »The Interpretation of Dreams«. In: The Germanic Review 48 (1973) S. 212 bis 228.

Neumann, Gerhard: Franz Kafka. »Das Urteil«. Text, Materialien, Kommentar. München 1981.

Piel, Edgar: Die Schwäche, der Eifer und die Ich-Sucht. Kafkas Erzählung »Das Urteil« als Gesellschaftsroman. In: Sprache im technischen Zeitalter (1977) S. 167–179.

Pondrom, Cyrena Norman: Coherence in Kafka's »The Judgment«: Georg's Perceptions of the World. In: Studies in Short Fiction 9 (1972) S. 59–79.

Rolleston, James: Strategy and Language. Georg Bendemann's Theater of the Self. In: The Problem of »The Judgment«. Hrsg. von A. Flores. New York 1977. S. 133–145.

Sautermeister, Gert: Sozialpsychologische Textanalyse. Franz Kafkas Erzählung »Das Urteil«. In: Methodische Praxis der Literaturwissenschaft. Hrsg. von D. Kimpel und B. Pinkerneil. Kronberg i. Ts. 1975. S. 179–222.

Seidler, Ino: »Das Urteil«. »Freud natürlich«? Zum Problem der Multivalenz bei Kafka. In: Psychologie in der Literaturwissenschaft. Hrsg. von W. Paulsen. Heidelberg 1971. S. 174–190.

Sokel, Walter H.: Perspectives and Truth in »The Judgment«. In: The Problem of »The Judgment«. Hrsg. von A. Flores. New York 1977. S. 193–237.

Steffan, Hans: Kafkas »Urteil«. Drei Lebensmodelle und ihre Verurteilung. In: Jenseits der Gleichnisse. Kafka und sein Werk. Hrsg. von L. Lambrechts und J. de Vos. Bern 1986. S. 97–127.

Stern, Joseph Peter: Franz Kafka's »Das Urteil«. An Interpretation. In: The German Quarterly 45 (1972) S. 114–129.

Zeller, Rosmarie: Kafkas »Urteil« im Widerstreit der Interpretationen. In: Kontroversen, alte und neue. Akten des VII. Internationalen Germanisten-Kongresses, Göttingen 1985. Hrsg. von A. Schöne. Bd. 11. Göttingen 1986. S. 174–182.

Die Verwandlung

Von Karlheinz Fingerhut

> *Was ist das doch für eine ausnehmend ekelhafte Geschichte.*
>
> Franz Kafka, Brief an Felice Bauer vom 23./24. November 1912

Der erste Satz. Die »innere Wahrheit« einer Geschichte, schreibt Kafka an Felice Bauer, lasse sich niemals allgemein feststellen, sondern müsse »immer wieder von jedem Leser oder Hörer von neuem zugegeben oder geleugnet werden.«[1] Natürlich versucht die hermeneutisch vorgehende Literaturwissenschaft, genau dieses Unmögliche zu tun. Sie will »allgemein feststellen«, wo und wie die »innere Wahrheit« im Text auffindbar ist, und dabei zugleich inhaltlich definieren, was das sei, die »innere Wahrheit« eines literarischen Textes. Dadurch unterscheidet sie sich vom Leser, der zufrieden ist, auf subjektiver Ebene etwas von ihr zugegeben oder geleugnet zu haben. Der Autor Kafka hat Leser im Visier. Sein Selbstverständnis des Schreibens ist autoreferentiell und rhetorisch zugleich. In einem anderen Brief erklärt er Felice diese Doppelfunktion. Die Abende, an denen er schreibt, sagt er, dienten seiner »Befreiung«. Seine Texte aber lese er »höllisch gern vor«. In »vorbereitete und aufmerksame Ohren zu brüllen, tut dem armen Herzen so wohl.«[2] Es sei eine Art von Herrschaft über Menschen, ein dem ganzen Körper Wohlbehagen bereitender Glaube an die eigene Fähigkeit, »Menschen kommandieren« zu können.

Die ersten Sätze einer Erzählung müssen diese Doppelauf-

---

1 Franz Kafka, Brief an Felice Bauer vom 4./5. Dezember 1912 (F 156).
2 Brief vom 4./5. Dezember 1912 (F 155).

gabe in besonderem Maße leisten. Sie sollen »Befreiung« für den Schreibenden sein und zugleich die Phantasie der Lesenden »kommandieren«. Auch der erste Satz der »Verwandlung« gehört zu diesen befreienden und fesselnden Sätzen. »Als Gregor Samsa eines Morgens aus unruhigen Träumen erwachte, fand er sich in seinem Bett zu einem ungeheueren Ungeziefer verwandelt.« (E 56) Ein solcher Satz entzündet Streit über seine Reichweite. Ist die »Verwandlung« als wirklich zu denken, oder ist sie nur vorgestellt? Für beide Positionen lassen sich Argumente anführen. Ein wichtiges Kriterium ist die Wahrscheinlichkeit. Sie spricht dafür, daß hier jemand einen schweren Traum hatte, aufwacht und in seiner Halbschlaf-Verwirrung sich selbst als einen Verwandelten erlebt. Nur in diesem einschränkenden Verständnis ist die Aussage des Satzes mit unserer Wirklichkeitserfahrung vereinbar. Vor allem psychologische Deutungen gehen gern von der Hypothese aus, daß die Verwandlung eine bloße Bewußtseinstatsache des Helden sei. Deswegen habe Kafka es auch abgelehnt, das Insekt zeichnen zu lassen, während er dessen physische Besonderheiten ausführlich beschreibe. Eine verbale Beschreibung nämlich setze Phantasietätigkeit frei, die visuelle Umsetzung lege hingegen die Imagination fest. Und da Kafka konsequent aus der Perspektive des Helden erzähle, bleibe dem Leser gar nichts anderes übrig, als diese Bewußtseinstatsache – wie der Held selbst – für »wirklich« zu nehmen, wenngleich sie es natürlich in Wirklichkeit nicht sei. Auf der anderen Seite argumentieren Literaturwissenschaftler mit literarischen Traditionen, in denen Verwandlungen schon immer zum geläufigen Motivarsenal gehören: Märchen, Mythen, Phantasiegeschichten, lehrhafte Parabeln. Auch von Kafka werde eine Metamorphose erzählt und in ihren Konsequenzen studiert. Lediglich die befremdliche Implantation in eine kleinbürgerliche Familienszenerie sei schockierend. Nichts aber autorisiere den Leser, Kafkas deutliche Aussagen in Zweifel zu ziehen. Gregor Samsa sei körperlich ein

Insekt, während er geistig und emotional durchaus weiterhin Mensch bleibe.[3]

Dadurch daß der Text Kafkas von einer »Verwandlung« erzählt, die möglicherweise gar nicht exakt unter diesen Begriff fällt, verwirrt sich der Referenzrahmen der Begriffe. Damit aber ist in Kafkas Erzählwelt eine Instanz maßgeblicher Orientierung, nämlich die konventionell festgelegte Beziehung zwischen Begriff, Bedeutung und Welt, aufgegeben. Das Signal des ersten Satzes erinnert im gesamten Erzähltext immer wieder daran, daß hier Wirklichkeit nicht abgebildet, sondern konstruiert wurde, und zwar in Abweichung von selbstverständlicher und unauffälliger Wiedererkennbarkeit.

Durch diese Verwirrung am Anfang der »kleinen Geschichte« drängt Kafka seine Leser in die Rolle von Deutern. Sie antworten auf die Dekonstruktion ihres Sprach- und Wirklichkeitsmodells, in dem »Verwandlungen« nur als bloße Bewußtseinstatsachen (also irrige Vorstellungen) oder als Motive fiktiver Texte (Mythen, Märchen, Phantasiegeschichten) vorkommen, mit massiven Rekonstruktionen. Sie müssen nach einem Verfahren suchen, das es erlaubt, das Phantastische der Tiermetamorphose mit dem wiedererkennbar Wirklichen einer Prager Kleinbürgerexistenz zusammenzusehen. Die Sprache selbst bietet ein solches an: Ein Zeichen, das nicht Abbildung ist, muß Metapher sein. Das bedeutet, Leser als Deuter versuchen, das erzählte phantastische Ereignis metaphorisch zu nehmen, um es so in ein sinnvolles, das heißt in das eigene Wirklichkeitsmodell integrierbares, ›eigentlich Gemeintes‹ übersetzen zu können.

Als Bereiche, aus denen ›Sinn‹ in die Strukturen der Erzäh-

---

3 Eine Übersicht über die diversen Interpretenmeinungen gibt Karlheinz Fingerhut, »Die Phase des Durchbruchs (1912–1915). ›Das Urteil‹, ›Die Verwandlung‹, ›In der Strafkolonie‹ und die Nachlaßfragmente«, in: KHB II, S. 262–313. Vgl. auch die wertende Durchsicht der unterschiedlichen Interpretationsansätze bei Henel (1984) S. 67–85.

lung geleitet werden kann, bieten sich Sektoren der Alltagswelt an, die ihrerseits bereits durch eine ihnen zugehörige Sprache strukturiert sind. Man kann sie als *scripts* bezeichnen, insofern sie keine diffusen, sondern bereits ›vertextete‹ Felder sind: Die zentralen Skripts sind das der Familie, deren Ernährer seine soziale Rolle aufgeben muß und dafür ausgegrenzt wird, und die bürgerliche Erwerbswelt, aus der jemand auszusteigen träumt und dafür bezahlt.

Identitätskrise. »Der erste Satz«, sagt Martin Walser, »entsteht aus nichts als aus problematisch gewordenem Selbstbewußtsein.«[4] Geringfügige Abweichungen von standardsprachlich erwartbaren Formulierungen sind als Indizien dafür zu sehen. Es heißt nicht Gregor Samsa »war plötzlich«, sondern »er fand sich« verwandelt, nicht »in ein«, sondern »zu einem« – nicht zu einem großen, gräßlichen, überdimensionalen, sondern zu einem »ungeheuren Ungeziefer« – nicht Käfer, Wanze, Tausendfüßler. »Fand sich« betont den subjektiven Aspekt der Wahrnehmung gegenüber einer tatsächlichen Feststellung. Die über Alliteration und Wiederholung des Negationspartikels verbundenen Qualifizierungen des neuen Status (»ungeheures Ungeziefer«) transportieren den Affektwert des persönlichen Erschreckens über das nicht einzuordnende Geschehen. Aber das Ungeheuerliche erwächst offensichtlich aus »unruhigen Träumen« (Hervorhebungen K. F.). Diese Aussage verknüpft das unerklärliche Geschehen mit einer Vor-Geschichte, die vielleicht später erkennbar wird. Der erste Satz läßt jede Aussage über die Verwandlung, die von einem anderen als dem Helden zu verantworten wäre, ins Leere laufen.

In der Regel klären sich derartige Schwebezustände durch die Fortsetzung der Lektüre auf. Das ist hier nicht der Fall. Die ersten Abschnitte erzählen von Gregors intellektueller

---

4 Walser, S. 155.

Verarbeitung seiner Selbstbeobachtung. Er sucht und findet Rationalisierungen: 1. Die Verwandlung scheint zwar »kein Traum« zu sein, aber auch kein Faktum, das ihm die Normalität zu sprengen scheint. Ganz deutlich sieht er die Details seiner neuen Physiognomie, ebenso deutlich aber auch die unveränderte Zimmereinrichtung, das Bild der Dame mit der Pelzboa, das er kürzlich ausgeschnitten und eingerahmt hat. 2. Er probiert die neue physische Beschaffenheit aus, die ihm die Käferhaftigkeit seines neuen Zustands bestätigt: Käfer können sich schwer vom Rücken auf die Füße drehen. 3. Er stellt Überlegungen über seinen anstrengenden Beruf als Reisender an, dem er die Schuld an seinem jetzigen überreizten Zustand zu geben scheint: »Dies frühzeitige Aufstehen, dachte er, macht einen ganz blödsinnig« (E 57). Überhaupt beschäftigt die Behinderung der Berufsausübung seine Gedanken mehr als die Metamorphose. Der Erzähler berichtet diese Überlegungen ganz aus dem Wahrnehmungsrahmen des Helden. Lediglich durch minimale Abweichungen deutet er an, daß seine Perspektive nicht mit derjenigen des Helden identisch ist, sondern daß er fremde Überlegungen, Befürchtungen, Hoffnungen artikuliert.

Der Leser, der den Verwandelten seinerseits mit Interesse beobachtet, stellt sofort Hypothesen auf, die er aus seinem Alltagswissen nimmt und die er im Laufe der Lektüre dann verifizieren oder falsifizieren kann. Sie beziehen sich – kausal – auf die möglichen **Ursachen** und – final – auf die möglichen **Konsequenzen** der erstaunlichen Metamorphose, und zwar in zwei Varianten: einmal für den Fall, daß die Verwandlung als wirklich, zum anderen, daß sie als nur vorgestellt gedacht wird. Im Zentrum des ersten Komplexes steht Gregors Beruf, im Zentrum des zweiten Gregors Familie. Die Fokussierung beansprucht keine Ausschließlichkeit, das heißt, das Thema ›Beruf, Arbeitswelt‹ reicht in die Familie, das Thema ›familiale Beziehungsstrukturen‹ in die Selbstdefinition Gregors als »Arbeitstier« hinein.

Die Verwandlung

Stationendrama. Die eine Metamorphose und die vielen Verwandlungen. Man hat den Aufbau von Kafkas Erzählung *Die Verwandlung* mit dem eines Stationendramas verglichen.[5] Relativ in sich geschlossene szenische Einheiten folgen einander. Sie sind durch Reprisen, variierende Wiederaufnahmen von Motiven und die an ihnen ablesbare Entwicklung des Helden aufeinander bezogen. Zwischen ihnen werden Stationen der »Verwandlung« sichtbar, denen der Held und die Mitglieder seiner Familie unterworfen sind.

Der erste Teil der Erzählung kann als der ›erste Akt‹ eines Stationendramas angesehen werden. Er behandelt als Exposition die über Gregor Samsa hereinbrechende Metamorphose (»Da wacht am Morgen ein Handlungsreisender auf, merkt, daß er seinen Zug versäumt hat, gerät in Panik: sieht sich sofort als Ungeziefer. Als Parasit. Er ist sich ekelhaft.«[6]) sowie die daraus sich ergebenden familialen Konfliktkonstellationen: Die Familie verstärkt durch ihr Verhalten die Selbstbeurteilung des Verwandelten, ein »ungeheueres Ungeziefer« (E 56) zu sein. Die Mutter erschrickt bereits über seine Stimme, reagiert dann mit körperlichen Symptomen der Verwirrung auf seinen Anblick. Der Vater behandelt Gregor wie selbstverständlich als Tier. Er treibt ihn mit einem Stock in sein Zimmer zurück, verletzt ihn, da ihm der Rückzug nicht schnell genug geht. Die Gedanken an die Firma, an den Chef und der Auftritt des Prokuristen bestätigen Gregor den hohen Grad an Entfremdung, der sich in seinem Berufsleben inzwischen herausgebildet hat. Dabei gibt es – sozusagen als retardierende Momente – immer

---

5 Vgl. bes. Binder (1985) S. 2–64. Binder spricht von einem »szenisch angelegten Erzählen« (S. 7), von einer »szenischen Gestaltung aus der Sicht der Erzählfigur« (S. 8), betont andererseits aber auch die Notwendigkeit des Erzählers, der die Einzelszenen miteinander verknüpft, angelegte Erzählfäden aufgreift und weiterführt. Auch Martin Walsers »nacherzählendes Abtasten« des »Hauptverlaufs der Erzählung« teilt die Handlung in »Akte« und »Szenen« (S. 158–174).
6 Walser, S. 158.

wieder eingeschobene Reflexionen des Verwandelten darüber, wie seine Lage durch die Solidarität der Beteiligten erträglicher zu gestalten wäre. Zum Beispiel stellt er sich vor, wie leicht es sei, wenn der Vater und das Dienstmädchen gemeinsam ihm aus dem Bett helfen würden:

> sie hätten ihre Arme nur unter seinen gewölbten Rücken schieben, ihn so aus dem Bett schälen, sich mit der Last niederbeugen und dann bloß vorsichtig dulden müssen, daß er den Überschwung auf dem Fußboden vollzog, wo dann die Beinchen hoffentlich einen Sinn bekommen würden. (E 60)

Auch Körperwahrnehmungen, die zu der dramatischen Szenerie in einem gewissen Spannungsverhältnis stehen, können als retardierende Momente verstanden werden, so etwa Gregors Beobachtung, daß er in einem der dramatischsten Augenblicke des Geschehens darüber nachsinnt, wie seine neue Physis funktioniert:

> [Gregor] wollte zum Prokuristen hingehen, der sich schon am Geländer des Vorplatzes lächerlicherweise mit beiden Händen festhielt; fiel aber sofort, nach einem Halt suchend, mit einem kleinen Schrei auf seine vielen Beinchen nieder. Kaum war das geschehen, fühlte er zum erstenmal an diesem Morgen ein körperliches Wohlbehagen; die Beinchen hatten festen Boden unter sich; sie gehorchten vollkommen, wie er zu seiner Freude merkte; strebten sogar darnach, ihn fortzutragen, wohin er wollte; und schon glaubte er, die endgültige Besserung alles Leidens stehe unmittelbar bevor. (E 68)

Gregors Überlegungen haben etwas Kindliches. Er ist sich der Tragweite und Einzigartigkeit seiner Verwandlung offensichtlich nicht bewußt, denkt, sie sei zu behandeln wie eine vorübergehende Unpäßlichkeit. An den Reaktionen der anderen will er seine Selbstbeobachtungen prüfen:

> Würden sie erschrecken, dann hatte Gregor keine Verantwortung mehr und konnte ruhig sein. Würden sie aber alles ruhig hinnehmen, dann hatte auch er keinen Grund sich aufzuregen, und konnte, wenn er sich beeilte, um acht Uhr tatsächlich auf dem Bahnhof sein. (E 64)

Dieses Kalkül ist naiv und listig zugleich. Es entlastet in jedem Fall: Entweder ist Gregor verwandelt, also krank, also nicht verantwortlich für sein Verschlafen, oder er ist in den Augen der anderen normal geblieben. Dann ist er zumindest kein Tier und braucht sich über keine Metamorphose Gedanken zu machen. Aber es delegiert die Definition des eigenen Status auch an die jeweils anderen und macht das eigene Handeln von den Urteilen der Außenwelt abhängig. Damit ist eine wesentliche Funktion der Exposition einer Tragödie gegeben: der Held überschaut in tragischer Blindheit die ihn betreffende Konstellation nicht. Er urteilt nicht selbständig, sondern er rationalisiert, bildet Hypothesen, spekuliert und glaubt fest an die Überlegenheit der fremden Urteile.

Der ›zweite Akt‹ beginnt mit dem Abend des ersten Tages nach der Metamorphose. Die Entfremdung hat zugenommen. Gregor wird gefüttert wie ein Tier. Da er frische Speisen nicht anrührt, gibt ihm die Schwester Abfälle zu fressen. Die Familienmitglieder rechnen nicht damit, daß der Käfer sie verstehen kann. Sie stellen auch keine weitergehenden Überprüfungen an, ob ihre Vermutung zutrifft. Gregor versucht nicht, ihre Mißverständnisse aufzuklären. Ihm reichen zunächst sentimentale Rückblicke auf die Leistungen, die er für die Familie erbracht hat:

> »Was für ein stilles Leben die Familie doch führte,« sagte sich Gregor und fühlte, während er starr vor sich ins Dunkel sah, einen großen Stolz darüber, daß er seinen Eltern und seiner Schwester ein solches Leben in einer so schönen Wohnung hatte verschaffen können. (E 71)

Dann sind es Sorge, Angst und Scham, die Gregor bestimmen, als er von seinem Zimmer aus die Überlegungen der Familie zur aktuellen finanziellen Situation mit anhören muß. In diesen Überlegungen ist der Käfer ganz Mensch. Aber gerade hier macht der Erzähler – sozusagen unter Umgehung des Helden – klar, daß Gregor von einer falschen Voraussetzung ausgegangen war: der Vater hatte aus seinem Bankrott mehr Geld gerettet, als er seinem Sohn jemals gesagt hatte. Daraus folgt, daß man all die Jahre Gregors Verdienst verbrauchte, ihn in der Fron des Gläubigers sich abarbeiten ließ, ohne das Geld wirklich zu benötigen. Wo Gregor menschlich empfindet, beruht das auf Täuschung. Der Leser entdeckt hinter scheinbar Selbstverständlichem menschliche Kälte:

> Man hatte sich eben daran gewöhnt, sowohl die Familie als auch Gregor, man nahm das Geld dankbar an, er lieferte es gern ab, aber eine besondere Wärme wollte sich nicht mehr ergeben. (E 75)

Die Ausgrenzung des Ungeziefers durch die Familie nimmt ihren Lauf. Vater und Mutter delegieren die Pflege des Untiers an die Tochter. Diese kümmert sich nach Meinung Gregors rührend um den verwandelten Bruder. Doch sprechen ihre Handlungen und Gesten eine andere Sprache. Die Diskrepanz führt zu ausgesprochen humoristischen Formulierungen:

> Außerdem stellte sie zu dem allen noch den wahrscheinlich ein für allemal für Gregor bestimmten Napf, in den sie Wasser gegossen hatte. Und aus Zartgefühl, da sie wußte, daß Gregor vor ihr nicht essen würde, entfernte sie sich eiligst und drehte sogar den Schlüssel um, damit nur Gregor merken könne, daß er es sich so behaglich machen dürfe, wie er wolle. (E 72)

Der Erzähler läßt offen, aus welchen Gründen Gregor einen eigenen Freßnapf bekommt, die Schwester das Zimmer eiligst verläßt, es abschließt, später die Speisereste mit einem Besen zusammenfegt und »hastig in einen Kübel schüttet« (E 73), durch das Zimmer läuft, »ohne sich Zeit zu nehmen, die Türe zu schließen«, und das Fenster aufreißt, »als ersticke sie fast« (E 77), sobald sie es betritt. Aber durch die Summierung der Einzelheiten läßt er den Leser zu einem anderen Urteil kommen als der nachsichtige Gregor. Während dieser glaubt, die Familie, wenigstens aber die Schwester, sähe in ihm noch eins ihrer Mitglieder, dem sie Solidarität entgegenbringt, ist der Ausgrenzungsprozeß schon in vollem Gange. Dazu muß Gregor als Tier empfunden werden, und darum wehrt sich Gregor auch konsequent dagegen, die Wahrheit der sich verdichtenden Ablehnung zu erkennen.

Eine wichtige Station auf diesem Wege stellt das Ausräumen des Zimmers dar. Motiviert wird die Aktion von der Schwester mit Gregors Bewegungsdrang. Was scheinbar seiner Befreiung dient, erweist sich als Rücksichtnahme auf seine Tierheit. Die Mutter ahnt den Zusammenhang und macht entsprechende Einwände. Das »Vergessen seiner menschlichen Vergangenheit« (E 80) werde durch den Verlust der Möbel beschleunigt. Gregor empfindet schließlich so, wie die Mutter vermutet, aber mehr als das Bild, auf das er sich setzt, kann er nicht retten. Im Gegenteil, gegenüber dem Vater, der in den Streit eingreift, muß er um sein Leben fürchten. Hätte sich nicht die Mutter zwischen die beiden geworfen, hätte möglicherweise der wiedererstarkte Vater den Sohn getötet. So erspäht dieser, wie die Mutter den Vater »in gänzlicher Vereinigung mit ihm« um »Schonung von Gregors Leben« (E 85) bittet. Sexualität ist in doppelter Weise in dieser Szene im Spiel. Einmal nimmt Gregor die Dame mit der Pelzboa, über deren Bildnis er sich setzt, mit einer sexuellen Geste in Besitz, zum anderen erinnert das Bild von Vater und Mutter in ihrer Vereinigung an die ödipale Urszene. In beiden Fällen hat Sexualität etwas mit Machtausübung zu tun, beide Male zielt diese auf eine symbolische Ausgrenzung Gregors aus dem menschlichen Bereich. Denn für Gregor bleibt nur die fetischistische Sexualität mit dem Bild einer durch erotische Attribute ausgezeichneten weiblichen Figur, während der Vater ihm die Verfügung über die Mutter demonstriert. Die Metamorphose hat den kaufmännischen Angestellten Gregor Samsa in seinem alltäglichen Leben und in seiner Identität als Familienernährer verwandelt. Seine Entfaltungsmöglichkeiten schrumpfen, seine Kontakte zu den anderen Familienmitgliedern schrumpfen, er selbst verliert an Bewegungskraft, am Ende vertrocknet er. Auch die anderen Familienmitglieder machen Metamorphosen durch. Es sind komplementäre Verwandlungen zu derjenigen Gregors. Der Vater entwickelt sich aus einem senilen Greis, der »müde im Bett vergraben« (E 83) oder hinter seiner Zeitung dahindämmerte, zurück zum uniformierten, lebenskräftigen und berufstätigen Patriarchen, der »wütend und froh« gegen den Sohn als einen Eindringling zu Felde zieht. Er wächst dabei derart, daß der Sohn »über die Riesengröße seiner Stiefelsohlen« (E 84) staunt. Die Mutter verändert sich mehrfach, und zwar von einer bemühten, aber hilflosen, in Ohnmacht fallenden Person zu einer Beschützerin ihres Kindes und dann wieder zurück in eine schläfrige Hilflosigkeit. Sie verrät Gregor selbst noch in der Gestik des Schützens. Denn sie läuft, ihre Röcke verlierend, auf den Vater zu, der sich gegen Gregor gewendet hat. Am deutlichsten ist die Verwandlung der Schwester zu beobachten. Sie wandelt sich von einer Verbündeten Gregors zu seiner entschiedensten Gegnerin. Sie ist es, die zuerst fordert, eine deutliche Trennung zwischen dem Gedächtnis an den Bruder und dem Ungeziefer im Nebenraum zu machen. Sie führt die Sprachregelung ein, von Gregor nur noch als dem »Es« zu sprechen. Erst als Gregor tot ist, wird sie ihn mit Blick auf den ausgetrockneten Leichnam wieder mit »er« bezeichnen.

Eine spezifische Verwandlung, die mit Gregor selbst vor sich geht, ist gegenläufig zu seiner Vertierung zu sehen. Es

ist die Veränderung seines allgemeinen Verantwortungsbewußtseins und des daraus resultierenden Schuldkomplexes. Nachdem klargeworden ist, daß er sich umsonst für das Wohlergehen der Familie geschunden hat, daß es vielmehr der kleinbürgerliche Pessimismus der Familie gewesen war, der ihm Bedürftigkeit und Abhängigkeit vorspielte, befreit er sich von der Vorstellung, das Wohl der Familie hänge allein von ihm ab. Er kann als Käfer beim Herumkrabbeln an den Wänden und an der Decke bisher nicht gekannte Momente der Selbstvergessenheit erleben. Wäre nicht die stigmatisierende Verwundung durch den Apfelwurf des Vaters, er hätte Momente des Glücks erleben können.
Der ›dritte Akt‹ des Dramas setzt mit der zunehmenden Invalidität Gregors ein. Auch die Familie hat sich auf die neue Bedürftigkeit eingestellt. Die Dienstboten sind entlassen, drei Zimmerherren angenommen, Vater und Tochter arbeiten als unselbständige Angestellte, die Mutter übernimmt die Hausarbeit. Gregor wird von einer groben, durch nichts zu erschütternden Bedienerin versorgt. Niemand säubert sein Zimmer. Die Mutter bleibt von der Versorgung Gregors systematisch ausgeschlossen. Es sieht so aus, als ob die Verwandlung damit zu einem Stillstand am negativen Punkt der Entwicklung gekommen sei.
Das ist aber nicht der Fall. Die Zimmerherren werden von Gregor nämlich als Rivalen um die Zuneigung der Schwester verstanden. Wieder – wie schon einmal im ersten und einmal im zweiten Akt – verläßt er sein Zimmer, um sich einzumischen. Diesmal wird er angelockt vom Geigenspiel seiner Schwester. Dessen Inszenierung zeigt, daß die Eltern ihre Hoffnung nun auf die Tochter setzen. Sie präsentieren sie den Herren (zunächst) als Violinistin. Gregor ist von ihrem Spiel fasziniert. »War er ein Tier, da ihn Musik so ergriff? Ihm war, als zeige sich ihm der Weg zu der ersehnten Nahrung« (E 92). In seinem Vorleben als Vertreter hatte er keine Musiksensibilität entwickeln können, wohl aber die Idee gehabt, die Schwester aufs Konservatorium zu schik-

ken. Jetzt verbindet er beides: die Sensibilität für die Kunst und den Wunsch, daß die Schwester von Zuhörern bewundert werde. Dadurch erwacht auch erneut die Idee, »die Angelegenheiten der Familie ganz so wie früher wieder in die Hand zu nehmen«. Es sind halluzinatorische Allmachtsphantasien in der Gestalt von Erinnerungen an sein vergangenes Leben: »in seinen Gedanken erschienen wieder nach langer Zeit der Chef und der Prokurist, der Kommis und die Lehrjungen, der so begriffsstützige Hausknecht, zwei drei Freunde aus anderen Geschäften, ein Stubenmädchen aus einem Hotel in der Provinz, eine liebe, flüchtige Erinnerung« (E 87). Aus ihnen schält sich unterdrücktes erotisches Begehren, das sich auf die Schwester richtet, heraus. Gregor ist

> entschlossen, bis zur Schwester vorzudringen, sie am Rock zu zupfen und ihr dadurch anzudeuten, sie möge doch mit ihrer Violine in sein Zimmer kommen, denn niemand lohne hier das Spiel so, wie er es lohnen wollte. Er wollte sie nicht mehr aus dem Zimmer lassen, wenigstens nicht, solange er lebte; seine Schreckgestalt sollte ihm zum erstenmal nützlich werden; an allen Türen seines Zimmers wolle er gleichzeitig sein und den Angreifern entgegenfauchen; die Schwester aber sollte nicht gezwungen, sondern freiwillig bei ihm bleiben; sie sollte neben ihm auf dem Kanapee sitzen, das Ohr zu ihm herunterneigen, und er wollte ihr dann anvertrauen, daß er die feste Absicht gehabt habe, sie auf das Konservatorium zu schicken [...]. (E 92)

Tiersein und Menschsein sind hier am engsten vermischt. Einerseits kann Musiksensibilität als Indiz für eine menschliche Identität gesehen werden. Andererseits ist der Wunsch nach dem Besitz der Schwester ganz nach dem Muster des Drachen modelliert, der die Jungfrau in seiner Höhle gefangenhält. Martin Walser sieht in dieser Konstruktion den Gipfel der Ironie. Ein Mensch, der seine menschliche Identität durch Brauchbarkeit und Nützlichkeit im Arbeitsprozeß erwiesen hat, erfährt jetzt, in der Tiergestalt und im Status der Nutzlosigkeit, etwas von einem ihm bisher unbekannten Menschsein, für das die Musik und die Sehnsucht nach unbekannter Nahrung als Bildzeichen stehen. Zugleich meldet sich sein Begehren in dem antihumanen Schema von erotischer Gewalt über andere.

Ironie ist auch im Spiel bei der Komposition dieser Szene nach dem Vorbild eines tragischen Umschwungs. Die auf die Schwester gerichteten erotischen Phantasien Gregors erreichen ihren Höhepunkt, zugleich setzt die Abwendung der Schwester massiv ein: »Ich will vor diesem Untier nicht den Namen meines Bruders aussprechen« (E 94). Während Gregor sich also erkennbar als Mensch versteht, wird er von der Schwester ebenso klar als Untier definiert.

Gregors Tod bildet die abschließende Szene dieses Akts. Der Erzähler attestiert ihm hier am eindeutigsten menschliche Gefühle. Zugleich macht er noch einmal durch die Wahl des Worts »Nüstern« (E 96) für Gregors Atmungsorgan darauf aufmerksam, daß hier ein Tier stirbt. Die Paradoxie, daß es ein Tier ist, das eine unangetastete menschliche Identität besitzt, ist offensichtlich das Ziel des Erzählens. Nach dem Verfahren der Kontrastierung, das auch die vorausgegangenen Szenen beherrschte, schließt sich unmittelbar daran die Beseitigung des Tierkadavers an. Der Erzähler verläßt seinen Erzählstandpunkt neben Gregor und sieht das Geschehen von außen. Die Bedienerin stellt fest, »es ist krepiert« (E 96), der Vater und die Mutter verwandeln sich in das »Ehepaar Samsa«, und die Schwester ist nun wieder in der Lage, in dem toten Tier den verschwundenen Bruder zu betrauern: »Seht nur, wie mager er war« (E 97). Die Ironie des Erzählers am Schluß dieses Dramas besteht nicht darin, Gregor seinen Tod als Befreiung der Familie erleben zu lassen, sondern darin, daß die Tierheit Gregors die Voraussetzung dafür zu sein scheint, daß ein in der Welt der Geschäfte Gefangener sich selbst als Mensch kennenlernt, die Vertierung aber mit seiner Ausgrenzung aus der menschlichen Gesellschaft und mit Vitalitätsverlust bezahlen muß.

Gegenüber diesem Ende eines wahrhaft bürgerlichen Trauerspiels ist der ›Epilog‹, der die Verwandlung der Familie auf ihrer Ausfahrt ins Grüne schildert, besonders das Aufblühen der jugendlichen Schwester, die »ihren jungen Körper dehnte« (E 99), ein zweiter, angehängter, bis in die Erzählperspektive hinein fremder, ein satirischer Schluß. Über seine Notwendigkeit sind die Meinungen geteilt. Kafka selbst war mit ihm nicht zufrieden,[7] ebensowenig wie mit dem Schluß des *Hungerkünstlers*, in dessen Hunger-Käfig ein schwarzer Panther gegeben wird. Beide Schlüsse haben miteinander gemeinsam, daß sie wie masochistische Lobgesänge auf ein rein vitales Leben klingen, das Gregor und dem Hungerkünstler nicht zur Verfügung steht.

Persönliches Drama. Kafkas Schreiben als Durchdenken der autobiographischen Konfliktkonstellation. Daß Kafka in der Verwandlung des reisenden Angestellten Gregor Samsa in ein unnützes, schmarotzendes Ungeziefer eigene Regressionsträume bearbeitet, ist in der Forschung früh herausgestellt worden. Besonders Hartmut Binder[8] hat die biographische Konfliktkonstellation, aus der die Erzählung erwächst – und auf die sie produktiv reagiert – rekonstruiert.

Kafka hatte am 20. September 1912 eine Korrespondenz mit Felice Bauer begonnen, die er bei seinem Freund Max Brod kennengelernt hatte. Drei Tage später schrieb er in einer Nacht die Erzählung *Das Urteil* nieder und gewann die

---

7 Franz Kafka, Tagebucheintrag vom 19. Januar 1914: »Angst im Bureau abwechselnd mit Selbstbewußtsein. Großer Widerwillen vor ›Verwandlung‹. Unlesbares Ende. Unvollkommen fast bis in den Grund. Es wäre viel besser geworden, wenn ich damals nicht durch die Geschäftsreise gestört worden wäre« (KKAT 624).
8 Binder, *Der Schaffensprozeß*, S. 136–186.

Überzeugung, daß das literarische Schreiben die ergiebigste Seite seiner Persönlichkeit ausmache. Fortan stand er in dem Konflikt, daß die Anforderungen des Berufs und das Bedürfnis der literarischen Tätigkeit gleichermaßen auf ihn einstürmten und ihn zu zerreißen drohten. Die mit Felice verbundenen Pläne einer Familiengründung komplizierten die Konstellation insofern, als ›Familie‹ einerseits korrelierte mit Beruf, Geldverdienen und geordnetem Leben, andererseits Befreiung aus der Familie des Vaters und Selbständigkeit bedeuten sollte. Die Korrespondenz mit Felice dreht sich um die Bedeutung des Schreibens. Das Vorlesen der Ungeziefer-Geschichte sollte sie offensichtlich in die narrativen Selbstreflexionen einbeziehen:

> Ja, das wäre schön, diese Geschichte Dir vorzulesen und dabei gezwungen zu sein, Deine Hand zu halten, denn die Geschichte ist ein wenig fürchterlich. Sie heißt »Verwandlung«, sie würde Dir tüchtig Angst machen und Du würdest vielleicht für die ganze Geschichte danken, denn Angst ist es ja, die ich Dir mit meinen Briefen leider täglich machen muß.[9]

Über das Erzählexperiment selbst hatte Kafka zunächst keine klaren Vorstellungen. Dachte er an den ersten zwei Tagen der Niederschrift noch an eine eingliedrige Erzählung in der Art des *Urteils*, dann an eine zweiteilige, in zweimal zehn Stunden niederzuschreibende, so entschied er Ende November, daß noch ein dritter Abschnitt hinzukommen sollte. Jeder Teil wird eingeleitet durch einen Ausbruchsversuch Gregors und endet in einer gesteigerten Erfahrung der Ausgrenzung und Zurückweisung durch die Familie. Daß dabei die triadischen Gliederungsformen des Märchens eine Rolle spielen, liegt nahe, wenn man als Muster bekannte Verwandlungsmärchen der Gebrüder Grimm unterstellt. Damit kommt der Gedanke der Erlösung ins

---

[9] Brief an Felice vom 23. November 1912 (F 116).

Spiel. Die Erlösung des Bruders oder der Brüder durch die Schwester[10] ist ein geläufiges Märchenmotiv. Den Märchenaufbau – Vorgeschichte, Verwandlung, Erlösung – hat Kafka verändert. Es fallen Vorgeschichte und Erlösung weg. Die Verwandlung ereignet sich dafür in einer wiedererkennbaren Alltagswelt, in der ›Wunder‹ (mit Ausnahme des die Geschichte auslösenden) nicht vorkommen. Insofern wird die Märchen-Hoffnung einer ›Realitätsprobe‹ unterzogen.

Kafka hatte kurz zuvor, Anfang Oktober, die Erfahrung gemacht, daß seine Lieblingsschwester Ottla, die sonst immer gegen den Vater zu ihm gehalten hatte, sich auf die Seite der Familie schlug. Es ging um die unternehmerische Betreuung einer Asbestfabrik, die Kafka mit seinem Schwager Karl Hermann betrieben und für die er von seinem Vater Geld geliehen hatte. Ottlas ›Verrat‹, die Aufforderung an den Bruder, sich mehr um das Familienunternehmen zu kümmern, ließ ihn an Selbstmord denken. Im Augenblick der ersten Niederschrift fühlte Kafka sich auch von Felice verlassen, denn zwei Tage schon waren ihre Briefe ausgeblieben. Schwester und Geliebte verschmolzen zu einer begehrten, aber enttäuschenden weiblichen Figur.

Hartmut Binder sieht zu Recht hinter dieser Isolationserfahrung Kafkas das Wiederauftauchen frühkindlicher Zurückweisungen.

> Er war in die Isolation gestoßen, ins Nichts, das Kindheitsmuster war endgültig geworden, die Größe seiner Verzweiflung entsprach der Leidensintensität des gänzlich von der Mutter abgetrennten Kindes, oder, wie er Felice später einmal schrieb, eines vom menschlichen Lebenskreis vollkommen ausgeschlossenen Tieres.[11]

---

10 Vgl. Jacob und Wilhelm Grimm, *Kinder- und Hausmärchen*, Nr. 25: »Die sieben Raben«, Nr. 49: »Die sechs Schwäne«.
11 Binder, *Der Schaffensprozeß*, S. 149.

Kafka kannte Verwandlungsmärchen und die Metamorphosen Ovids. Er hatte auch die *Exotischen Novellen* und die *Neuen Mythen und Jagden* des dänischen Schriftstellers Johannes V. Jensen gelesen, in denen Verwandlungen in Tiere und von Tieren eine zentrale Rolle spielten. Eine hieß *Das Ungeziefer* und behandelte die Begegnung mit Wanzen. Eine andere Erzählung beschreibt eine Menscheneidechse, eine Art verspäteten Dinosaurier, der in der falschen Epoche lebt und daher sich selbst als ein nirgendwo zugehöriges, isoliertes Wesen erlebt. Zahlreiche Parallelen in Erzähldetails und in der entwickelten Erzählperspektive zwischen diesen möglichen Anregungen und Kafkas *Die Verwandlung* lassen sich finden.[12] Man kann deshalb davon ausgehen, daß das Bild des aus der familialen Gemeinschaft ausgestoßenen Insekts für Kafka eine kulturell vorgeprägte Metapher war, in der er vielfältige Isolationserfahrungen gespiegelt fand, und daß er sie daher in einem Kontext überprüfen wollte, der seiner aktuellen familiären Situation möglichst genau entsprach.

Heinz Hillmann hat die These aufgestellt, daß Schreiben für Kafka ein emotional besetztes Probehandeln mit geringeren Energiequanten als das wirkliche Entscheidungen verlangende Alltagshandeln bedeutete, ein phantasierendes »Als-Ob-Spiel« auf einer Erzählbühne.[13] Bezieht man dieses Konzept auf *Die Verwandlung*, so kann man die Erzählung als eine Entfaltung von Kafkas Aussteigerphantasie begreifen. Gregor liebt sein durch den Beruf erzwungenes Reisen nicht. Auch Kafka ist beruflich zu Reisen gezwungen, die seinen Lebensrhythmus äußerst stören. Sein Schreiben findet statt, wenn er sich in seinem Zimmer von der Familie abschließt. Es ist extrem störanfällig. Am liebsten würde er sich abkapseln, den Brotberuf

---

12 Ebd., S. 156–159.
13 Heinz Hillmann, *Alltagsphantasie und dichterische Phantasie. Versuch einer Produktionsästhetik*, Frankfurt a. M. 1977, S. 153–155.

aufgeben und nur dem Schreiben leben. Gegenüber Felice urteilt er über sein Schreiben an der *Verwandlung*:

> Durch dieses Schreiben, das ich ja in diesem regelmäßigen Zusammenhang noch gar nicht so lange betreibe, bin ich aus einem durchaus nicht musterhaften, aber zu manchen Sachen gut brauchbaren Beamten (mein vorläufiger Titel ist Konzipist) zu einem Schrecken meines Chefs geworden. Mein Schreibtisch im Bureau war gewiß nie ordentlich, jetzt aber ist er von einem wüsten Haufen von Papieren und Akten hoch bedeckt, ich kenne beiläufig nur das, was obenauf liegt, unten ahne ich bloß Fürchterliches. Manchmal glaube ich fast zu hören, wie ich von dem Schreiben auf der einen Seite und von dem Bureau auf der anderen geradezu zerrieben werde. Dann kommen ja Zeiten, wo ich beides verhältnismäßig ausbalanciere, besonders wenn ich zuhause schlecht geschrieben habe, aber diese Fähigkeit (nicht die des schlechten Schreibens) geht mir – fürchte ich – allmählich verloren.[14]

Die Metamorphose enthebt Gregor der Berufsverpflichtung. Zugleich ist sie ein Bildzeichen der Ausgrenzung durch die Familie. Es werden also gleichzeitig zwei voneinander relativ unabhängige Konstellationen überprüfbar: die als positives Angebot erfahrene Freisetzung von beruflichen Verpflichtungen und die als negative Sanktion erfahrene Isolation in der Familie. Über Künstler-Freunde hatte Hermann Kafka das abwertende Ungeziefer-Urteil ausgesprochen. Die erzählerisch zu durchdenkende Frage lautete also: Was wäre, wenn der Sohn sich zum Schreiben so zurückzöge, daß seine Unfähigkeit für das Berufsleben sofort einleuchtete? Wie würden die Eltern reagieren, wie die Frauen (Ottla und Felice), auf die es ihm ankam? Das Erzählexperiment bringt als Ergebnis, daß die Isolationserfahrung die stärkere sein würde. Sie bestimmt die wesentlichen Statio-

---

14 Brief an Felice vom 3. Dezember 1912 (F 153).

nen des Dramas, sie bestimmt auch die selbstquälerische Übernahme des Familien-Urteils durch den Protagonisten, daß das eigene Verschwinden und Vertrocknen die Konsequenz des Rückzugsversuchs sein müßte. Die Erzählung sagt, daß Kafka, wollte er weiterleben, nicht den Rückzug aufs Schreiben, sondern den ausbalancierenden Kompromiß zwischen Büro, Felice, Familie und Schreiben brauchte, den er dann auch tatsächlich in seinem Leben zu konstruieren suchte.

Das bürgerliche Familiendrama. Kritik und Utopie in Gregors Tierleben. Kafka zeichnet Gregor Samsas Angehörige als Prager Kleinbürger, die durch das Geschäft des Vaters, später durch Gregors Verdienst, zum Mittelstand gehören. Sie verfügen über zwei Dienstboten, eine große Wohnung, können es sich leisten, daß die heranwachsende Tochter nicht arbeitet, sondern das Geigenspiel erlernt. Durch die Verwandlung des Geldbeschaffers ist der errungene Status der Familie bedroht. Im Laufe der Geschichte arrangiert man sich nach zähem Widerstand mit der neuen Situation. Man sucht schließlich eine kleinere Wohnung, fängt nach einem Rückschlag neu an. Der Verwandelte selbst »reflektiert und durchlebt im Stadium seiner erniedrigenden Metamorphose zur Tiergestalt das bislang vor-bewußte Abhängigkeitsverhältnis seiner menschlichen Lebensgeschichte.«[15]
Die Tatsache der Verwandlung selbst nimmt Gregor gelassen. Nicht gelassen hingegen reagiert er auf die Verspätung, die seine Reisepläne durcheinanderwirft. Das verschafft Einblicke in die Ängste eines abhängigen Angestellten, der seinen Beruf nicht liebt, aber ernster nimmt, als es die meisten seiner Kollegen tun, und der Erfolg haben muß, um die Schulden der Familie abzahlen zu können.

> Wenn ich mich nicht wegen meiner Eltern zurückhielte, ich hätte längst gekündigt, ich wäre vor den Chef hin ge-

---

15 Rudloff, S. 322.

treten und hätte ihm meine Meinung von Grund des
Herzens aus gesagt. Vom Pult hätte er fallen müssen.
(E 57)

Die Familie hingegen nimmt ohne besondere Dankbarkeit
an, was er für sie leistet. Der Erzähler enthält sich jeden
Kommentars, um so eher urteilt der Leser an seiner Stelle.
Der Prozeß der Identifikation ist eingeleitet. Aber befriedigend – wie etwa die Identifikation mit einem verwandelten
Märchenhelden – ist dies nicht. Das Rieseninsekt bleibt ein
Ausgestoßener mitten im Alltag seiner Familie. Zwar hat
Gregor wie der Märchenheld in einer eindimensionalen
Welt seine Metamorphose als Faktum hingenommen, aber
statt zu handeln, stellt er endlose Reflexionen an. Diese Abweichung vom erwartbaren Märchenschema läßt den Leser
früh an der Möglichkeit einer erlösenden Rückverwandlung
zweifeln.[16]
Damit wendet sich der Blick kritisch auf die Regeln der erzählten Welt selbst. Sie ist bestimmt durch die Rationalität
des Geschäfts. Nicht nur der Prokurist weist Gregor in seiner aggressiven Rede vor der Tür darauf hin, daß das Geschäftemachen keine Jahreszeiten kennt, ständigen Einsatz
verlangt und jeden ausstößt, der nicht Erfolg hat. Auch die
Zimmerherren denken geschäftsmäßig. Als sie die »in dieser
Wohnung und Familie herrschenden widerlichen Verhältnisse« bemerken, ziehen sie daraus sofort den Vorteil, ihre
Miete nicht zu bezahlen. Ein Ausscheren aus diesem Denkmuster ist auch der Familie nicht möglich. Sie steckt in ökonomischen Zwängen. Weil die Zimmerherren kündigen,
fordert die Schwester klar und deutlich: »Wir müssen es

---

16 Die Erzählung transportiert natürlich den Wunsch nach einer Erfüllung des unterdrückten Märchenschemas weiter. So haben spätere Erzähler, etwa der mit Kafka bekannte Karl Brand, Fortsetzungen entworfen, in denen eine Rückverwandlung erzählt wird. Vgl. Hartmut Binder, »Ein vergessenes Kapitel Prager Literaturgeschichte. Karl Brand und seine Beziehung zu Kafka und Werfel«, in: *Euphorion* 84 (1990) H. 3, S. 269–316, bes. S. 286–294.

[Gregor] loszuwerden suchen« und später noch einmal bekräftigend: »weg muß es« (E 94). Der Vater, der in diesem dritten Teil wesentlich milder agiert, scheint Gregors Identität nicht in Zweifel zu ziehen. Er benutzt noch immer das Pronomen »er«, wo Tochter und Bedienerin schon längst zum »es« übergegangen sind, und denkt an eine Art Übereinkunft: »Wenn er uns verstünde, [...] dann wäre vielleicht ein Übereinkommen möglich. Aber so –« (E 94). Kommunikation zwischen dem Verwandelten und seinen potentiellen Erlösern gehört zur Märchen-Erwartung. Doch hier läßt sich niemand auf sie ein, so daß man von einer Verfremdung der implizit zitierten Märchen-Muster durch Kafka sprechen kann.[17]

Ist die Dekonstruktion von Märchenzügen konstitutiv für Kafkas *Verwandlung*, so ist zu fragen, warum Kafka auf diese Tradition zurückgreift. Holger Rudloff nimmt Walter Benjamins Begriff von Kafkas Erzählungen als »Märchen für Dialektiker« auf und bestimmt die Spannung zwischen einer »märchenspezifischen Glückserwartung und der eintretenden Vernichtung Gregor Samsas«[18] als Dialektik zwischen Degradierung und emanzipatorischer Hoffnung auf die Möglichkeit menschlicher Selbstvergewisserung. Die Verwandlung ist dann nicht nur Ergebnis des deformierenden Berufslebens, sondern ein – wie auch immer deformiertes – Angebot, das zerstörte Selbstbewußtsein wieder herzustellen. Diese Deutung ist sicher extrem positiv. Denn von einer »geistigen Freiheit der Kritik«, die Rudloff an Gregor bemerkt,[19] scheint der Erzähler nichts zu wissen. Er tritt beiseite und läßt Gregor – vielleicht wegen seiner rührend naiven Gedanken an seine Familie, die sich so ganz anders verhält, als er es wahrhaben will – als ein Tier krepieren. Die vor allem von Martin Walser festgestellten ironischen Distanzierungen vertragen sich nicht mit dem Kafka

17 Vgl. Karlheinz Fingerhut (Anm. 3) S. 306–308.
18 Rudloff, S. 329.
19 Ebd., S. 331.

unterstellten utopischen Potential eines wie auch immer verfremdeten und reduzierten Märchens.
Die Idee einer Dialektik von Destruktion und Utopie verbindet sich leicht mit theologischen Denkmustern von Verschulden und Entsühnung, die man in der Kafkaforschung immer wieder gegen konsequente psychologische und sozialpsychologische Interpretationen ins Feld führt.[20] Diese Deutungen – Gregor wird für den verwerflichen Wunsch, nicht mehr verantwortlicher Familienernährer sein zu wollen, bestraft und akzeptiert seine Verwandlung wie ein Sünder in Dantes Hölle sein Verhängnis – zielen stets auf eine finale Aussöhnung des Lesers mit der Geschichte. Sogar die ironische Distanz, die der Erzähler zu Gregor vor allem im Schlußkapitel einhält, tritt als Indiz in den Dienst der sühnenden Aussöhnung mit dem Schicksal. Sie verhindert nämlich eine bloß sentimentale Übereinstimmung der Leserperspektive mit derjenigen Gregors. Keine »Apotheose des Helden« kündigt sich an, wohl aber Versöhnung. »Mit dem Tod ist die Schuld abgetragen, und die Strafe hat ihr Ende erreicht.«[21]
An die Stelle dieser theologischen Märchenreminiszenz setzt Rudloff das nicht minder märchenhafte Glück der kritischen Erkenntnis gegenüber einer instrumentellen Vernunft, die im Geschäftsleben wie in der kleinbürgerlichen Familie regiert:

> Einzig der Käfer macht sich frei von den materiellen Zwängen, um unentdeckte, unterschwellige oder bislang verdrängte Bedürfnisse wahrzunehmen und zu artikulieren. Im Bereich des Schönen, in der Musik, deutet sich ihm die Möglichkeit an, die entfremdenden Mächte zu überwinden. Das Kunsterlebnis vermittelt den Vor-Schein eines positiv rettenden Sinns.[22]

20 Vgl. Henel, S. 67–85. Henel spricht, da die Verwandlung geheim gehegten Wünschen nach parasitärem Leben entspringe, von »Schuld und zugleich Strafe« (S. 71).
21 Ebd., S. 83.
22 Rudloff, S. 332.

Ob Gregor Samsa am Ende seiner Verwandlung »die Kunst als eine Möglichkeit der Versöhnung mit den Widersprüchen der Realität«[23] erfährt oder die Versöhnung als Entsühnung von Schuld[24] erlebt oder ob er einfach nicht begreift, was mit ihm geschehen ist, hängt davon ab, was der Rezipient an »innerer Wahrheit« in Kafkas Erzählung sucht. Schlägt er die Brücke zur Kunsttheorie Adornos, kommt er zur ersten, rekurriert er auf ein moralisches Weltmodell zur zweiten, beobachtet er lediglich die Oberfläche des Textes und die einzelnen Erzählzüge des Autors, kommt er zur dritten Interpretation.

Von diesem Blick auf das ›Funktionieren‹ der Kafkaschen Erzählung in den Köpfen der Rezipienten ist es nur ein Schritt zu der Einsicht, daß Bedeutung sich durch Leseoperationen herstellt und nicht etwa im Text selbst eingefroren immerwährend vorhanden ist. Daraus nun resultiert für eine Textanalyse der *Verwandlung* die Aufgabe, die konstituierende Metapher, die Metamorphose nämlich und die aus ihr entspringenden mehrfachen Verwandlungen, näher zu untersuchen.

Text-Drama. Die Verwandlung der Metapher. Schon früh hat Günther Anders die in der Verwandlung des Gregor Samsa versteckte alltagssprachliche Schimpfmetapher entdeckt.[25] Kafkas Vater bezeichnete den Freund Löwy, der als jiddischer Schauspieler für Franz Kafkas Entwicklung als Künstler und Schreibender von großer Bedeutung, für Hermann Kafka aus den gleichen Gründen aber ein äußerst suspekter Mensch war, als ein »Ungeziefer«.[26] Die Idee zu der Geschichte kam Kafka, als er – wegen ausbleibender Briefe

---

23 Ebd., S. 334.
24 Henel, S. 83.
25 Günther Anders, *Kafka – Pro und Contra*, München 1951, S. 40f.
26 Vgl. dazu das Kap. »Käfer – Ungeziefer« in: Karlheinz Fingerhut, *Die Funktion der Tierfiguren im Werke Franz Kafkas. Offene Erzählgerüste und Figurenspiele*, Bonn 1969, S. 212–215.

Felices – das Bett nicht verlassen mochte; sie »bedrängt« ihn »innerlichst«.[27] Er erwarte nicht, schreibt er an Felice, durch das Schreiben »klug zu werden«, wohl aber, eine »Ahnung des Glücks zu bekommen«. »Ahnung des Glücks« kann sich als Ausstieg aus Belastendem (Familie, Heirat, Brotberuf), aber auch als das Glück des Schreibens ereignen. Beides ist in der *Verwandlung* angelegt.

Hinter der erzählerischen Entfaltung der Ungeziefer-Metapher verbergen sich allerdings eine Reihe ästhetischer Probleme, die es in einer Interpretation aufzuklären gilt. Als erster hat sich Walter H. Sokel damit beschäftigt. Gregor Samsas Gestalt lasse Rückschlüsse auf die seelische Disposition zu, die die Verwandlung herbeigeführt habe: Gregors parasitäre Wünsche und abstoßende Phantasien seien in der Ungeziefergestalt inkorporiert, die Erzählung selbst könne als eine Rückverwandlung der Ungeziefer-Metapher in fiktive Wirklichkeit gelesen werden.[28] Nach dieser Deutung ist die Verwandlung eine Metamorphose vom Typ der Bestrafungs-Verwandlungen, wie sie in Dantes Inferno vorkommen, insofern sie die Verfehlung veranschaulicht, deretwegen sie als Strafe verhängt wurde.

Probleme macht bei einer solchen Auflösung das Theorem vom erzählerischen Wörtlichnehmen der Metapher. Denn immerhin hat Kafka selbst mehrfach bekundet, daß es die Metaphern sind, die ihn beim Schreiben zur Verzweiflung bringen,[29] weil sie ungeeignet seien, innere Zustände ins Bild zu rücken. Schon früh stellt seine Sprachskepsis die Arbitrarität – Kafka spricht von Zufälligkeit – allen sprachlichen Benennens heraus. Ob man eine im Winde schwankende Pappel »Turm von Babel« nenne oder »Noah, als er betrunken war« (B 42), sei im Grunde Symptom der gleichen »Seekrankheit auf festem Lande«, der Unfähigkeit

---

27 Brief an Felice vom 17. November 1912 (F 101 f.).
28 Walter H. Sokel, *Franz Kafka*, New York 1966, S. 5.
29 KKAT 875. Vgl. dazu Karlheinz Fingerhut, »Bildlichkeit«, in: KHB II, S. 138–177, bes. S. 142–145.

nämlich, den Dingen die ihnen zukommenden Namen zu geben. Verdeckt werde vor allem die Kluft zwischen »tatsächlichem Gefühl und vergleichender Beschreibung« (KKAT 326). Von daher ist anzunehmen, daß Kafka auch bei seiner »kleinen Geschichte« gefragt hat, inwieweit die erzählerisch entfaltete Metapher vom Menschen als »ungeheueres Ungeziefer« auf eine auflösbare, vergleichende Beschreibung hinauslaufen würde und inwieweit er sie zu einer lediglich andeutend angelegten Erzählung entwickeln könnte. Der Unterschied nämlich zwischen »vergleichsweisem« (also ›metaphorischem‹) und »andeutendem« (also ›nicht einfach übersetzbarem‹) Gebrauch der Sprache hält er für entscheidend, wenn es um die Darstellung innerer Vorgänge geht.[30]

Die »Zweifellosigkeit« einer Geschichte erweist sich für Kafka, wenn er selbst beim Vorlesen durch sie erneut gerührt wird.[31] Rührung basiert auf Identifikation. Wenn man nun unterstellt, Kafka selbst habe den in ein Ungeziefer verwandelten Gregor Samsa als Anspielung auf sich selbst, dessen freies, Spuren hinterlassendes Herumkrabbeln an den Wänden und an der Decke des Zimmers als Anspielung auf sein Schreiben verstanden, so wiese seine Rührung auf eine emotionale Unterwerfung unter die im Sprachsystem bereits angelegte väterliche Verurteilung als »Ungeziefer« hin. Die Schimpfmetapher muß für ihn die Qualität einer *dra-*

---

[30] »Die Sprache kann für alles außerhalb der sinnlichen Welt nur andeutungsweise, aber niemals auch nur annähernd vergleichsweise gebraucht werden« (Franz Kafka, *Hochzeitsvorbereitungen auf dem Lande*, hrsg. von Max Brod, Frankfurt a. M. 1953, S. 45).

[31] Vgl. den Tagebucheintrag vom 25. September 1912 über die erste Lesung von *Das Urteil* in der Familie Baum: »Gegen Schluß fuhr mir meine Hand unregiert und wahrhaftig vor dem Gesicht herum. Ich hatte Tränen in den Augen. Die Zweifellosigkeit der Geschichte bestätigte sich« (KKAT 463). Auch am Ende der *Verwandlung* scheint Kafka Ähnliches empfunden zu haben. An Felice schreibt er gleich nach der Fertigstellung des dritten Teils: »Weine, Liebste, weine, jetzt ist die Zeit des Weinens da! Der Held meiner kleinen Geschichte ist vor einer Weile gestorben.« (Brief vom 6./7. Dezember 1912; F 160).

matis persona erhalten haben, die leidensfähig ist. Und in der Tat erzählt *Die Verwandlung* von einem Schrumpfungsprozeß des Insekts. Als das verwundet, erblindet, verhungert und vertrocknet stirbt, fordert Kafka die Verlobte auf, den »Helden« seiner Geschichte zu beweinen. In der nach der Metamorphose einsetzenden Verwandlung Gregors zu einem »Es«, von dem alle abfallen und das als Abfall weggeworfen wird, während es doch an Personalität gewonnen hat, liegt die erzählerisch sorgfältig ausgearbeitete Provokation des Erzählexperiments.

Nicht also die Tatsache, daß ein Mensch sich morgens im Bett als ein Käfer wiederfindet, sondern die sich daraus ergebende Randexistenz des in seiner Familie Vergrabenen verdient den Titel *Die Verwandlung*. Sie behandelt auch ›andeutungsweise‹ das literarische Schreiben. In einem kurz vor der Konzeption der *Verwandlung* verfaßten Brief an Felice, in dem Kafka bekennt, daß seine »Lebensweise nur auf das Schreiben hin eingerichtet« sei, heißt es: »Schrieb ich aber nicht, dann lag ich auch schon auf dem Boden, wert hinausgekehrt zu werden.«[32] In der Erzählung materialisiert sich Kafkas ständige Angst vor dem Versiegen der Inspiration[33] als das Vertrocknen des Insekts. Diese angstbesetzte Analogie korreliert mit einer metaphorischen Aussage, nämlich dem Abmagern und Schrumpfen des Lebenshorizonts aufgrund des bei Franz Kafka durch das Schreiben, bei Gregor Samsa durch die Metamorphose erzwungenen Verzichts auf die Familie:

> Von der Litteratur aus gesehen ist mein Schicksal sehr einfach. Der Sinn für die Darstellung meines traumhaften innern Lebens hat alles andere ins Nebensächliche gerückt und es ist in einer schrecklichen Weise verkümmert

---

32 Brief an Felice vom 1. November 1912 (F 65 f.).
33 Mehrfach in den Briefen an Felice, besonders auch nach Abschluß der *Verwandlung* ist davon die Rede. Vgl. z. B. den Brief vom 9./10. Dezember 1912 über die Störanfälligkeit des Schreibens durch die beruflich notwendigen Reisen (F 170).

und hört nicht auf, zu verkümmern. Nichts anderes kann mich jemals zufrieden stellen. Nun ist aber meine Kraft für jene Darstellung ganz unberechenbar, vielleicht ist sie schon für immer verschwunden, vielleicht kommt sie doch noch einmal über mich, meine Lebensumstände sind ihr allerdings nicht günstig. So schwanke ich also, fliege unaufhörlich zur Spitze des Berges, kann mich aber kaum einen Augenblick oben erhalten.[34]

Indem Kafka beim Schreiben seiner Geschichte ständig zwischen der Ebene der Körperlichkeit des Insekts (also der ›Substanz‹, mit der er die Bildhälfte seiner Metapher ausstattet) und der Spiritualität, also den Reflexionen und Empfindungen Gregor Samsas (der »andeutungsweise« erfaßten Bedeutung), hin- und herschaltet, verflüssigt er die Grenzziehungen zwischen Signifiant und Signifié, die ein sprachliches Zeichen ausmachen. Empfindungen des Rezipienten pflegen sich auf die sprachlich übermittelten Gehalte zu richten, nicht auf die Zeichenkörper. Hier hingegen ist es umgekehrt. Die Schimpfmetapher ist – als sich verwandelnde Person erlebt – Gegenstand des Mitleids. Der besondere Kunstgriff Kafkas besteht dabei darin, daß ein Insekt – aufgrund seiner großen biologischen Entfernung zum Menschen – eigentlich denkbar ungeeignet ist, intensive Empfindungen des Mitleids hervorzurufen. Personen, die in Märchen Metamorphosen erleiden, werden Vögel, Rehe, Bären, eventuell indefinite ›Ungeheuer‹ oder Drachen, aber sie bleiben Mitglieder des Tierreichs, während Gregor Samsa eine von der Realität geschiedene Kunstfigur wird.

Als Erzählung über die Verwandlung einer Verwandlungs-Metapher[35] enthält *Die Verwandlung* eine eigene Faszination, die sich an der Geschichte der Deutungen ablesen läßt.

---

34 Tagebucheintragung vom 6. August 1914 (KKAT 546).
35 Diese Beobachtung wird ausführlich entwickelt von Corngold (1988) S. 47–89.

Stanley Corngold, der mehr als hundertzwanzig von ihnen untersucht hat, unterscheidet symbolische von allegorischen. Die symbolischen sehen in Gregor Samsa – trotz seiner Verwandlung in ein ungeheures Ungeziefer – den unglücklichen Menschen. Gregors Erfahrungen eines vom Leben Beiseitegeschobenen sind verallgemeinerbar. Letzthin hat hier die Verwandlung immer einen Sinn: Sie verweist auf unbegriffenes Leiden, die Deformation durch die Berufswelt, die Defizite im Familiensystem, aber auch auf die Aspekte einer möglichen spirituellen Selbstfindung oder Erlösung durch die Annahme des Schicksals. Die psychologischen Deutungen gehören zu den symbolischen. Sie zeigen den psychisch Kranken, der die Regeneration seiner Familie erlebt und dabei lernt, sich selbst und die Struktur seiner Familie zu akzeptieren.[36]

Die allegorische Leseweise ist der symbolischen entgegengesetzt. Sie nimmt die Metamorphose real, sucht nicht nach einem *tertium comparationis* zwischen dem Erzählten und einer ›Bedeutung‹, sondern läßt die Fremdheit zwischen dem Erzählten und dem ihm zugewiesenen Sinn bestehen. Gregor Samsa ist ein ungeheures Ungeziefer, geschaffen aus Sprache und entworfen, um die Existenz des Schreibenden zu durchleuchten. Er hört als solches das Geigenspiel der Schwester und versteht es als Chiffre unbekannter Nahrung, stirbt – wie schon zuvor Georg Bendemann – ›versöhnt‹ mit der Familie. Kafka als Erzähler behält Abstand zu ihm. Aus der Erzählung *Das Urteil* weiß er, wie er als Georg Bendemann-Kafka vom Vater aus der Welt des Geschäfts vertrieben wurde. Als Nachfolger des Vaters (erfolgreich im Geschäft und Gründer einer Familie) ist er schon tot, ertrunken. Er lebt jetzt ›verwandelt‹, beurteilt in seiner Phantasie seine Schriftstellerwünsche gegenüber dem Bureau und der Familie als parasitär. Er weiß, daß das die Übernahme eines Urteils aus der Sprache des Vaters ist. Die

36 Vgl. Michel (1991).

neue Geschichte erzählt also erneut eine Verurteilung des Sohnes durch den Vater. Sie stellt das Vertrocknen des Parasiten fest. So überlebt der Schreiber erneut seinen ›Ich-Helden‹, beobachtet an ihm den fortschreitenden gleichzeitigen Verlust von Lebensbezug und Kreativität und kann diesen »ausnehmend ekligen« Selbsterfahrungsbericht dem Mitleid seiner beiden ersten Leserinnen (Ottla und Felice) empfehlen.

Kafka sieht für sich selbst, wie er Jahre später im Tagebuch bekennt, den Trost des Schreibens im »Hinausspringen aus der Totschlägerreihe« des Lebens und in der »Tat-Beobachtung«.[37] Er ist also nicht mit dem beobachteten Gregor Samsa, sondern allenfalls mit dem Erzähler gleichzusetzen. Er erfindet Kontexte (hier die Geschichte vom beruflich ausgebeuteten Handlungsreisenden und seiner Familie, die ihn überlebt), die zu immer neuen symbolischen Lektüren (der ›Verwandlung‹ als erzähltem Faktum) anregen. Vielleicht tut er das, um diese Wirkung seiner erzählten Texte lustvoll – als Äußerung seines Lebens – beobachten zu können. Dabei ›verwandelt‹ die Leserintelligenz das über eine ›Verwandlung‹ Erzählte deutend ständig neu in immer komplexere Bedeutungen, und der Autor schaut ihm dabei zu, wie Kafkas Sancho Pansa den Don Quichote auf seinen Reisen begleitet:

> Sancho Pansa, ein freier Mann, folgte gleichmütig, vielleicht aus einem gewissen Verantwortungsgefühl, dem Don Quixote auf seinen Zügen und hatte davon eine große und nützliche Unterhaltung bis an sein Ende.
> (E 304)

---

37 Tagebuchnotiz vom 27. Januar 1922 (KKAT 892).

Literaturhinweise

Die Verwandlung. In: Die Weißen Blätter. Eine Monatsschrift. Hrsg. von René Schickele. Jg. 2 (1915). H. 10. S. 1177–1230.

Die Verwandlung. Leipzig: Kurt Wolff, 1915. (Der jüngste Tag. 22/23.)

Die wichtige Literatur bis 1979 ist verzeichnet in: KHB II, S. 309 bis 313, die Literatur bis 1982 bei Beicken, S. 177–180. Vgl. auch: Stanley Corngold, »The Commentators Despair: The Interpretation of Kafka's ›Metamorphosis‹«, Port Washington / New York 1973.

Baioni, Giuliano: Letteratura ed ebraismo. Torino 1984. [Zu »Die Verwandlung« in: La machina delle metafore. S. 79–113.]

Beicken, Peter U.: Franz Kafka. Die Verwandlung. Erläuterungen und Dokumente. Stuttgart 1983.

Binder, Hartmut: La Contrametamorfosi di Gregor Samsa. Karl Brand e Franz Kafka. In: Franz Kafka. Hrsg. von L. Zagari. Napoli 1981. S. 85–102.

– Kafka. Der Schaffensprozeß. Frankfurt a. M. 1983. [»Die Verwandlung« S. 136–190.]

– Metamorphosen. Kafkas »Verwandlung« im Werk anderer Schriftsteller. In: Probleme der Moderne. Festschrift für W. Sokel. Tübingen 1983. S. 247–305.

– Szenengefüge. Eine Formbetrachtung zu Kafkas »Verwandlung«. In: Franz Kafka. Vier Referate eines Osloer Symposiums. Oslo 1985. S. 2–64.

Corngold, Stanley: The Neccessity of Form. Ithaka/London 1988. [»The Metamorphosis«: Metamorphosis of the Metaper, S. 47 bis 89.]

Eschweiler, Christian: Kafkas Erzählungen und ihr verborgener Hintergrund. Bonn 1991. [»Die Verwandlung« S. 94–143.]

Fingerhut, Karlheinz: Franz Kafka. Klassiker der Moderne. Literarische Texte und historische Materialien. Schülerarbeitsbuch und Lehrerband. Stuttgart 1981. [»Die Verwandlung« S. 87–127 und S. 48–73.]

Heller, Paul: Franz Kafka. Wissenschaft und Wissenschaftskritik. Tübingen 1989. [»Die Verwandlung« S. 107–110.]

Henel, Ingeborg C.: Die Grenzen der Deutbarkeit von Kafkas Werken: »Die Verwandlung«. In: Journal of English and German Philology 83 (1984) S. 67–85.

Hiebel, Hans H.: Franz Kafka. Kafkas Roman »Der Prozeß« und seine Erzählungen »Das Urteil«, »Die Verwandlung«, »In der Strafkolonie« und »Ein Landarzt«: Begehren, Macht, Recht. Auf dem französischen Strukturalismus (Lacan, Barthes, Foucault, Derrida) beruhende Textanalysen. Hagen 1987. [»Die Verwandlung« S. 67–82.]

Jahnke, Uwe: Die Erfahrung von Entfremdung. Sozialgeschichtliche Studien zum Werk Franz Kafkas. Stuttgart 1988.

– Franz Kafkas Erzählung »Die Verwandlung«. Ein literaturdidaktisches Konzept. Frankfurt a. M. [u. a.] 1990.

Kittler, Wolf / Neumann, Gerhard: Franz Kafka. Schriftverkehr. Freiburg 1990.

Kremer, Detlef: Kafka. Die Erotik des Schreibens, Schreiben als Lebensentzug. Frankfurt a. M. 1989.

Kurz, Gerhard: Traum-Schrecken. Kafkas literarische Existenzanalyse. Stuttgart 1980. [»Die Verwandlung« S. 172–177.]

Mecke, Günter: Franz Kafkas offenbares Geheimnis. Eine Psychopathographie. München 1982. [»Die Verwandlung« S. 107–115.]

Michel, Gabriele: »Die Verwandlung« von Franz Kafka – psychopathologisch gelesen. Aspekte eines schizophren-psychotischen Zusammenbruchs. In: Jahrbuch für Internationale Germanistik 13 (1991) H. 1. S. 69–91.

Philipp, Frank: Zum letzten Mal Kafka? Martin Walsers Roman »Das Schwanenhaus« im ironischen Lichte der »Verwandlung«. In: Colloquia Germanica 22 (1989) S. 283–295.

Rudloff, Holger: Zu Kafkas Erzählung »Die Verwandlung«. Metamorphose-Dichtung zwischen Degradation und Emanzipation. In: Wirkendes Wort 38 (1988) S. 321–337.

Sautermeister, Gert: Die sozialkritische und sozialpsychologische Dimension in Franz Kafkas »Die Verwandlung«. In: Der Deutschunterricht 26 (1974) H. 4. S. 99–109.

Schirrmacher, Frank (Hrsg.): Verteidigung der Schrift. Kafkas »Prozeß«. Frankfurt a. M. 1987.

Sokel, Walter H.: Von Marx zum Mythos. Das Problem der Selbstentfremdung in Kafkas »Verwandlung«. In: Monatshefte 73 (1981) H. 1. S. 6–22.

Tröndle, Isolde: Differenz des Begehrens. Franz Kafka – Marguérite Duras. Würzburg 1989. [»Die Verwandlung« S. 66–81; S. 91 bis 101.]

Vogl, Joseph: Orte der Gewalt. Kafkas literarische Ethik. München 1990.

Walser, Martin: Selbstbewußtsein und Ironie. Frankfurter Vorlesungen. Frankfurt a. M. 1981. [»Die Verwandlung« S. 155–174.]

Winner, Thomas G.: Literature as a Semiotic System. The Case of Kafka's Metamorphosis as a Metasemiotic Text. In: Literary Theory and Criticism. Festschrift für R. Wellek. Hrsg. von J. Strelka. Bern [u. a.] 1984. Bd. 1: Theory. S. 657–674.

Der Verschollene – Verschollen in Amerika

Von Bodo Plachta

1. »[...] nun wollen wir einmal ein Amerika-Buch begucken, das eigentlich gar keines ist und doch eines ist«.[1] So leitet Peter Panter alias Kurt Tucholsky am 26. Februar 1929 seine Bemerkungen über Kafkas *Der Verschollene* in der *Weltbühne* ein. So paradox diese Äußerung auch erscheinen mag, sie markiert zwei wesentliche Säulen der Rezeptionsgeschichte dieses Romanfragments. Tucholsky betont einerseits den großen Realitätsgehalt des hier imaginierten Amerika, andererseits steht für ihn der fiktive Charakter des Textes außer Frage. Er folgte damit dem Urteil Max Brods, der der postumen Romanveröffentlichung 1927 zwar den Titel *Amerika* gab und nicht nur im Nachwort zu dieser Ausgabe, sondern auch bei anderen Gelegenheiten betonte, daß Kafka selbst das Buch als seinen »amerikanischen Roman« bezeichnet habe.[2] Gleichzeitig wies Brod aber auch darauf hin, daß in diesem »von Leben tobenden ›Amerika‹« die »drei Grundtatsachen« Kafkas, »Fremdheit«, »Isoliertheit« und »Hilflosigkeit« eine gleichermaßen realistische und symbolische Darstellung erfahren hätten.[3] Der Nachweis von Kafkas Quellen, die Überprüfung des Realitätsgehaltes seiner Amerika-Imagination, deren Transformation in ein autonomes Erzählsystem und schließlich der biographische Kontext dieses Romanerstlings samt der Textgenese und der sie begleitenden Schwierigkeiten im Schreibprozeß standen stets im Mittelpunkt des Forschungsinteresses[4] und sollen auch das zentrale Anliegen dieser Darstellung sein.

1 Zit. nach: Jürgen Born (Hrsg.), *Franz Kafka. Kritik und Rezeption 1924–1938*, Frankfurt a. M. 1983, S. 206.
2 Ebd., S. 187.
3 Ebd., S. 188.
4 Hierzu im einzelnen Peter U. Beicken, *Franz Kafka. Eine kritische Einführung in die Forschung*, Frankfurt a. M. 1974, S. 251–261.

2. Die Entstehungsgeschichte des *Verschollenen* weist viele Merkmale auf, die für Kafkas Schreiben typisch sind und von ihm in zahlreichen Brief- oder Tagebuchäußerungen beschrieben wurden. Seine immer wieder zitierte Tagebucheintragung vom 23. September 1912, er habe das *Urteil* in nur einer Nacht niedergeschrieben, mündet in die poetologische Aussage: »Nur so kann geschrieben werden, nur in einem solchen Zusammenhang, mit solcher vollständigen Öffnung des Leibes und der Seele« (KKAT 461). Dieser Anspruch, auch einen umfangreicheren Prosatext in ›einem Zuge‹ ohne absichtsvolle Steuerung und ohne »planendes Kunstwollen«[5] niederzuschreiben, mußte zwangsläufig immer wieder in Konflikt mit allen beruflichen, familiären und persönlichen Verpflichtungen geraten, die für Kafkas Biographie so bestimmend sind. Die Entstehungsgeschichte des *Verschollenen*, wie sie Jost Schillemeit in der Kritischen Ausgabe[6] mit Hilfe von Untersuchungen des Romanautographs in Kombination mit biographischen Details minutiös rekonstruiert hat, läßt in der Tat die Schlußfolgerung zu, Kafka habe bei der Niederschrift des *Verschollenen* zumindest anfangs zu einer für ihn neuen Form kontinuierlichen Schreibens gefunden, die ihn in persönlicher und literarischer Hinsicht offenbar tief befriedigte.[7] An Felice Bauer schreibt Kafka erstmals am 11. November 1912 über die Arbeit an dem Text und nennt dabei auch den authentischen Romantitel:

> Die Geschichte, die ich schreibe, und die allerdings ins Endlose angelegt ist, heißt, um Ihnen einen vorläufigen Begriff zu geben »Der Verschollene« und handelt aus-

---

5 Walter H. Sokel, »Zur Sprachauffassung und Poetik Franz Kafkas«, in: *Franz Kafka. Themen und Probleme*, hrsg. von C. David, Göttingen 1980, S. 26–47; hier S. 35.
6 KKAV, App.-Bd., S. 53–82.
7 Vgl. hierzu und im folgenden Jost Schillemeit, »Das unterbrochene Schreiben. Zur Entstehung von Kafkas Roman ›Der Verschollene‹«, in: *Kafka-Studien*, hrsg. von B. Elling, New York [u. a.] 1985, S. 137–152.

schließlich in den Vereinigten Staaten von Nordamerika. Vorläufig sind 5 Kapitel fertig, das 6te fast. Die einzelnen Kapitel heissen: I Der Heizer II Der Onkel III Ein Landhaus bei New York IV Der Marsch nach Ramses V Im Hotel Occidental VI Der Fall Robinson. – Ich habe diese Titel genannt als ob man sich etwas dabei vorstellen könnte, das geht natürlich nicht, aber ich will die Titel solange bei Ihnen aufheben, bis es möglich sein wird. Es ist die erste grössere Arbeit, in der ich mich nach 15jähriger, bis auf Augenblicke trostloser Plage seit 1 1/2 Monaten geborgen fühle.   (F 86)

Ähnlich äußert sich auch Max Brod in seinen Tagebuchaufzeichnungen aus dieser Zeit; am 29. September 1912 notiert er: »Kafka in Ekstase, schreibt die Nächte durch. Ein Roman, der in Amerika spielt«, am 1. Oktober 1912 heißt es: »Kafka in unglaublicher Ekstase« und schon einen Tag später, am 2. Oktober 1912: »Kafka, der weiter sehr inspiriert ist. Ein Kapitel fertig. Ich bin glücklich darüber.«[8] Doch diese Kontinuität nächtlichen Schreibens, die Kafka offenbar problemlos in einen Ausgleich mit seinem Alltag bringen konnte, stagnierte mit der Niederschrift des sechsten Kapitels (»Der Fall Robinson«) und der Flucht Karl Roßmanns aus dem Hotel occidental, bis sie Ende Januar 1913 endgültig zum Erliegen kam. Aber schon zu dieser Zeit dichter Produktion gab es immer wieder Einflüsse, die den Schreibfluß unterbrachen oder hemmten. Im Autograph des Romans finden sich überaus interessante Spuren, an denen exemplarisch die enge Verzahnung von biographischen Ereignissen und dem Schreibprozeß selbst erkennbar sind. Durch diese Spuren wird auch die Äußerung Kafkas im Brief vom 7./8. Oktober 1912 an Max Brod verständlich, er bewege sich während der Niederschrift, aber auch in den unproduktiven Zwischenzeiten »im Innersten« seines Romans und in dem Gefühl, daß er »darin leben werde«

8 Max Brod, *Franz Kafka. Eine Biographie*, Frankfurt a. M. 1954, S. 156.

(BKB 117). Kafka gelang es mit verschiedenen Strategien, Unterbrechungen zu überbrücken. Mit zwei Beispielen sollen diese Strategien erläutert werden:[9] Im Oktober 1912, mitten in der Arbeit am Roman, sollte sich Kafka in seiner Funktion als Mitinhaber um die Asbestfabrik seines Schwagers Karl Hermann kümmern, während dieser eine vierzehntägige Geschäftsreise unternahm. Diese Verpflichtung löste bei Kafka extreme persönliche Ängste aus. An den Freund Max Brod schrieb er im zitierten Brief vom 7./8. Oktober 1912:

> Nachdem ich in der Nacht von Sonntag auf Montag gut geschrieben hatte – ich hätte die Nacht durchschreiben können und den Tag und die Nacht und den Tag und schließlich wegfliegen – und heute sicher auch gut hätte schreiben können – eine Seite, eigentlich nur ein Ausatmen der gestrigen zehn ist sogar fertig – muß ich aus folgendem Grunde aufhören: Mein Schwager – der Fabrikant – ist, was ich in meiner glücklichen Zerstreutheit kaum beachtet hatte, heute früh zu einer Geschäftsreise ausgefahren, die zehn bis 14 Tage dauern wird. In dieser Zeit ist die Fabrik tatsächlich dem Werkmeister allein überlassen [...]. (BKB 115)

Einerseits wird an dieser Äußerung deutlich, welche existentielle Bedeutung das nächtliche Schreiben besonders angesichts einer längeren Unterbrechung hatte – die Formulierung »Ausatmen« steht dafür als zentrale Metapher –, andererseits brechen einmal mehr die Traumata Kafkas auf, sich der Familienräson beugen zu müssen, die – von massiven Schuldgefühlen begleitet – sogar zu Selbstmordgedanken führten. Die Unterbrechung des Schreibprozesses dauerte schließlich nach Interventionen von Brod und Kafkas Mutter nur einen Tag, möglicherweise noch eine weitere

---

[9] Diese Ausführungen folgen Schillemeit (Anm. 7) S. 140–146, und KKAV, App.-Bd., S. 54–82.

Nacht. Das Manuskript spiegelt diese Störung in auffälliger Weise wider. Aufgrund von äußeren Merkmalen wie Tintenfärbung und Schreibduktus hat Schillemeit eine eindeutige Unterbrechung des Textes im dritten Romankapitel (»Ein Landhaus bei New York«) gerade an jener Stelle festgestellt, als Karl nach dem Ringkampf mit Klara Pollunder unbedingt das Haus verlassen will und mit einer Kerze durch die unbeleuchteten Flure irrt. Im Autograph reicht die Niederschrift dieser Passage bis zum Ende einer rechten Heftseite und endet mit dem Satz: »Plötzlich hörte die Wand an der einen Gangseite auf und ein eiskaltes marmornes Geländer trat an ihre Stelle« (KKAV 98), wobei das letzte Wort noch eine allerletzte Zeile beansprucht. Offenbar bei Niederschrift dieser Stelle ist die Bitte, den Schwager in der Fabrik zu vertreten, an Kafka herangetragen worden. Dieser Satz beendet nicht nur auf der inhaltlichen Ebene des Romans logisch eine Textsequenz, sondern spiegelt in dem Bild des »eiskalten Geländers« auch den Einbruch der Realität in die fiktive Welt des Romans und verschlüsselt gleichzeitig die Wahrnehmung des so gestörten Schreibvorgangs.

Ein anderes Beispiel für diese Verzahnung von Schreiben und äußerer Realität zeigt die enge Beziehung, die Kafka zu seinen Figuren sucht. Im siebten, ersten überschriftslosen Kapitel nach der Flucht aus dem Hotel occidental findet sich eine längere Szene, in der Karl von einem Polizisten verhört wird, ohne daß das Romangeschehen vorankäme oder das Verhör zu einem Ergebnis gelangte. Am Manuskript läßt sich belegen, daß mit dieser Szene eine erneute Unterbrechung des Schreibprozesses zusammenfällt, die durch die etwa dreiwöchige Niederschrift der *Verwandlung* im November/Dezember 1912 bedingt wurde. Der Romantext endet wiederum am unteren Ende einer Heftseite:

> Karl sah den Polizeimann an, der hier zwischen fremden
> nur auf sich selbst bedachten Leuten Ordnung schaffen
> sollte und etwas von seinen allgemeinen Sorgen gieng
> auch auf Karl über. Er wollte nicht lügen und hielt die
> Hände fest verschlungen auf dem Rücken. (KKAV 283)

Offensichtlich wollte Kafka diese Passage fortsetzen, tilgte aber den noch niedergeschriebenen Folgesatz ersatzlos (vgl. KKAV, App.-Bd., 230, Variante zu 283,8). Nach Beendigung der *Verwandlung* nahm Kafka die Arbeit am *Verschollenen* an dieser Stelle wieder auf mit dem Satz: »Im Tore erschien ein Aufseher und klatschte in die Hände zum Zeichen, daß die Gepäckträger wieder an ihre Arbeit gehen sollten« (KKAV 283). Man mag diese Formulierung als eine, wohl auch humorvoll gemeinte Selbststimulierung des Autors verstehen, wieder ›an die Arbeit‹ zu gehen und die ›Last‹ des Schreibens aufzunehmen. Aber sie bedeutet im Romangeschehen auch ein neues, den vorherigen Stillstand durchbrechendes Handlungselement, denn Karl Roßmann nutzt die veränderte Situation, um sich durch Flucht den Verdächtigungen des Polizisten zu entziehen. Diese Beispiele ließen sich vermehren und belegen insgesamt, daß der Schreibprozeß – wie Schillemeit es formuliert hat – »im Augenblick des Schreibens selbst seine Basis findet«[10] und daß Romangeschehen und Schreibsituation des Autors sich wechselseitig bedingen und fortentwickeln. Es liegt aber auch auf der Hand, wie anfällig dieser Schreibprozeß für Störungen ist. Das Eingeständnis im Brief vom 26. Januar 1913 an Felice Bauer: »Mein Roman! Ich erklärte mich vorgestern abend vollständig von ihm besiegt« (F 271), macht noch einmal die situative Abhängigkeit von Autor und Schreibvorgang deutlich: Der Roman blieb Fragment, Kafka gelang es nicht, an die produktive Kontinuität vom Herbst 1912 anzuknüpfen. Nur noch Fragmentarisches gelang ihm danach, die Gründe dafür nennt er wiederum in einem Brief an Felice Bauer

---

10 Schillemeit (Anm. 7) S. 147.

(1./2. Februar 1913): Er sei in der Nacht aufgestanden, nicht nur um an die Freundin zu schreiben, sondern auch, um

> mir einiges für den Roman zu notieren, das mich mit Macht im Bett angefallen hat, trotzdem ich solche vereinzelte Erleuchtungen künftiger Ereignisse mehr fürchte als verlange. (F 280)

3. Kafkas Beschäftigung mit der Amerika-Thematik und somit die Wurzeln des *Verschollenen* reichen bis in das Jahr 1911 zurück. Eine erste, »gänzlich unbrauchbare«[11] Fassung des Romans, die wohl frühestens im Winter 1911 begonnen wurde und an der er vielleicht bis Juli 1912 arbeitete,[12] hat Kafka vernichtet. Die Quellen, die ihm aber schon zu diesem Zeitpunkt zur Verfügung standen, um sich über Amerika und die dortigen Lebensverhältnisse zu informieren, sind zahlreich und in ihrem Gehalt als disparat zu bezeichnen. Sie reichen von Schilderungen aus dem Familienkreis – drei Vettern waren nach Amerika ausgewandert, teilweise, weil sie mit ihren Familien in Konflikt geraten waren –[13] über journalistische Berichte in den deutschsprachigen Prager Tageszeitungen und Filmvorführungen bis zu Reiseberichten und Reiseromanen. Auch Kafkas Lektüre von Charles Dickens Roman *David Copperfield* hat motivisch und strukturell auf den *Verschollenen* eingewirkt.[14] Hartmut

---

11 Brief an Felice Bauer vom 9./10. März 1913 (F 332).
12 Angaben nach: Hartmut Binder, *Kafka-Kommentar zu den Romanen, Rezensionen, Aphorismen und zum Brief an den Vater*, 2., bibliogr. erg. Aufl., München 1982, S. 57f. Der App.-Bd. der Kritischen Ausgabe enthält sich hier zu Recht jeglicher Spekulation.
13 Zu diesen familiären Hintergründen vgl. das Kapitel »Die Entdeckung der Neuen Welt: Kafkas amerikanische Vettern und sein Amerika-Roman« in dem lesenswerten und reich bebilderten Buch *Kafkas Mischpoche* von Anthony Northey (Berlin 1988, S. 47–60).
14 Kafka wird mit der Äußerung zitiert: »Dickens gehört zu meinen Lieblingsautoren. Ja, er war eine gewisse Zeit sogar ein Vorbild dessen, was ich vergeblich zu erreichen versuchte. Ihr geliebter Karl Rossmann ist ein entfernter Verwandter von David Copperfield und Oliver Twist« (Gustav Janouch, *Gespräche mit Kafka. Aufzeichnungen*

Binder hat unter dem Titel *Erlesenes Amerika*[15] wohl am intensivsten dieses Material zusammengetragen, aus dem Kafka ein Auswandererschicksal schuf, das im Ergebnis sowohl auf persönlicher als auch auf literarischer Ebene alle positiven Amerika-Perspektiven falsifizierte. Insbesondere drei Quellen sind zu nennen: 1. die 1909 in der *Neuen Rundschau* gedruckte Novelle *Der kleine Ahasverus* des Dänen Johan Vilhelm Jensen, 2. Arthur Holitschers Berichte während einer Amerikareise, die seit der Jahreswende 1911/1912 in der *Neuen Rundschau* vorabgedruckt wurden und noch 1912 in Buchform unter dem Titel *Amerika. Heute und morgen. Reiseerlebnisse* erschienen,[16] und 3. ein kritischer Lichtbildervortrag des Prager Sozialisten František

und Erinnerungen, erw. Ausg., Frankfurt a. M. 1968, S. 247). Eine Tagebuchnotiz vom 8. Oktober 1917 differenziert die Abhängigkeit des *Verschollenen* von Dickens *David Copperfield*: »Dickens Copperfield (›Der Heizer‹ glatte Dickensnachahmung, noch mehr der geplante Roman. Koffergeschichte, der Beglückende und Bezaubernde, die niedrigen Arbeiten, die Geliebte auf dem Landgut die schmutzigen Häuser u. a. vor allem aber die Methode. Meine Absicht war wie ich jetzt sehe einen Dickensroman zu schreiben, nur bereichert um die schärferen Lichter, die ich der Zeit entnommen und die mattern, die ich aus mir selbst aufgesteckt hätte. Dickens' Reichtum und bedenkenloses mächtiges Hinströmen, aber infolgedessen Stellen grauenhafter Kraftlosigkeit, wo er müde nur das bereits Erreichte durcheinanderrührt. Barbarisch der Eindruck des unsinnigen Ganzen, ein Barbarentum, das allerdings ich dank meiner Schwäche und belehrt durch mein Epigonentum vermieden habe. Herzlosigkeit hinter der von Gefühl überströmenden Manier. Diese Klötze roher Charakterisierung die künstlich bei jedem Menschen eingetrieben werden und ohne die Dickens nicht imstande wäre, seine Geschichte auch nur einmal flüchtig hinaufzuklettern. Walsers Zusammenhang mit ihm in der verschwimmenden Anwendung von abstrakten Metaphern)« (KKAT 840 f.).

15 Hartmut Binder, *Kafka. Der Schaffensprozeß*, Frankfurt a. M. 1983, S. 75–135.
16 Kafka besaß die 7. Auflage von 1913 in seiner Bibliothek; s. Jürgen Born, *Kafkas Bibliothek. Ein beschreibendes Verzeichnis. Mit einem Index aller in Kafkas Schriften erwähnten Bücher, Zeitschriften und Zeitschriftenbeiträge*, zsgest. unter Mitarb. von M. Antreter, W. John und J. Shepherd, Frankfurt a. M. 1990, S. 145.

Soukoup über die amerikanische Beamtenschaft, der 1912 – in tschechischer Sprache – in eine Publikation mit dem Titel *Amerika. Eine Reihe von Bildern aus dem amerikanischen Leben* einging.

Holitschers Amerikaschilderung kommt unter diesen Quellen ohne Zweifel die größte Bedeutung zu, was auch daran zu ermessen ist, daß Kafka Teile dieses Berichtes nachträumte und darüber am 11. September 1912 im Tagebuch notierte:

> Ein Traum: Ich befand mich auf einer aus Quadern weit ins Meer hineingebauten Landzunge. [...] Ich wußte zuerst nicht eigentlich wo ich war, erst als ich mich einmal zufällig erhob, sah ich links vor mir und rechts hinter mir, das weite klar umschriebene Meer mit vielen reihenweise aufgestellten, fest verankerten Kriegsschiffen. Rechts sah man Newyork, wir waren im Hafen von Newyork. Der Himmel war grau aber gleichmäßig hell. Ich drehte mich frei, der Luft von allen Seiten ausgesetzt auf meinem Platze hin und her, um alles sehn zu können. (KKAT 436)

Die hier phantasierte Szene,[17] deren Parallelen – mit Ausnahme der fehlenden Freiheitsstatue – zu Holitschers Beschreibung frappierend sind, geht zwei Wochen später in den Romananfang ein, allerdings mit symptomatischen Veränderungen:

> Als der siebzehnjährige Karl Roßmann [...] in dem schon langsam gewordenen Schiff in den Hafen von Newyork einfuhr, erblickte er die schon längst beobachtete Statue der Freiheitsgöttin wie in einem plötzlich stärker gewordenen Sonnenlicht. Ihr Arm mit dem Schwert

---

17 Zum Verhältnis von Traumphantasie und literarischem Werk vgl. das instruktive Nachwort »›Ringkämpfe jede Nacht‹. Franz Kafkas ›Schreibtisch- und Kanapeeleben‹« von Hans-Gerd Koch, in: *Franz Kafka. Träume. ›Ringkämpfe jede Nacht‹*, hrsg. von G. Giudice und M. Müller, Frankfurt a. M. 1993, S. 93–104.

ragte wie neuerdings empor und um ihre Gestalt wehten
die freien Lüfte. (KKAV 7)

Im Traum hatte der Träumende in vorgeschobener Position
den New Yorker Hafen betrachtet, im Roman ist es nun die
Freiheitsstatue, deren Gestalt von »freien Lüften« umweht
ist, allerdings – und dies hat immer wieder für Irritationen
unter den Interpreten gesorgt – hält sie anstelle der Fackel
ein Schwert. Dieses Detail, wie immer es auch zu deuten
sein mag, zeigt nicht nur Kafkas Distanz zu Holitschers
Reiseerlebnissen – dieser hatte die Freiheitsstatue als eine
»menschliche Gestalt von ungeheuren Proportionen, Sonne
in den grünen Falten ihres Gewandes«[18] geschildert –, sondern macht auch die Verweigerung offenkundig, ein mehr
oder weniger realistisches Amerika in seinem Roman abzubilden. Einen Hinweis darauf gibt der Text selbst. Der
Schilderung der Freiheitsstatue hatte Kafka die später ersatzlos gestrichene Bemerkung angefügt: »Er [Karl Roßmann] sah zu ihr auf und verwarf das über sie Gelernte«
(KKAV, App.-Bd., 123, Variante zu 7, 11).

Karlheinz Fingerhut hat bei einem Vergleich von Holitschers und Kafkas Amerikabeschreibung betont, daß Holitschers Schilderungen immer bei den Amerika-Stereotypen
ansetzen, deren Kenntnis er bei seinen Lesern erwarten
konnte.[19] Der Mythos der Neuen Welt ist in seinen Texten
trotz aller beobachteten sozialen Mißstände, kapitalistischen Wirtschaftspraktiken und ethnischen oder religiösen
Diskriminierungen nach wie vor präsent. Auch wenn Holitscher über seine Erlebnisse und Eindrücke in Chicago bekennt:

---

18 Arthur Holitscher, *Amerika. Heute und morgen. Reiseerlebnisse*, Berlin 1912, S. 39.
19 Karlheinz Fingerhut, »Erlebtes und Erlesenes – Arthur Holitschers und Franz Kafkas Amerika-Darstellungen. Zum Funktionsübergang von Reisebericht und Roman«, in: *Diskussion Deutsch* 20 (1989) S. 337–355; hier S. 343.

Chicago hat mich krank gemacht. In dieser Stadt habe ich die blutige Schande der heutigen Zivilisation von Angesicht gesehen, gesehen und erkannt. Soll ich fort? Wohin? Der Hölle entrinnen? Wo ist sie nicht? Die heutige Welt ist die Hölle,[20]

dann liegt dieser Erfahrung doch eine Reihe von vielfältigen, manchmal sogar positiven Einzelimpressionen (z. B. von Bildungseinrichtungen) zugrunde, und er vermeidet bewußt das seit der Mitte des 19. Jahrhunderts übliche literarische Muster, Amerika entweder aus der Perspektive eines ›Europamüden‹ oder eines ›Amerikamüden‹ zu beschreiben.
Kafka hat in einem Brief an Kurt Wolff, in dessen Verlag 1913 *Der Heizer*, das erste Kapitel des Romans, als selbständige Veröffentlichung erschienen war, am 25. Mai 1913 betont, daß er »das allermodernste New York dargestellt hatte« (Br 117). So ist es nicht verwunderlich, daß auch er in den *Verschollenen* zahlreiche Amerika-Stereotype eingeschrieben hat, die für ein gleichermaßen zeitgenössisches wie modernes Amerika stehen. Auch hier bildet die Auswanderung eines Europäers nach Amerika die Folie der Romanhandlung. Das traditionelle Amerika-Muster wird auch sonst immer wieder erfüllt: Karl Roßmann ist bis zuletzt unterwegs – *on the road* –, stets auf der Suche nach jenen legendären Entfaltungsmöglichkeiten, die schon dem ausgewanderten Onkel in New York zum Erfolg verholfen hatten. Auch läßt sich im Roman ähnlich den Reiseschilderungen Holitschers eine Bewegung nach Westen erkennen, in der sich wiederum das Stereotyp des *going west* spiegelt, das gerade zur Jahrhundertwende durch den anhaltenden kalifornischen Goldrausch neue Nahrung erhalten hatte. Obwohl diese Folie alle Elemente enthält, die dieses Amerika charakterisieren – »drängender Verkehr«, der »Saal der Telephone«, die Schilderung der New Yorker Brook-

---

20 Holitscher (Anm. 18) S. 318.

lyn-Bridge, Streiks, Wahlveranstaltungen, Steaks (»rohes Fleisch«) und Coca Cola (»schwarze Flüssigkeit«) –, bleiben sie in der reduzierten Perspektive des 17jährigen Karl Roßmann eine Realität, für die er kein Verständnis aufbringt und die ihn schließlich in die soziale Beziehungslosigkeit stürzt. Seine Begriffe, Einschätzungen und angelernten Werturteile funktionieren in Amerika nicht mehr, Karl fehlt das Verständnis für die neuen Hierarchien im persönlichen Umgang wie im Arbeitsleben. Die Unordnung, die etwa dadurch entsteht, daß Robinson und Delamarche Forderungen an Karl stellen, die sie als Regeln definieren, selbst aber nie einhalten, forcieren diesen tragischen Prozeß.[21] Das perspektivische Auseinanderklaffen von Realität und Wahrnehmung wird schon im ersten Kapitel geprägt, wenn Karl meint, mit einer mutigen Rede und einem Appell an Gerechtigkeit den Interessen des Heizers zu nützen. Ähnlich tagträumerisch glaubt er durch sein Klavierspiel an eine »unmittelbare Beeinflussung der amerikanischen Verhältnisse« (KKAV 60), während er Klara Pollunder, die ihn auf seine »merkwürdigen Begriffe von Amerika« aufmerksam macht, mit der Bemerkung zurechtweist: »Schließlich kannte er schon Europa und Amerika, sie aber nur Amerika« (KKAV 88). Fingerhut hat in diesen und ähnlichen Phänomenen einen spezifischen Übergang von der erfahrungsgebundenen Reiseprosa Holitschers zur Fiktionsprosa Kafkas erkannt, wobei der *Verschollene* als ein erzählerisches Experiment zu verstehen ist, das nicht nur den Mythos Amerika zerstört, sondern auch das gesellschaftliche Modell Amerika nicht mehr als eine Alternative bzw. ein Vorbild für Europa erkennt, zumal sich die in Europa erworbenen sozialen Muster oder Kulturtechniken in der Neuen Welt als unbrauchbar erwiesen haben.[22]

21 Fingerhut (Anm. 19) S. 350.
22 Ebd., S. 350f.

4. Kafkas Absicht, das »allermodernste New York« darzustellen, hatte auch Konsequenzen für das Erzählverfahren, denn nicht nur in thematischer Hinsicht, sondern auch durch eine neue mediale Vermittlung von Amerika-Bildern versucht der Autor, die Ambivalenz von ›Modernität‹ einzufangen. Max Brod bemerkt im Nachwort zur Erstausgabe:

> Es gibt Szenen in diesem Buch (namentlich die in der Vorstadt spielenden Szenen, die ich »Ein Asyl« genannt habe), die unwiderstehlich an Chaplin-Filme erinnern, an so schöne Chaplin-Filme, wie sie freilich noch nicht geschrieben wurden – wobei man nicht vergessen möge, daß in der Zeit, in der dieser Roman entstand (vor dem Kriege!), Chaplin unbekannt oder vielleicht gar noch überhaupt nicht aufgetreten war.[23]

Hieraus ergibt sich die Frage nach Kafkas Verhältnis zur frühen Kinematographie.[24] Seit 1908 gibt es sowohl im Briefwechsel als auch im Tagebuch kontinuierlich Äußerungen Kafkas über das neue Medium des Stummfilms, wobei weniger auf die jeweiligen Stoffe hingewiesen wird als vielmehr auf die neue Technik, Mimik und Gestik in bewegten Bildern festzuhalten, Perspektiven durch Kameraeinstellung und Schnittechnik zu wechseln oder unterschiedliche Erzähl- und Betrachtungsebenen zu montieren. In der Tat lassen sich Sätze wie »Karl [...] blickte [...] vor sich auf den Fußboden« (KKAV 239), »Und müde setzte sich der Heizer wieder und legte das Gesicht in beide Hände« (KKAV 14) oder »sie [...] stockte aber, legte das Gesicht in die Hände und sagte kein Wort mehr« (KKAV 203) als

---

23 Franz Kafka, *Amerika. Ein Roman*, München 1927, S. 392.
24 Vgl. hierzu insbesondere Wolfgang Jahn, »Kafka und die Anfänge des Kinos«, in: *Jahrbuch der deutschen Schillergesellschaft* 6 (1962) S. 353–368 (auch W. Jahn, *Kafkas Roman ›Der Verschollene‹*, S. 53 bis 66), und Hanns Zischler, »Maßlose Unterhaltung. Franz Kafka geht ins Kino«, in: *Freibeuter* 16 (1983) S. 33–47.

Elemente einer expressiven Gebärdensprache des frühen Stummfilms erkennen, die Kafka in seinem Roman adaptiert hat. Aber auch andere kinematographische Spezifika finden sich wieder: Die Schilderung der Massenszene im sogenannten »Asyl«-Kapitel etwa, auf die auch schon Brod hingewiesen hatte, evoziert durch ihren ohne Unterbrechung fließenden Autoverkehr nicht nur ein typisches Amerika-Stereotyp, sondern auch ein allgegenwärtiges Filmmotiv. Kafka hatte im Januar 1911 diese Kino-Eigentümlichkeit im Reisetagebuch als ein Verfahren bezeichnet, »dem Angeschauten die Unruhe ihrer Bewegung« (KKAT 937) zu geben.

> Noch immer fuhren draußen wenn auch schon in unterbrochener Folge Automobile, rascher aus der Ferne her anwachsend als bei Tag, tasteten mit den weißen Strahlen ihrer Laternen den Boden der Straße ab, kreuzten mit erblassenden Lichtern die Lichtzone des Hotels und eilten aufleuchtend in das weitere Dunkel. (KKAV 160)

Es ist bekannt, daß sich frühe Kinobilder schneller über die Leinwand bewegten und gerade dadurch den Eindruck von der Rastlosigkeit des modernen Verkehrs verstärkten.[25] Hinzu kam das kontrastverstärkende Schwarz-Weiß der Bilder, das mit seiner zusätzlichen optischen Pointierung von Licht und Schatten Eindrücke wie die Karl Roßmanns bei der Betrachtung der New Yorker Straßenschluchten ergaben:

> Was aber in der Heimatstadt Karls wohl der höchste Aussichtspunkt gewesen wäre, gestattete hier nicht viel mehr als den Überblick über eine Straße, die zwischen zwei

---

25 Ähnlich auch Arthur Holitschers Eindrücke von Chicago: »Um neun Uhr früh werde ich, wie ich auf die Straße trete, in einen Wirbelsturm von Menschen hineingetrieben, daß mir Hören und Sehen vergeht. Die zappelnden Bewegungen, die die Menschen in Kinematographenaufnahmen bekommen, das Dahinfegen der Filmautomobile sehe ich hier in Natur übertragen« (Anm. 18, S. 293).

Reihen förmlich abgehackter Häuser gerade und darum wie fliehend in die Ferne sich verlief, wo aus vielem Dunst die Formen einer Kathedrale ungeheuer sich erhoben. Und morgen wie abend und in den Träumen der Nacht vollzog sich auf dieser Straße ein immer drängender Verkehr, der von oben gesehn sich als eine auch immer neuen Anfängen ineinandergestreute Mischung von verzerrten menschlichen Figuren und von Dächern der Fuhrwerke aller Art darstellte, von der aus sich noch eine neue vervielfältigte wildere Mischung von Lärm, Staub und Gerüchen erhob, und alles dieses wurde erfaßt und durchdrungen von einem mächtigen Licht, das immer wieder von der Menge der Gegenstände verstreut, fortgetragen und wieder eifrig herbeigebracht wurde und das dem betörten Auge so körperlich erschien, als werde über dieser Straße eine alles bedeckende Glasscheibe jeden Augenblick immer wieder mit aller Kraft zerschlagen.

(KKAV 55)

Mit der Schlagzeile »Lebende Photographien!« wurde 1896 für die erste öffentliche Kinovorstellung in Prag geworben.[26] Mit einer ähnlichen Begrifflichkeit lassen sich die episodenhafte Erzählweise und die ständig wechselnden Schauplätze im *Verschollenen* beschreiben, die wie im Film zu einer zeitlichen und räumlichen Konzentration des Romangeschehens führen. Wolfgang Jahn hat dieses Verfahren zu Recht als »visuelle Darstellungsweise« charakterisiert und darin die Abbildung einer »sichtbaren Wirklichkeit« als spezifisches Stilmittel des *Verschollenen* erkannt,[27] ohne daß dabei dem Text die »illusionäre Tiefe«[28] verlorengeht. Alles realistisch Abgebildete hat demnach nie illustrierenden Charakter, sondern bildet die unmittelbare Substanz der Romanhandlung, stets ergänzt von »stummen Bildaussa-

---

26 Reproduktion dieser Anzeige in Zischler (Anm. 24) S. 34.
27 Jahn (1962; Anm. 24) S. 357, 368.
28 Zischler (Anm. 24) S. 37.

gen«[29]. Nach seinem Helden Karl Roßmann gefragt, soll Kafka denn auch geantwortet haben: »Ich zeichnete keine Menschen. Ich erzählte eine Geschichte. Das sind Bilder, nur Bilder. [...] Man photographiert Dinge, um sie aus dem Sinn zu verscheuchen. Meine Geschichten sind eine Art von Augenschließen.«[30]

5. Karl Roßmanns Amerika-Schicksal ist ein stufenweiser Abstieg, der sich zyklisch als ein Aufnehmen und Ausstoßen durch die jeweilige Umwelt vollzieht. Hatte es im ersten Kapitel nach dem zufälligen Zusammentreffen mit dem Onkel noch den Anschein, als könnte sich Karls Verstoßung durch den Vater positiv wenden lassen, wiederholen sich unmittelbar danach jene Mechanismen, die Karls Konflikte mit Autoritäten und Hierarchien überhaupt kennzeichnen. Sie enden stets mit Strafe und nie mit Vergebung und sind jeweils mit traumatischen Schulderfahrungen verbunden: »Schuld also bin ich« (KKAV 243). Diesen Romankern betont Kafka auch in einem Brief vom 11. April 1913 an seinen Verleger Kurt Wolff, in dem er auf die gemeinsame Vater-Sohn-Problematik im *Heizer* und den Nachbarerzählungen *Die Verwandlung* und *Das Urteil* hinweist:

> »Der Heizer«, »die Verwandlung« [...] und das »Urteil« gehören äußerlich und innerlich zusammen, es besteht zwischen ihnen eine offenbare und noch mehr eine geheime Verbindung, auf deren Darstellung durch Zusammenfassung in einem etwa »Die Söhne« betitelten Buch ich nicht verzichten möchte. (Br 116)

Dieses sich wiederholende Konfliktmodell ist – unabhängig von Karls europäischer ›Vorgeschichte‹ – schon im ersten Kapitel des *Verschollenen* vorgezeichnet, denn der Heizer

---

29 Jahn (1962; Anm. 24) S. 358.
30 Janouch (Anm. 14) S. 54.

wird aufgrund mangelnder Borddisziplin vom Kapitän entlassen. Wie bei Karl ist diese Verbannung Strafe für eine Liaison – hier die des Heizers mit dem Küchenmädchen Line –, und der Onkel weist Karl auf dessen Einwendungen hin zurecht, daß es »sich vielleicht um eine Sache der Gerechtigkeit, aber gleichzeitig um eine Sache der Disciplin« handle, die der »Beurteilung des Herrn Kapitäns« unterliege (KKAV 48). Dieses Muster wiederholt sich. Karl verletzt die Autorität und »die Principien« (KKAV 122) des Onkels, indem er die Einladung auf das Landgut des Herrn Pollunder annimmt, ohne zu wissen, worin eigentlich sein Vergehen besteht. Auch das Verführungsmotiv wiederholt sich in der Person Klara Pollunders. Karl wird aus der eben erst gefundenen familiären Geborgenheit und der auch für amerikanische Verhältnisse enormen sozialen Privilegiertheit ausgestoßen; er fügt sich widerspruchslos in diese Entscheidung. Eine weitere Variation erfährt dieses Muster von Regelverletzungen im Hotel occidental. Karl verliert seine Stellung, weil er aus falsch verstandener Kameradschaft für Robinson mit der Hotelhierarchie und ihrer durch den Oberkellner und später durch den Portier verkörperten Autorität in Konflikt gerät. Dieser Vorfall schließt sich an Thereses Bericht über ihre Auswanderung nach Amerika an. Therese schildert darin die entwürdigenden sozialen Verhältnisse, auf die sie und ihre Eltern in New York gestoßen sind und die die Flucht des Vaters sowie später den Tod der Mutter verursacht haben. Diese an zentraler Stelle des Romans plazierte und in ihrer Diktion ebenso drastische wie parabelhafte Erzählung von der ›Existenznot‹ entlarvt bereits die tatsächlichen sozialen Mechanismen.[31] Aber erst im Zusammenhang mit dem »Fall Robinson« erkennt Karl, daß in diesen Mechanismen Strafmaß und Schwere des Ver-

---

31 Jahn (»Der Verschollene«, S. 410f.) sieht in der Tatsache, daß Therese Karl vor dem »Fall Robinson« einen Apfel schenkt, die Anbahnung eines weiteren ›Sündenfalls‹ Karls, der vor Strafe nicht verschont bleiben wird.

gehens in keinerlei Verhältnis zueinander stehen. Die Unangemessenheit des Verhörs, das der Oberkellner mit ihm anstellt, wird ihm bewußt:

> »Es ist unmöglich sich zu verteidigen, wenn nicht guter Wille da ist«, sagte sich Karl und antwortete dem Oberkellner nicht mehr [...]. Er wußte, daß alles was er sagen konnte, hinterher ganz anders aussehen würde als es gemeint gewesen war und daß es nur der Art der Beurteilung überlassen bliebe, Gutes oder Böses vorzufinden. (KKAV 245)

Mit der Flucht aus dem Hotel occidental verliert Karl endgültig alle gesellschaftlichen Bindungen und bewegt sich von nun an auf der untersten sozialen Stufe: Stationen sind die heruntergekommene Wohnung der ehemaligen Operndiva Brunelda und schließlich das als »Unternehmen Nr. 25« (KKAV 383) bezeichnete Vorstadtbordell, in dem sich Karl als Laufbursche verdingt. Mit diesem sozialen Abstieg geht ein Verlust an eigenen sozialen Wertvorstellungen einher. Im »Unternehmen Nr. 25« vom Verwalter auf seine Verspätung hingewiesen, reagiert Karl nur noch phlegmatisch: »Auf solche Reden hörte Karl kaum mehr hin, jeder nützte seine Macht aus und beschimpfte den Niedrigen. War man einmal daran gewöhnt, klang es nicht anders als das regelmäßige Uhrenschlagen« (KKAV 384). Der sonst peinlich genaue und auf die Beseitigung von Mängeln bedachte Karl setzt sich nun ohnmächtig über den Schmutz im Flur des Bordells hinweg: »Hier aber wußte er nicht, was zu tun wäre« (KKAV 384). Dies korrespondiert mit anderen Auflösungserscheinungen, die den Abstieg Karls begleiten: Das anfängliche Ordnen des Koffers verliert nach dem Verlust verschiedener Gegenstände (u. a. der Fotografie seiner Eltern) ebenso an Bedeutung wie die anfänglich penible räumliche Einrichtung in den verschiedenen Unterkünften, auch Kleidung und regelmäßige Mahlzeiten werden zunehmend vernachlässigt. Im »Teater von Oklahoma«-Kapitel

verliert Karl schließlich vollständig seine Identität, wenn er
– nach seinem Namen gefragt – angibt, er heiße »Negro«
(KKAV 402f.). Hinzu kommt eine von Anfang an bestehende, sich zuspitzende räumliche Orientierungslosigkeit,
sei es auf den Gängen des Schiffes, sei es in den Fluren des
New Yorker Landhauses oder in den Gängen und Etagen
des Hotel occidental, dessen Ordnung Karl bis zuletzt unüberschaubar bleibt.

Schon bei der Ankunft in New York ergab sich noch auf
dem Schiff für Karl eine Situation, die symptomatisch für
sein weiteres Schicksal steht: Er »wurde, wie er so gar nicht
an das Weggehn dachte, von der immer mehr anschwellenden Menge der Gepäckträger, die an ihm vorüberzogen, allmählich bis an das Bordgeländer geschoben« (KKAV 7).
Diesen Vorgang spiegelt eine spätere Notiz im Tagebuch
(30. September 1915):

> Roßmann und K., der Schuldlose und der Schuldige,
> schliesslich beide unterschiedslos strafweise umgebracht,
> der Schuldlose mit leichterer Hand, mehr zu Seite geschoben als niedergeschlagen. (KKAV 757)

Das den Roman abschließende »Teater von Oklahoma«-
Kapitel schafft zum übrigen Geschehen einen starken Kontrast. Karls sozialer Abstieg scheint gebremst zu werden,
die bislang drastische Realität des Romans löst sich in eine
harmonische Sozialutopie auf. Wiederum hat eine von Max
Brod überlieferte Äußerung Kafkas einer solchen Deutung
des Romanschlusses Vorschub geleistet:

> Aus Gesprächen weiß ich, daß das vorliegende unvollendete Kapitel über das »Naturtheater in Oklahoma«, ein
> Kapitel, dessen Einleitung Kafka besonders liebte und
> herzergreifend schön vorlas, das Schlußkapitel sein und
> versöhnlich ausklingen sollte. Mit rätselhaften Worten
> deutete Kafka lächelnd an, daß sein junger Held in diesem »fast grenzenlosen« Theater Beruf, Freiheit, Rück-

halt, ja sogar die Heimat und die Eltern wie durch paradiesischen Zauber wiederfinden werde.³²

In der Kafka-Forschung schwankt aber die Einschätzung dieses Kapitels zwischen Rettung des Protagonisten und letztlich ›tödlichem‹ Ausgang. Schon im Kapiteleingang werden die Versprechungen der Werbeplakate – humane Arbeit und soziale Sicherheit – in Frage gestellt:

> Es gab soviel Plakate, Plakaten glaubte niemand mehr. Und dieses Plakat war noch unwahrscheinlicher als Plakate sonst zu sein pflegen. (KKAV 387)

Rettung und ein Ende des sozialen Abstiegs scheinen nah, als Karl glaubt, seinen Platz in der Gesellschaft gefunden zu haben: »er wollte endlich den Anfang einer anständigen Laufbahn finden« (KKAV 388). Aber für ihn wie für die anderen Arbeitssuchenden gilt bei der Betrachtung des Werbeplakates, daß das »Künstlerwerden« dem eigentlichen Wunsch widerspricht, sich als Ingenieur in einem allgemein gesellschaftlich akzeptierten Beruf zu verwirklichen. Daß diese neue, scheinbar gesicherte Existenz den Preis »radikaler mentaler Umstrukturierung« hat,³³ macht Karls erstes Zusammentreffen mit dem Personalchef der Theatertruppe deutlich, bei dem er sich entgegen seinem bisherigen Verhalten absichtlich zurücknimmt:

> Karl dachte daran, daß er jetzt den Mann darauf aufmerksam machen könnte, daß möglicherweise die Lockmittel der Werbetruppe gerade wegen ihrer Großartigkeit versagten. Aber er sagte es nicht, denn dieser Mann war gar

---

32 *Amerika* (Anm. 23) S. 389f.
33 Fingerhut (Anm. 19) S. 352. – Ähnlich auch folgende Textstelle: »Es kam öfters vor, daß es Karl drängte, die gegebene Antwort zu widerrufen und durch eine andere, die vielleicht mehr Beifall finden würde, zu ersetzen, aber er hielt sich doch immer noch zurück, denn er wußte, welch schlechten Eindruck ein derartiges Schwanken machen mußte, und wie unberechenbar überdies die Wirkung der Antworten meist war« (KKAV 406).

nicht der Führer der Truppe und außerdem wäre es wenig empfehlend gewesen, wenn er der noch gar nicht aufgenommen war, gleich Verbesserungsvorschläge gemacht hätte. (KKAV 396)

Auch andere Hinweise stellen den versöhnlichen Charakter dieses Kapitels in Frage. Die missionarische Propaganda, die ins Extrem verfremdeten bürokratischen Aufnahmerituale und die Fragwürdigkeit der sozialen Versprechungen korrespondieren mit parodistischen neutestamentlichen Heilselementen (z. B. Trompeten als Signal des Jüngsten Gerichts, Speisung der Armen unter dem Bild des amerikanischen Präsidenten) und relativieren somit einen möglicherweise utopischen Gehalt des Kapitels. Auch das neuerliche Zusammentreffen mit Giacomo, dem Liftboy aus dem Hotel occidental, dem die Oberköchin eine glänzende amerikanische Karriere vorausgesagt hatte, verstärkt die Hinweise, daß das »Teater von Oklahoma« mehr Stillstand als Fortschritt bedeutet:

> Giacomo selbst hatte sich in seinem Äußern fast gar nicht verändert, die Voraussage der Oberköchin, daß er in einem halben Jahr ein knochiger Amerikaner werden müsse, war nicht eingetroffen, er war zart wie früher, die Wangen eingefallen wie früher, augenblicklich allerdings waren sie gerundet, denn er hatte im Mund einen übergroßen Bissen Fleisch, aus dem er die überflüssigen Knochen langsam herauszog, um sie dann auf den Teller zu werfen. Wie Karl an seiner Armbinde ablesen konnte, war auch Giacomo nicht als Schauspieler sondern als Liftjunge aufgenommen, das Teater von Oklahama schien wirklich jeden brauchen zu können. (KKAV 414)

Der wohl stärkste Beleg für die Fragwürdigkeit aller optimistischen Elemente dieses Kapitels ergibt sich aus der Schreibung »Oklahama« anstelle von »Oklahoma«. Kafka hat sie offenbar absichtlich der fehlerhaften Unterschrift (»Idyll aus Oklahama«) einer Fotografie in Holitschers

Amerikabuch (1912, S. 367) entnommen. Die dort reproduzierte Fotografie dokumentiert eine Lynchjustizszene: Ein junger Neger ist an einem Baum aufgehängt; gleichgültige, weiße Amerikaner umstehen ihn. Karls Namensänderung im »Oklahama«-Kapitel wie auch der im gesamten Romankontext beschriebene Mechanismus der ›Beseitigung‹ sozialer und ethnischer Minderheiten werden durch diese neuerliche Parallele zwischen Holitschers Reiseschilderungen und Kafkas Amerika-Imaginationen mit dem Ergebnis verklammert, daß alte und neue Welt eben nicht durch einen »paradiesischen Zauber« miteinander verbunden sind.

Die »befremdliche Andersartigkeit«[34] Amerikas, zunächst als Symbol oder als Metapher für unerfüllte individuelle und kollektive Wunschvorstellungen, dann aber gleichermaßen als Grundlage für zahlreiche Reibungsflächen gebraucht, bildet seit dem 15. Jahrhundert einen Amerika-Mythos, der stets ambivalent bleibt. Faszination und Distanzierung kennzeichnen Kafkas Bild von Amerika als einer ›neuen Welt‹ in einem geographischen und gesellschaftlichen Doppelsinn. Wenn er Karl Roßmann schließlich mit der Theatertruppe in die »Größe Amerikas« (KKAV 418) schickt, dann aktualisiert sich hier trotz aller resignativer Elemente eine Amerikafaszination, die Kafka auch einem kleinen, wohl im Juni 1912 parallel zur Arbeit am *Verschollenen* entstandenen Text mit dem Titel *Wunsch, Indianer zu werden* unterlegt hatte:

> Wenn man doch ein Indianer wäre, gleich bereit, und auf dem rennenden Pferde schief in der Luft, immer wieder kurz erzitterte über dem erzitternden Boden, bis man die Sporen ließ, denn es gab keine Sporen, bis man die Zügel wegwarf, denn es gab keine Zügel, und kaum das Land vor sich als glatt gemähte Heide sah, schon ohne Pferdehals und Pferdekopf.[35]

---

34 Gabriela Wettberg, *Das Amerika-Bild und seine negativen Konstanten in der deutschen Nachkriegsliteratur*, Heidelberg 1987, S. 11.
35 Franz Kafka, *Betrachtung*, Leipzig 1913, S. 77f.

Literaturhinweise

Amerika. Ein Roman. München: Kurt Wolff, 1927.

Beicken, Peter U.: ›Der Heizer‹. ›Der Verschollene‹. ›Amerika‹. In: P. U. B.: Franz Kafka. Eine kritische Einführung in die Forschung. Frankfurt a. M. 1974. S. 251–260.

Goldstücker, Eduard: Kafkas ›Der Heizer‹. Versuch einer Interpretation. In: Germanistica Pragensia 3 (1964) S. 49–64.

Greenberg, Martin: Kafka's ›Amerika‹. The Artist as Failure. In: Salmagundi 1 (1966) Nr. 3. S. 74–84.

– The Terror of Art. Kafka and Modern Literature. New York 1968.

Hermsdorf, Klaus: Kafka, Weltbild und Roman. Berlin 1961.

Hillmann, Heinz: Kafkas ›Amerika‹. Literatur als Problemlösungsspiel. In: Der deutsche Roman im 20. Jahrhundert. Bd. 1: Analysen und Materialien zur Theorie und Soziologie des Romans. Hrsg. von M. Brauneck. Bamberg 1976. S. 135–158.

Jahn, Wolfgang: Kafkas Handschrift zum ›Verschollenen‹ (›Amerika‹). Ein vorläufiger Textbericht. In: Jahrbuch der deutschen Schillergesellschaft 9 (1965) S. 541–552.

– Kafkas Roman ›Der Verschollene‹ (›Amerika‹). Stuttgart 1965.

– ›Der Verschollene‹ (›Amerika‹). In: KHB II. S. 407–420.

Klinge, Reinhold: Mensch und Gesellschaft im Spiegel neuerer Romane. In: Der Deutschunterricht 23 (1971) H. 2. S. 86–102. [Bes. S. 94–96.]

Kobs, Jürgen: Kafka. Untersuchungen zu Bewußtsein und Sprache seiner Gestalten. Hrsg. von U. Brech. Bad Homburg 1970.

Reimann, Paul: Die gesellschaftliche Problematik in Kafkas Romanen. In: Weimarer Beiträge 4 (1957) S. 598–618.

Sokel, Walter H.: Zwischen Drohung und Errettung. Zur Funktion Amerikas in Kafkas Roman ›Der Verschollene‹. In: Amerika in der deutschen Literatur. Neue Welt – Nordamerika – USA. Hrsg. von S. Bauschinger und W. Malsch. Stuttgart 1975. S. 246–271.

Spilka, Mark: ›Amerika‹. Its Genesis. In: Franz Kafka Today. Hrsg. von A. Flores und H. Swander. Madison (Wisconsin) 1958. S. 95 bis 116.

Der Proceß

Von Ritchie Robertson

Die zentrale Metapher des *Proceß*-Romans hängt mit dessen biographischem Anlaß eng zusammen. Am 12. Juli 1914 erlebte Kafka eine peinliche Szene im Berliner Hotel »Askanischer Hof«, als seine erste Verlobung mit Felice Bauer in Anwesenheit von Freunden und Verwandten aufgelöst wurde. Der Bericht über dieses Ereignis in Kafkas Tagebucheintragung vom 23. Juli 1914 verwendet schon die Gerichtsmetaphorik, die in bald darauf angefangenen Roman wiederkehrt: »Der Gerichtshof im Hotel. Die Fahrt in der Droschke. Das Gesicht F.'s. Sie fährt mit den Händen in die Haare, wischt die Nase mit der Hand, gähnt. Rafft sich plötzlich auf und sagt gut Durchdachtes, lange Bewahrtes, Feindseliges« (KKAT 658). Am 28. Juli 1914 trägt Kafka in sein Tagebuch ein: »Wenn ich mich nicht in einer Arbeit rette, bin ich verloren« (ebd. 663). Am folgenden Tag schreibt er ein Erzählfragment, in welchem ein Josef K. zum erstenmal auftritt. Durch die Arbeit am Roman wollte Kafka in erster Linie dieses schmerzliche Erlebnis überwinden, indem er das eigene Schuldgefühl untersuchte und dadurch zu Selbsterkenntnis gelangte. Dieses Vorhaben geht aus einer Tagebucheintragung vom 15. Oktober 1914 eindeutig hervor: »14 Tage, gute Arbeit zum Teil, vollständiges Begreifen meiner Lage« (ebd. 678). Die Gerichtsmetaphorik impliziert aber auch, daß Kafka über seine eigene Situation hinausgelangen und allgemeinere Fragen der Gerechtigkeit anschneiden will, war doch die Metapher »Dichtung als Gerichtstag« um die Jahrhundertwende sehr geläufig. Sie geht auf einen Spruch Ibsens zurück, der längst zum geflügelten Wort geworden war:

Leben heißt: dunkler Gewalten
Spuk bekämpfen in sich.
Dichten: Gerichtstag halten
über das eigene Ich.[1]

Am 15. August – und diese Eintragung dürfte auch für den Sinn, den Kafka dem Roman beimaß, bedeutsam sein – heißt es: »Ich schreibe seit paar Tagen, möchte es sich halten. So ganz geschützt und in die Arbeit eingekrochen, wie ich es vor 2 Jahren war, bin ich heute nicht, immerhin habe ich doch einen Sinn bekommen, mein regelmäßiges, leeres, irrsinniges junggesellenmäßiges Leben hat eine Rechtfertigung« (KKAT 548 f.). Ein größerer Teil des Romans dürfte in den folgenden zwei Monaten niedergeschrieben worden sein. Um sich ganz darauf konzentrieren zu können, beantragte Kafka von seinen Arbeitgebern einen vierzehntägigen Urlaub (5.–18. Oktober); für den Roman war dieser Urlaub nicht so fruchtbar, wie er gehofft hatte, allerdings schrieb er in dieser Zeit die Erzählung *In der Strafkolonie* und das »Oklahoma«-Kapitel des Romans *Der Verschollene*. In den folgenden Monaten berichtet Kafka in seinem Tagebuch mißmutig vom langsamen, stockenden Fortschritt der Arbeit, bis er vermutlich im Januar 1915 den Roman endlich liegenließ.

Durch eine genaue Untersuchung der Schriftträger ist es Malcolm Pasley, dem Herausgeber des Romans im Rahmen der Kritischen Kafka-Ausgabe, gelungen, die ursprüngliche Blattfolge von Kafkas Schreibheften und damit die Reihenfolge, in der die verschiedenen Textpartien entstanden sind, zu rekonstruieren. Entgegen seiner üblichen Arbeitsweise schuf Kafka einen festen Rahmen für seine Geschichte, indem er gleich nach dem Anfangskapitel (»Verhaftung«) auch das Schlußkapitel (»Ende«) zu Papier brachte. Da er aus Er-

---

1 Zit. nach: Walter Müller-Seidel, »Kafkas Begriff des Schreibens und die moderne Literatur«, in: *Zeitschrift für Literaturwissenschaft und Linguistik. Lili* 17 (1987), Nr. 68, S. 104–121; hier S. 105.

fahrung wußte, daß linear entwickelte Erzählhandlungen die Tendenz hatten, ihm »auseinanderzulaufen«, wollte er dieser Gefahr zuvorkommen. Auch die übrigen Kapitel konzipierte Kafka nicht als Teile einer linear verlaufenden Geschichte, sondern als »Stationen« auf dem Weg seines Helden.[2] Im Laufe der Arbeit scheint Kafka die abgeschlossenen oder kurz vor dem Abschluß stehenden Textteile in Konvolute gelegt und auf deren Deckblättern Stichworte notiert zu haben, die entweder als Überschriften dienen oder den jeweiligen Inhalt zusammenfassen sollten. Andere Textteile wurden nur in Einschlagblätter gelegt, die ebenfalls mit Stichworten beschriftet wurden. Im letzteren Fall scheint es sich um Kapitel zu handeln, die Kafka für unfertig und vielleicht für mißglückt hielt. Sowohl Max Brods Ausgabe als auch die Kritische Ausgabe bringen diese unvollendeten Kapitel als Anhang zum Romantext, wobei die Kritische Ausgabe das Gespräch mit Fräulein Montag, das in einem Konvolut mit der Beschriftung »B.'s Freundin« überliefert ist, zu den »Fragmenten« rechnet. Außerdem wird das Kapitel, das in Brods Ausgabe das erste bildet, in der Kritischen Ausgabe in zwei Abschnitte geteilt, die dem Inhalt zweier verschiedener Konvolute entsprechen: zuerst »Verhaftung« und danach »Gespräch mit Frau Grubach. Dann Fräulein Bürstner«.

Gerade bei diesem Roman kommt der Entstehungsgeschichte eine besondere Bedeutung zu, weil sie mehrere schwierige Fragen aufwirft, die nicht allein durch eine Betrachtung des Textes zu beantworten sind. Was für ein Status soll den Fragmenten zukommen? Darf zum Beispiel das Fragment »Staatsanwalt«, in dem K.s Freundschaft mit seinem Stammtischgenossen, dem im ersten Romankapitel flüchtig erwähnten Staatsanwalt Hasterer, ausführlich dargestellt wird, herangezogen werden, um die spärlichen Andeutungen im Haupttext über K.s Lebensweise zu ergän-

---

2 Pasley (1990) S. 10f.

zen? Im Fragment »Fahrt zur Mutter« erfahren wir, daß K. seiner Mutter versprochen hatte, seine Geburtstage bei ihr zu verbringen, dieses Versprechen aber seit zwei Jahren nicht gehalten hat. Darf man diese Tatsache mit K.s Verhaftung, die ausgerechnet an seinem dreißigsten Geburtstag geschieht, in Verbindung bringen? Da der Roman im ganzen nicht abgeschlossen wurde, ist die Möglichkeit nicht von der Hand zu weisen, daß Kafka bei weiterer Arbeit diese Fragmente in das Romangeschehen integriert hätte. Andrerseits sprechen praktische Erwägungen dafür, die Kapitel, die Kafka für abgeschlossen erachtete, als den eigentlichen Romantext zu betrachten und die interpretatorischen Bemühungen darauf zu beschränken.

Eine zweite ungelöste Frage bezieht sich auf die Reihenfolge der Kapitel. In der Kritischen Ausgabe wird dieses Problem eher konservativ behandelt. Der strittigste Punkt ist wohl die Einordnung des »Prügler«-Kapitels. Wie der Herausgeber bemerkt, muß dieses in relativer Nähe zu dem Kapitel »Erste Untersuchung« stehen, weil K. sich dort über das Verhalten der Wächter beschwert, die das Gericht dann mit ominöser Bereitwilligkeit bestrafen läßt. Es läge demnach nahe, das »Prügler«-Kapitel gleich nach »Erste Untersuchung« zu stellen, statt die beiden durch das Kapitel »Im leeren Sitzungssaal« zu trennen. Als Gegenargument weist der Herausgeber darauf hin, daß die meisten Kapitel mit Zeitangaben anfangen, die eine andere Einordnung nahelegen. Aus dem Text geht hervor, daß K.s zwei Besuche in den Gerichtskanzleien durch eine Woche getrennt sind. Wenn das »Prügler«-Kapitel, das mit den Worten »Als K. an einem der nächsten Abende« (KKAP 108) anfängt, vor dem Kapitel »Im leeren Sitzungssaal« und dessen einleitenden Worten »K. wartete während der nächsten Woche« (KKAP 73) stünde, ergäbe sich ein Widerspruch. Dagegen wäre einzuwenden, daß die Zeitangaben keineswegs auf ein feststehendes Zeitschema schließen lassen, sondern eher als lockere und durchaus provisorische Bindungsglieder zwischen den einzelnen Kapiteln zu betrachten sind. Daß Kafka dabei gelegentliche Widersprüche unterlaufen sind, ist bei seiner Arbeitsweise nicht verwunderlich. Es kommen weitere Widersprüche im Text vor: so heißt K.s Onkel zunächst »Karl« (KKAP 118), wird aber später, offensichtlich aus Vergeßlichkeit, in »Albert« umgetauft (KKAP 131). Wäre Kafka dazu gekommen, den Roman zu überarbeiten, hätte er diese Widersprüche wohl beseitigt.

Wenn man Struktur und Sinn des ganzen Romans in Erwägung zieht, so ergeben sich weitere Gründe, das »Prügler«-Kapitel unmittelbar nach »Erste Untersuchung« und vor »Im leeren Sitzungssaal« einzuordnen. In Hinblick auf die Romankomposition scheint es sehr ungeschickt, zwei Kapitel aneinanderzureihen, in denen K. das Gericht besucht, ohne das kürzere »Prügler«-Kapitel zur Abwechslung zwischen die beiden einzufügen. In seinem vorzüglichen Buch *Kafka's Trial. The Case Against Josef K.*, das – wohl wegen des entlegenen Erscheinungsortes (St. Lucia, Australien) – bei der Kafka-Forschung viel zu wenig Resonanz gefunden hat, weist Eric Marson darauf hin, daß die Romanhandlung in drei deutlich voneinander getrennte Teile zerfällt: »The first section of five chapters deals with the court's unsuccessful approaches to K. and with his misunderstandings about them. The second concerns his fruitless attack on the court, using his own weapons. He remains for the whole time in a shadowy periphery of the court and never really gets near it. The third section is essentially two kinds of approach to K. by the court.«[3] Im ersten Teil greift das Gericht wiederholt in K.s Leben ein, indem es ihn verhaften läßt, ihn zu einer Sitzung beruft und die Wächter auf seinen Wunsch hin bestraft. Im zweiten Teil hält sich das Gericht von K.s Leben fern, während K. die Initiative ergreift und vermeintliche Helfer – Titorelli und den Advokaten – aufsucht, die ihm in seinem Kampf gegen das Gericht beistehen

---

3 Marson, S. 162.

sollen. Im dritten Teil, das aus den beiden abschließenden Kapiteln »Im Dom« und »Ende« besteht, regt sich das Gericht wieder, indem es die Begegnung zwischen K. und dem Geistlichen herbeiführt, eine letzte – als »Türhüterlegende« verrätselte – Warnung an K. ergehen läßt und ihn schließlich zur Hinrichtung verurteilt. Nun bildet das Kapitel »Im leeren Sitzungssaal« einen weitaus wirkungsvolleren Höhepunkt und Abschluß des ersten Romanteils, als das »Prügler«-Kapitel. Denn dieses gipfelt in der Begegnung zwischen K. und dem »Auskunftgeber«, von dem es heißt: »Er gibt den wartenden Parteien alle Auskünfte, die sie brauchen, und da unser Gerichtswesen in der Bevölkerung nicht sehr bekannt ist, werden viele Auskünfte verlangt. Er weiß auf alle Fragen eine Antwort. Sie können ihn, wenn Sie einmal Lust dazu haben, daraufhin erproben« (KKAP 102). So wird K. nachdrücklich die Gelegenheit angeboten, nach den Gründen für seine unerklärliche Verhaftung und den Gegenmaßnahmen zu fragen. Diese Gelegenheit versäumt er aber, weil ihm die Luft in den Kanzleien so schlecht bekommt, daß er die Beamten nur im buchstäblichen, nicht im weiteren Sinn bittet, ihn »aus den Kanzleien hinaus[zu]führen« (KKAP 101). Diese zutiefst ironische Situation wird im weiteren Verlauf der Handlung zweimal wiederholt: einmal, als K. im Gespräch mit Titorelli von »wirklichen Freisprechungen« erfährt, aber kein Interesse dafür bekundet, weil sie nur in »Legenden« vorkommen (KKAP 208); und zuletzt in der Unterredung mit dem Geistlichen, wo K. endlich doch die Geduld aufbringt, einer Legende zuzuhören, in der anschließenden Diskussion aber an dem eigentlichen Sinn der Legende vorbeigeht. Diese erzählerische Grundsituation, die Begegnung mit dem potentiellen ›Auskunftgeber‹, dessen Auskünfte der Romanheld entweder nicht hören will oder nicht verstehen kann, kehrt im *Schloß*-Roman wieder, wo K. durch einen unwahrscheinlichen Zufall auf den für seinen Fall zuständigen Schloßsekretär Bürgel stößt, infolge seiner Übermüdung aber Bürgels Erklärungen verschläft. Die Erkenntnis oder Anagnorisis, die laut Aristoteles am Wendepunkt einer gut aufgebauten Dramenhandlung einsetzt und seither zum wesentlichen Teil der Erzählhandlung überhaupt gerechnet wird, erfährt bei Kafka eine Wandlung ins Negative.[4] Man könnte diese Grundsituation die ›verfehlte Anagnorisis‹ nennen. Da sie bei Kafka eine so wichtige Stelle einnimmt, scheint die Annahme sinnvoll, daß der erste Textteil (nach Marsons Unterteilung) in einer solchen Szene hätte gipfeln sollen und die Zeitangaben, auf die der Herausgeber der Kritischen Ausgabe so viel Gewicht legt, nur als provisorisch zu betrachten sind.

Mit dieser Beschreibung der Struktur der Romanhandlung nähern wir uns der Frage, wie die Instanz, die so unerwartet in K.s Leben eingetreten ist, zu interpretieren sei. Verkörpert sie eine letztlich religiöse Autorität? Sollen wir K.s »Schuld« ernst nehmen? Wenn ja, ist diese Schuld auf eine bestimmte Handlung oder Unterlassung K.s zurückzuführen, oder nach Art der Erbsünde auf eine nicht weiter erklärbare Weise in seinem Wesen verwurzelt? Oder stellt das Gericht, wie Ulf Abraham argumentiert hat, vielmehr die Macht als solche dar, die aus unerklärlicher Bosheit mit Josef K. Katz und Maus spielt und dabei die Mechanismen der Machtausübung und Schuldzuweisung veranschaulicht?[5] Man müßte dann annehmen, daß das Gericht vorhat, Josef K. eine im Grunde imaginäre Schuld anzulasten und ihn somit zum Opfer zu machen. Nimmt man die zweifellos vorhandenen religiösen Untertöne für bare Münze, so läuft man Gefahr, moralische oder gar theologische Überzeugungen in den Roman hineinzuprojizieren. Bei einem von vornherein skeptischen Deutungsansatz aber besteht die

---

4 Zu Theorie und Praxis der Anagnorisis in der europäischen Literatur bis zum 20. Jahrhundert siehe Terence Cave, *Recognitions. A Study in Poetics*, Oxford 1988.
5 Abraham (1985).

Gefahr, daß man sich mit einem allzu oberflächlichen Verständnis des Romans begnügt.

Die ›Gretchenfrage‹ nach dem möglichen religiösen Hintersinn des *Proceß*-Romans gehört zu den Konstanten in dessen Rezeption. Von den Versuchen Max Brods, eine eher eindimensional theologische Deutung von Kafkas Werken zu propagieren, spannt sich der Bogen bis zu einigen der jüngsten Untersuchungen. Selbstverständlich haben solche Deutungsversuche häufig Skepsis und Widerwillen hervorgerufen, zumal Brod im Laufe der Zeit sein Verständnis Kafkas mit zunehmender Beharrlichkeit verteidigte, doch scheint die Rezeption spiralenförmig zu verlaufen, in der Weise, daß ähnliche Ansichten immer wieder, nur in subtilerer und differenzierter Form, vorgetragen werden. Im folgenden seien einige der wichtigsten Deutungsversuche kurz referiert.

Ohne Zweifel stammen die einflußreichsten Hinweise zum Verständnis des *Proceß*-Romans von Max Brod. Obwohl er sich im Nachwort zur Erstausgabe einer Deutung des Romans enthält und sich auf eine Beschreibung der Textüberlieferung beschränkt, kommt er im Nachwort zum *Schloß* auf den früheren Roman und dessen Sinn zurück, weil er in der Zwischenzeit auf so viele haarsträubende Fehldeutungen gestoßen sei. Das unerreichbare Schloß, verkündet Brod, sei »genau das, was die Theologen ›Gnade‹ nennen. [...] Somit wären im *Proceß* und im *Schloß* die beiden Erscheinungsformen der Gottheit (im Sinne der Kabbala) – Gericht und Gnade – dargestellt.«[6] Obwohl diese Behauptung zumindest als eine grobe Vereinfachung der Sachlage zu betrachten ist, sollte sie einen nachhaltigen Einfluß auf die Kafka-Rezeption ausüben. Hinzu kommt, daß Brod in seiner 1937 zuerst erschienenen Biographie Kafkas das Schicksal Josef K.s mit dem alttestamentlichen Hiob und

---

6 Max Brod, »Nachwort zur ersten Ausgabe«, in: Franz Kafka, *Das Schloß*, New York 1946, S. 529 f.

dessen Aufbäumen gegen die scheinbare Ungerechtigkeit Gottes in Zusammenhang bringt. Der Roman wird als Reflex von Kafkas eigener religiösen Entwicklung dargestellt. In den weiteren Büchern über Kafka, die Brod seiner Biographie folgen ließ, wird diese religiöse Interpretation verfestigt. Brod bemüht sich, Kafkas Weltanschauung von der damals einflußreichen Krisentheologie scharf abzugrenzen und ihm einen Trost verheißenden Gnadenbegriff zuzuschreiben. Dieser Deutung gegenüber dürfte Skepsis geboten sein, nicht nur, weil Brod die Radikalität von Kafkas Denken zu unterschätzen scheint, sondern vor allem deshalb, weil sich Brod für Kafkas künstlerische Leistung kaum interessiert und das Werk, vor allem die Romane *Der Proceß* und *Das Schloß*, auf seine vermeintliche religiöse Botschaft reduziert.

Nach dem Zweiten Weltkrieg wurde das von Brod dargebotene religiöse Deutungsmuster aufgegriffen und weiterentwickelt, und zwar von Autoren, die seine optimistische Grundhaltung teilten und den radikalen Pessimismus Kafkas zu verdrängen suchten. Dergleichen Vereinfachungen verdienen durchaus die scharfe Kritik, die Peter U. Beicken in seinem Forschungsbericht an ihnen übt.[7] Hans Joachim Schoeps, der Kafka »in die Reihe der großen homines religiosi Pascal – Baal Schem – Kierkegaard – Dostojewskij« stellt, glaubt an die Möglichkeit einer versöhnenden Lösung: hätte K. das unterschwellige Sündenbewußtsein nicht so hartnäckig verdrängt, sondern seine Sündhaftigkeit reumütig eingestanden, hätte er davon erlöst werden können.[8]

Andere Kafka-Kritiker waren nicht bereit, den Roman auf eine streng theologische Deutung festlegen zu lassen. Im

---

7 Peter U. Beicken, *Franz Kafka. Eine kritische Einführung in die Forschung*, Frankfurt a. M. 1974, S. 176–188.
8 H. J. Schoeps, »Theologische Motive in der Dichtung Franz Kafkas«, in: *Die Neue Rundschau* 62 (1951) S. 21–37; hier S. 21. Vgl. auch Martin Buber, »Schuld und Schuldgefühle«, in: *Merkur* 9 (1957) S. 705–729.

Kielwasser des Existentialismus wurde K. oft als der Mensch schlechthin, als eine Jedermann-Figur, verstanden.[9] Demnach ginge seine Schuld auf keinen bestimmbaren Fehltritt zurück, sondern wäre als Existenzschuld zu verstehen, die durch Erkenntnis und Eingeständnis zu büßen sei. In einem hervorragenden Aufsatz vertritt Ingeborg Henel die Ansicht, daß Josef K. ein »Mann ohne Eigenschaften« sei, dessen Verhaftung einer menschlichen Grundsituation entspreche: aus Angst vor der Selbsterkenntnis wage der Mensch nicht, durch die offene Tür ins »Gesetz« einzutreten, sondern richte sein Augenmerk auf die Autoritäten, denen er die Verantwortung für seine eigene Lage zuschiebt.[10] Zu dieser Deutungsrichtung darf man auch die umfangreiche Kafka-Studie von Wilhelm Emrich rechnen. Aus der Bemerkung Titorellis: »Es gehört ja alles zum Gericht« (KKAP 202), folgert Emrich, daß das Gericht »die gesamte Lebenswirklichkeit« darstelle, und zwar nicht nur die äußere Wirklichkeit, sondern auch den inneren Zustand Josef K.s. Die unübersichtliche Vielfältigkeit der Lebenstotalität setze den Menschen außerstande, den Sinn seiner eigenen Existenz zu begreifen. Trotzdem könne sich der Mensch dem Gefühl der Verantwortung sowohl für sich als auch für das Ganze nicht entziehen. In diesem Widerspruch sieht Emrich den Grund für K.s Untergang.[11]
In der großangelegten Kafka-Studie Walter H. Sokels, die rasch den Rang eines Standardwerks erlangte, bekam der existenzphilosophische Ansatz eine psychoanalytische Färbung.[12] Ausgehend von der Kampfmetaphorik in Kafkas frühesten erhaltenen Erzählungen und von den Strafphantasien in *Das Urteil* und *Die Verwandlung*, stellt Sokel einen Unterschied auf zwischen dem »reinen Ich« des Protagonisten und dessen unreinem, schuldbeladenem, in welt-

---

9 Politzer, S. 165.
10 Ingeborg Henel, S. 50–70.
11 Emrich (1958).
12 Sokel (1964).

liche Belange und eigensüchtige Triebe verstricktem Ich, das an der Erkenntnis seiner Schuld zugrundegeht. Sokel widersteht der Versuchung, diesen Gegensatz herkömmlichen religiösen Mustern anzugleichen: das reine Ich besitze zwar die negativen Merkmale der Heiligkeit, das heißt Entweltlichung und Askese, nicht aber den Aufopferungswillen, der in einer positiven Darstellung der Heiligkeit zutage treten müßte. Nachdem das Gericht in sein Leben eingetreten ist und seine latente Gespaltenheit aufgedeckt hat, werde Josef K. in zunehmendem Maße seinen beruflichen Bestrebungen entfremdet, ohne daß ihm der Durchbruch etwa zu einem neuen Leben gelänge. Statt dessen konzentriere er seine Energie auf den Kampf um die Erhaltung seines nackten Daseins. Seine tragische Schuld besteht nach Sokel gerade in der Unfähigkeit, seine Gespaltenheit zu überwinden.

Mit der jüngst erschienenen Arbeit Karl Erich Grözingers, *Kafka und die Kabbala*, treten religiöse Fragen nach einer längeren Unterbrechung wieder in den Vordergrund.[13] Grözinger behauptet, keine Deutung des *Proceß*-Romans vorlegen, sondern nur den jüdischen Hintergrund des Romans beleuchten zu wollen, indem er das chassidische und kabbalistische Material, das Kafka bekannt gewesen sein dürfte, dem Leser unterbreitet. Dieses bescheiden formulierte Ziel setzt eine religiöse Deutung voraus. Immerhin sind die Ähnlichkeiten zwischen der Bilderwelt Kafkas und derjenigen der Kabbala manchmal verblüffend. Die Kabbala kennt himmlische Gerichte, die ständig tagen, und von dem Einzelnen – manchmal ganz unerwartet – Rechenschaft über sein Tun und Lassen fordern. Der Angeklagte nimmt seine Zuflucht zu Zeugen und Fürsprechern, um den Drohungen des als Scharfrichter verkleideten Engels zu entgehen; gelingt ihm die Verteidigung nicht, kann er mit einem Schwert hingerichtet werden. Diese Gerichte sind hierarchisch ge-

---

13 Grözinger (1992).

ordnet: die unteren Gerichte und ihr Personal gleichen der irdischen Realität, denn alle Dinge des Alltags sind ein Teil des Gerichts. (Man denke an Titorellis Bemerkung: »Es gehört ja alles zum Gericht«, KKAP 202.) Andere Kabbalastellen beschreiben das menschliche Leben als einen fortdauernden Aufstieg durch die himmlischen Hallen, um das göttliche Licht der Tora (des Gesetzes) zu erreichen, wobei jede Seele einen eigenen Bezirk in der Tora hat. Diese Vorstellungen gemahnen sehr stark an die »Türhüterlegende«. Schon 1983 hatte Ulf Abraham auf eine mögliche talmudische Vorlage für diese hingewiesen: auf eine Legende nämlich, wonach Moses, als er das Gesetz vom Berg Sinai herunterholt, zuerst eine Hierarchie himmlischer Türhüter überwinden muß, bevor er zur Tora gelangt.[14] Kafka habe, so Abraham, eine »Gegenlegende« zu dieser Vorlage geschaffen: bei ihm wird der Mann vom Lande schon vom ersten Türhüter dermaßen eingeschüchtert, daß er nicht einmal den Versuch wagt, durch die offene Tür einzutreten. Ein solcher Gegenentwurf wäre typisch für die Art, in der Kafka literarisches und biblisches Erbgut umformt.

Grözingers Mutmaßung, daß Kafka schon 1914 mehr über die Kabbala gewußt habe, als bisher angenommen wurde, ist nicht von der Hand zu weisen. Vermutlich verdankte er solches Wissen dem ehemaligen Jeschiwestudenten Jizchak Löwy. Trotzdem muß gesagt werden, daß Grözingers Versuch, Kafkas ganzes Werk für die jüdische Tradition zu vereinnahmen, durchaus einseitig ist. Schon im *Proceß* ist das Dom-Kapitel schwerlich vereinbar mit der Annahme einer überwiegend oder gar ausschließlich jüdischen Thematik. Auch sind die Ansichten zu Josef K.s Schuld und der Möglichkeit der Gnade, die im Roman angedeutet werden, viel radikaler und unerbittlicher – wie noch gezeigt werden soll – als Grözinger wahrhaben will. Immerhin hat er das Vorhandensein der jüdischen Metaphorik äußerst plausibel ge-

---

14 Abraham (1983) S. 636–650.

macht und somit zum Verständnis Kafkas in seinem geschichtlichen Kontext weitergeholfen.

Die Frage nach dem religiösen Sinn des Romans läßt sich nicht allein durch immanente Textanalyse lösen. Um die Voraussetzungen rekonstruieren zu können, auf denen der Roman beruht, muß man die Biographie zu Hilfe rufen und sich nach den möglichen religiösen Interessen erkundigen, die Kafka in der Periode der Entstehung gehabt haben mag.

Daß Kafka ein starkes Interesse für das Judentum entwickelt hat, unterliegt keinem Zweifel. Dieses aber galt gerade denjenigen Aspekten, die seine Eltern ablehnten, und umgekehrt. Das oberflächliche Judentum seines Vaters, das hauptsächlich darin bestand, die Synagoge an hohen Festtagen zu besuchen, wird im *Brief an den Vater* aufs schärfste verurteilt. Schon 1911 bemerkt Kafka in einer Tagebucheintragung, wie verständnislos die meisten Mitglieder seiner Familie den Gebeten, welche auf eine Beschneidung folgten, zugehört hätten. Als Erwachsener besuchte er gelegentlich Synagogen, wobei er manchmal bewegt, manchmal enttäuscht wurde. So vermerkt er am 1. Oktober 1911: »Altneusynagoge gestern. Kolnidre. Gedämpftes Börsengemurmel. [...] In der Pinkassynagoge war ich unvergleichlich stärker vom Judentum hergenommen.« Während Kafka diese Restbestände jüdischen Brauchtums zum Großteil verwarf, interessierte er sich um so stärker für die Kultur der Ostjuden, die ihm zunächst Jizchak Löwy und später Brod, Georg Langer und andere vermittelten. Gegen das Ostjudentum hegte Kafkas Vater einen so heftigen Widerwillen, daß er den Schauspieler Löwy als »Ungeziefer« (KKAN II,154) beschimpfte. Im Lauf der Zeit näherte sich Kafka darüber hinaus dem Zionismus an, der seinen assimilierten Eltern fremd war. Zu seiner Lektüre gehörten aber auch christliche Autoren wie Pascal, Augustinus, und vor allem Kierkegaard. In den Notizen, die Kafka im Winter 1917/18 während seines Aufenthaltes im böhmischen Dorf

Zürau schrieb, sah er seine Einstellung zur Religion als die der vollständigen Entwurzelung:

> Ich bin nicht von der allerdings schon schwer sinkenden Hand des Christentums ins Leben geführt worden wie Kierkegaard und habe nicht den letzten Zipfel des davonfliegenden jüdischen Gebetmantels noch gefangen wie die Zionisten. Ich bin Ende oder Anfang. (KKAN II,98)

Einen ähnlichen Hinweis auf Kafkas religiöse Vorstellungen liefert ein im Februar 1913 an Felice Bauer geschriebener Brief, wo Kafka seinerseits die ›Gretchenfrage‹ stellt:

> Wie ist Deine Frömmigkeit? Du gehst in den Tempel; aber in der letzten Zeit bist Du wohl nicht hingegangen. Und was hält Dich, der Gedanke an das Judentum oder an Gott? Fühlst Du – was die Hauptsache ist – ununterbrochene Beziehungen zwischen Dir und einer beruhigend fernen, womöglich unendlichen Höhe oder Tiefe? (F 289)

Bemerkenswert an dieser Briefstelle ist nicht nur der Agnostizismus, mit dem sich Kafka den Gegenstand religiöser Gefühle vorstellt, sondern auch die Formulierung »beruhigend fern«. Deren Implikationen kommen in einem späteren Brief an Max Brod zum Ausdruck. Hier beanstandet er Brods Darstellung der griechischen Religion in dessen Abhandlung *Heidentum, Christentum, Judentum* und bezeichnet die griechische Götterwelt als ein Mittel, sich vor dem »Göttlichen« zu schützen:

> Sie [die Griechen] konnten das entscheidend Göttliche gar nicht weit genug von sich entfernt denken, die ganze Götterwelt war nur ein Mittel, das Entscheidende sich vom irdischen Leib zu halten, Luft zum menschlichen Atem zu haben. (BKB 282)

Erstens also wird das Göttliche als etwas Absolutes, Unpersönliches vorgestellt; zweitens muß man sich vor dessen Nähe fürchten und einen möglichst großen Abstand davon wahren. In den Zürauer Aphorismen wird das Göttliche als »das Unzerstörbare« bezeichnet und der Gottesglaube als ein Mittel erwähnt, mit dem man einen solchen Abstand schaffen kann:

> Der Mensch kann nicht leben ohne ein dauerndes Vertrauen zu etwas Unzerstörbarem in sich, wobei sowohl das Unzerstörbare als auch das Vertrauen ihm dauernd verborgen bleiben können. Eine der Ausdrucksmöglichkeiten dieses Verborgen-Bleibens ist der Glaube an einen persönlichen Gott. (KKAN II,124)

Die Radikalität, mit der Kafka religiöse Grundprobleme durchdacht hat, ist kaum zu übertreffen. Für ihn ist der Glaube an einen persönlichen Gott von vornherein falsch: er ist nur ein Schutzmittel gegen das Bewußtsein des »Unzerstörbaren« oder »Göttlichen«, das für Kafka letztlich innerhalb des Menschen angesiedelt ist. Daraus ergeben sich zwei Schlüsse, die sich auf den *Proceß* beziehen lassen. Erstens: der religiöse Glaube, sofern er konkrete Inhalte hat, ist eine Täuschung, die das wahre Wesen der Religion verstellt. So erklärt sich, warum die Symbole im *Proceß* immer als irreführend, wenn nicht gar falsch hingestellt werden: die Wächter tragen Reiseanzüge statt Uniformen, statt Gesetzesbücher gibt es Schmutzhefte, der auf einem Thron dargestellte Richter sitzt in Wirklichkeit auf einem Küchenstuhl. Zweitens aber kann diese Täuschung heilsam sein, indem sie das wahre Wesen der Religion »beruhigend fern« hält. Wie aber, wenn man dazu gedrängt wird, die Täuschung zu durchbrechen und über die Grundlagen der eigenen Existenz nachzusinnen? Die Folgen eines solchen Wahrheitsdranges hat Kafka 1918 in seinem Notizheft ausgemalt:

> Niemand kann sich mit der Erkenntnis allein begnügen, sondern muß sich bestreben, ihr gemäß zu handeln. Dazu aber ist ihm die Kraft nicht mitgegeben, er muß daher

sich zerstören, selbst auf die Gefahr hin, sogar dadurch die notwendige Kraft nicht zu erhalten, aber es bleibt ihm nichts anderes übrig, als dieser letzte Versuch. (Das ist auch der Sinn der Todesdrohung beim Verbot des Essens vom Baume der Erkenntnis; vielleicht ist das auch der ursprüngliche Sinn des natürlichen Todes.) Vor diesem Versuch nun fürchtet er sich; lieber will er die Erkenntnis des Guten und Bösen rückgängig machen; (die Bezeichnung »Sündenfall« geht auf diese Angst zurück) aber das Geschehene kann nicht rückgängig gemacht, sondern nur getrübt werden. Zu diesem Zweck entstehen die Motivationen. Die ganze Welt ist ihrer voll, ja die ganze sichtbare Welt ist vielleicht nichts anderes, als eine Motivation des einen Augenblick lang ruhenwollenden Menschen. Ein Versuch, die Tatsache der Erkenntnis zu fälschen, die Erkenntnis erst zum Ziel zu machen.   (KKAN II,132)

Der Drang nach Wahrheit muß zur Erkenntnis der eigenen Sündhaftigkeit oder Schuld führen; ja, nach Kafka besitzt man diese Erkenntnis schon und versucht, sie zu verdrängen. K., der gleich nach seiner Verhaftung »einen schönen Apfel« (KKAP 16) gegessen hat (wohl eine Anspielung auf den Sündenfall), unternimmt ständig Verdrängungsversuche, die in seiner Begegnung mit dem Auskunftgeber gipfeln. Als er sich mit einem Beamten konfrontiert sieht, der bereit sein soll, seine Fragen zu beantworten, erleidet K. einen Schwächeanfall und muß, der Erstickung nahe, aus den Räumlichkeiten des Gerichts hinausgeleitet werden. Diese Schwäche, die der Auskunftgeber mit der Anrede unterstreicht: »Also auf, Sie schwacher Mann« (KKAP 104), ist aber nicht auf eine besondere Verderbtheit K.s zurückzuführen, sondern vielmehr auf die allgemeine menschliche Unfähigkeit, die letzte Wahrheit über sich selbst zu ertragen.

Nach Kafka geschieht diese Verdrängung mit Hilfe von »Motivationen«, das heißt Ablenkungsmanövern und Selbsttäuschungsversuchen. Zwei vielfach mißverstandene

Episoden sind als Beispiele solcher »Motivationen« zu deuten: der »Advokat« und die »Eingabe«. Grözinger weist darauf hin, daß alle jüdischen Gerichtserörterungen nicht nur Gerechtigkeit und Strafe, sondern auch das göttliche Prinzip der *Hesed* kennen.[15] Da *Hesed* mit ›Gnade‹ oder ›Huld‹ zu übersetzen sei, läge es nahe, den Advokaten Huld als Verkörperung der göttlichen Gnade aufzufassen. Wenn diese Deutung stimmt, so muß man hinzufügen, daß Kafka die Möglichkeit der Gnade nur andeutet, um sie sofort wieder auszuschließen. In langatmigen und für K. durchaus langweiligen Reden setzt der Advokat nämlich auseinander, was für eine Rolle ihm das Gericht zuerkennt. Die Verteidigung sei eigentlich von dem Gesetz nicht gestattet; alle Advokaten, große wie kleine, seien im Grunde nur »Winkeladvokaten«; bei Verhören dürfe ein Advokat nicht einmal anwesend sein, seine Rolle erschöpfe sich vielmehr darin, den Angeklagten gleich nach dem Verhör auszufragen und aus dessen verwirrten und fragmentarischen Berichten eine Verteidigungsstrategie aufzubauen. Der Advokat hätte kaum deutlicher sagen können, daß er für K. überhaupt nichts erreichen kann; er verrät sogar das Grundprinzip des Gerichts: »Man will die Verteidigung möglichst ausschalten, alles soll auf den Angeklagten selbst gestellt sein« (KKAP 153). Aus der Romanhandlung geht aber klar hervor, daß sich die meisten Angeklagten vor einer Konfrontation mit dem Gericht so sehr scheuen, daß sie lieber zu dem trügerischen Schein der Gnade (›Huld‹) Zuflucht nehmen, zahlreiche Advokaten anstellen, ihre Geschäfte (wie im Falle von Kaufmann Block) zugrunde richten und sich selbst zu verschüchterten, demütigen Gestalten reduzieren lassen. Im Gegensatz dazu besitzt K. die Charakterstärke, dem Advokaten zu kündigen. Daraufhin aber weicht er der Konfrontation mit dem Gericht aus, indem er eine »Eingabe« plant, worin er sein ganzes Leben

---

15 Grözinger, S. 67.

beschreiben und »bei jedem irgendwie wichtigern Ereignis erklären [will], aus welchen Gründen er so gehandelt hatte« (KKAP 149). Walter Sokel zufolge käme eine solche Aufgabe einer »Autobiographie der inneren Existenz«, einer an Vorbilder wie Augustinus gemahnenden Leistung gleich. »Der Plan einer Eingabe ist die im Strukturzusammenhang des Romans ›richtigste‹ Idee, die Josef K. einfällt.«[16] Näher besehen aber scheint die Aufgabe, die sich K. hier aufbürdet, wenig sinnvoll. Eine vollständige Lebensbeschreibung wäre ja ein sehr umständliches Mittel, das Ereignis, das zu seiner Verhaftung geführt haben soll, zu entdecken und zu rechtfertigen. Es handelt sich noch einmal um ein Ablenkungsmanöver, das K. vor einer Konfrontation mit dem Gericht und – wichtiger noch – vor der eigenen Selbsterkenntnis schützen soll.

Von den Lösungen, die der Maler Titorelli beschreibt – die wirkliche Freisprechung, die scheinbare Freisprechung und die Verschleppung –, sind die beiden letzteren auch als »Motivationen« anzusehen. Titorelli erzählt K., daß die wirkliche Freisprechung nur durch die Unschuld des Angeklagten, nicht durch Beeinflussungen herbeizuführen sei. Er gibt zu, daß er von keiner tatsächlich erfolgten wirklichen Freisprechung wisse, und hält es für unwahrscheinlich, daß in allen ihm bekannten Fällen kein Fall von Unschuld vorhanden sei (KKAP 207). Trotzdem deutet er an, daß K., wenn er von der eigenen Unschuld wirklich überzeugt sei, sich ausschließlich darauf verlassen solle. Nur so hätte K. die Möglichkeit, sich der Macht des Gerichts zu entziehen, die sonst sein ganzes Leben überschatten und über kurz oder lang, wie das Schreckensbeispiel Block später zeigt, zugrunde richten wird.

Das letzte und eindringlichste Vorkommnis, das K. zur Selbständigkeit ermahnt, ist die Erzählung der »Türhüterlegende« durch den Gefängniskaplan. Da das Gericht schon

---

16 Sokel (1964) S. 141 f.

ein Verdammungsurteil über K. vorbereitet, ist diese Episode für ihn die Zerreißprobe: wenn die in elfter Stunde ausgesprochene Warnung ihre Wirkung verfehlt, kann K. der Hinrichtung nicht mehr entkommen. So erklärt sich der verzweifelte Ausruf des Geistlichen: »Siehst Du denn nicht zwei Schritte weit?« (KKAP 290) Der Erzähler fügt hinzu: »Es war im Zorn geschrien, aber gleichzeitig wie von einem, der jemanden fallen sieht und weil er selbst erschrocken ist, unvorsichtig, ohne Willen schreit« (ebd.). Was den Geistlichen erschreckt, ist offensichtlich die Verstocktheit K.s, der, statt in sich zu gehen, noch immer darauf beharrt, das Gericht zu beschimpfen und sich auf die vermeintliche Hilfe der Frauen zu verlassen. Vor diesem Hintergrund läßt sich die »Türhüterlegende« als eine Parabel der Autoritätsgläubigkeit, der Unselbständigkeit, ja der Unmündigkeit verstehen. Eingeschüchtert durch das Aussehen des Türhüters sowie durch dessen völlig unverbürgte Behauptung, daß innerhalb des Gesetzes noch fürchterlichere Wächter stehen, vertut der Mann vom Lande sein ganzes Leben mit nutzlosen Bitten und Bestechungsversuchen, die wohl K.s »Motivationen« entsprechen. Bemerkenswert ist erstens, daß die Macht des Türhüters eigentlich nur in seiner amtlichen Stellung und in seiner Erklärung »Ich bin mächtig« besteht; zweitens, daß der Türhüter dem Mann vom Lande niemals ausdrücklich verbietet, ins Gesetz einzutreten, sondern ihm eine Doppelbindung auferlegt, indem er sagt: »Wenn es Dich so lockt, versuche es doch trotz meines Verbotes hineinzugehen« (KKAP 293). Dem buchstäblichen Sinn dieses Befehls (»versuche es doch«) kann der Mann nur dann Folge leisten, wenn er dem Befehl im ganzen nicht gehorcht: Gehorsam setzt Ungehorsam voraus. Diesen logischen Teufelskreis zu durchbrechen, ist der Mann vom Lande so wenig fähig wie Josef K. Statt aus der Lage der Parabelfigur eine Lehre zu ziehen, projiziert K. das eigene Gefühl, ein hilfloses Opfer höherer Mächte zu sein, in ihn hinein: »›Der Türhüter hat also den Mann getäuscht‹, sagte K. sofort« (KKAP 295).

Wenn es dem Gericht darum geht, eine direkte Konfrontation mit dem Angeklagten herbeizuführen, wäre es vielleicht angebracht, den *Proceß* als Erziehung zur Mündigkeit im Sinne Kants, allerdings in einem religiösen Rahmen, aufzufassen. Bekanntlich hat Kant Aufklärung als »Ausgang des Menschen aus seiner selbst verschuldeten Unmündigkeit« und Unmündigkeit als »das Unvermögen, sich seines Verstandes ohne Leitung eines anderen zu bedienen« definiert.[17] So gesehen nimmt sich Kafkas Roman aus wie eine verzweifelte Absage an die Möglichkeit des Mündigwerdens. Wie die Parabelfigur befindet sich K. nämlich in einer Art Doppelbindung. Einerseits drängt es ihn, die Wahrheit über seine Lage zu erfahren, andererseits schreckt er unbewußt vor der Selbsterkenntnis zurück. Seine Verhaftung stellt K. vor die Aufgabe der Selbsterkenntnis und Selbstbefreiung, welcher er nicht gewachsen ist, weil sie nach Kafkas Ansicht die Kraft des Menschen übersteigt. Auch wenn er zur Selbsterkenntnis gelangte, müßte er nach Kafkas zitierter Meinung der Einsicht gemäß handeln und sich aus Abscheu vor der eigenen Verderbtheit umbringen. Zu dieser tragischen Situation hat der Kabbala-Forscher Gershom Scholem in einem Brief an Walter Benjamin den weitaus treffendsten Kommentar geliefert:

> Die Unvollziehbarkeit des Geoffenbarten ist der Punkt, an dem aufs Allergenaueste eine richtig verstandene Theologie und das was den Schlüssel zu Kafkas Welt gibt, ineinanderfallen. Nicht [...] ihre Abwesenheit in einer präanimistischen Welt, ihre Unvollziehbarkeit ist ihr Problem.[18]

---

17 Immanuel Kant, »Beantwortung der Frage: Was ist Aufklärung?«, in: I. K., *Werke*, hrsg. von W. Weischedel, Bd. 6, Darmstadt 1964, S. 53.
18 Zit. nach: Walter Benjamin / Gershom Scholem, *Briefwechsel 1933–1940*, hrsg. von G. Sch., Frankfurt a. M. 1980, S. 157f. Zum Verhältnis von Benjamin und Scholem zu Kafka siehe Robert Alter, *Necessary Angels. Tradition and Modernity in Kafka, Benjamin and Scholem*, Cambridge (MA.) 1991.

Mit unerbittlicher Rigorosität hat Kafka das Verhältnis des Einzelnen zu einer absoluten Instanz zu Ende gedacht. Die dem Menschen auferlegte Aufgabe der Selbsterkenntnis ist ebenso unausweichlich wie unvollziehbar: man kann sie nur verdrängen, wobei die Verdrängungsversuche auf die Dauer die Lebensenergie erschöpfen und zudem den freilich nur in Legenden und Parabeln angedeuteten Ausweg aus dieser Zwickmühle versperren. Auf der letzten Seite des Schlußkapitels wird ein möglicher Ausweg paradox formuliert: »Die Logik ist zwar unerschütterlich, aber einem Menschen, der leben will, widersteht sie nicht« (KKAP 312). Im Augenblick, in dem Kafka das Leben des isolierten Einzelnen als ausweglos verwirft, dämmert ihm die Möglichkeit der Rettung in der Form der Zugehörigkeit zu einer auf vitalen Energien basierenden Volksgemeinschaft Buber'scher Prägung.[19] Die Erforschung dieser Möglichkeit sollte aber Kafkas späteren Werken vorbehalten bleiben: im *Proceß* nimmt das Schicksal des Einzelnen ein tragisches Ende.

Es läßt sich nun kaum bestreiten, daß Kafka sich im *Proceß* mit gewissen Grundproblemen der Religion auseinandergesetzt hat: mit dem Verhältnis zwischen dem Menschen und einem nicht näher bestimmbaren Absoluten, mit Fragen der Verantwortung, der Selbsterkenntnis und des moralischen Handelns. Die Quellen, denen sein durchaus eklektisches Denken Anregungen verdankt, sind noch nicht genügend erforscht. Wer aber den Versuch unternimmt, Kafka für eine bestimmte religiöse Richtung zu vereinnahmen, verfehlt seine Originalität sowie die Unerbittlichkeit, mit denen er seine Prämisse bis zur letzten Konsequenz verfolgt.

Anfang der siebziger Jahre hofften viele Kafka-Forscher, den unergiebigen Streit gleichberechtigt scheinender, aber miteinander unvereinbarer Deutungen zu umgehen, indem sie die Hermeneutik und die Wirkungsästhetik zu Hilfe rie-

---

19 Siehe dazu Robertson (1988).

fen und die Deutung als solche thematisierten. Von diesem archimedischen Punkt aus schien ein neues Verständnis der Eigenart von Kafkas Texten möglich. Wie jeder Text, nur in ungewöhnlich hohem Grade, bieten sie diesem Ansatz zufolge keinen festen, vom Leser passiv nachzuvollziehenden Sinn, sondern bestehen aus Unbestimmtheiten und Leerstellen. Indem der Leser diese Leerstellen mit Sinn ausfüllt, vergewaltige er die hermeneutische Struktur des Textes und reduziere sie auf die ihm bekannten Erfahrungsmuster. Aufgabe der literaturwissenschaftlichen Interpretation sei es, die Unbestimmtheit des Textes zu erhalten und der Versuchung, ihm eine bestimmte Deutung zuzumuten, standhaft zu widerstehen.[20] Indem sie voreilige Deutungsversuche abwehrt und auf die Ambivalenz hinweist, die jeden Kafka-Text und nicht zuletzt den *Proceß* durchzieht, stellt der wirkungsästhetische Ansatz zweifellos einen wesentlichen Fortschritt in der Kafka-Forschung dar. Er hat eine Reihe von Arbeiten inspiriert, die, anstatt die fiktive Welt des Romans als ein Gegebenes hinzunehmen, ihr Augenmerk auf das Bewußtsein des Helden richten und dessen Erkenntnis- und Wahrnehmungsvermögen untersuchen. Trotzdem läuft diese Methode Gefahr, über der wirkungsästhetischen Struktur des Romans die dadurch erzielten Wirkungen aus dem Blickfeld zu verlieren. Auf diese Weise kann man gelegentlich vergessen, daß es Kafka weniger um die Erkenntnistheorie als um Schuld, Strafe, Gewalt und Tod zu tun war. Solchen Bedenken ist es wohl zuzuschreiben, daß sich um 1980 eine »geschichtliche Wende« in der Kafka-Forschung anbahnte. Es wurde versucht, Verbindungen herzustellen zwischen dem Roman als fiktionalem Gebilde und der Lebenswirklichkeit Kafkas, die vor allem durch die positivistischen Bemühungen Klaus Wagenbachs und Hartmut Binders eingehend erforscht worden ist. Dar-

---

20 Horst Steinmetz, *Suspensive Interpretation am Beispiel Franz Kafkas*, Göttingen 1977; vgl. auch Beicken (Anm. 7).

über hinaus wird nach den Beziehungen zwischen dem Roman und dem weiteren geschichtlichen Kontext gefragt. Als Vorbote dieser Interessenverlagerung darf die Arbeit von Gerhard Kurz, *Traum-Schrecken*, gelten.[21] Zu den wichtigsten neueren Arbeiten, die Kafkas Werk in der Geschichte zu verankern suchen, zählen Ulf Abrahams Untersuchung der juristischen Kenntnisse, welche Kafka in den *Proceß* eingearbeitet hat; Reiner Stachs Studie weiblicher Stereotype bei Kafka; und das material- und einfallsreiche Buch von Mark Anderson, *Kafka's Clothes*, das Kafkas Beziehungen zu den geistigen Strömungen des Fin de siècle nachgeht und den *Proceß* vor allem im Hinblick auf das Motiv der Kleidung und deren semiotischer Bedeutung untersucht.[22] Diesen sonst sehr verschiedenen Arbeiten ist gemeinsam, daß sie die wirkungsästhetischen Befunde der siebziger Jahre voraussetzen und sich dadurch der interpretatorischen Kurzschlüsse enthalten, die positivistisch ausgerichteten Untersuchungen manchmal unterlaufen sind.

Es besteht kein Zweifel, daß im Mittelpunkt des Romans das Problem der Interpretation neben dem der Schuld steht. Nicht nur der Leser, sondern auch Josef K. bemüht sich unausgesetzt, das Gericht und dessen Absichten zu deuten. Dieser Zwang zu ständigen Deutungsversuchen wird schon durch die Perspektive ausgeübt, aus der das Romangeschehen erzählt wird. Hier muß auf einen der wichtigsten Meilensteine der Kafka-Forschung zurückgegriffen werden: auf Friedrich Beißners Vortrag aus dem Jahr 1952, in welchem er die Meinungsvielfalt der Kafka-Exegeten zu umgehen suchte, indem er die Aufmerksamkeit seiner Zuhörer weg von Kafkas philosophischen Voraussetzungen und hin zu den spezifisch literarischen Eigentümlichkeiten seines Werks lenkte. Im Gegensatz zu zahlreichen modernen Erzählern, die auf eine unglaubliche und verwirrende Allwis-

---

21 Kurz (1980).
22 Abraham (1985); Stach (1987); Anderson (1992).

senheit Anspruch erheben, schränke Kafka die Freiheit des Erzählers auf ein Mindestmaß ein. Statt die Romanhandlung zu kommentieren und von den Gedanken der Romanfiguren zu berichten, falle der Erzähler bei Kafka praktisch mit der Hauptgestalt zusammen. »Kafka läßt dem Erzähler keinen Raum neben oder über den Gestalten, keinen Abstand von dem Vorgang. Es gibt darum bei ihm keine Reflexion über die Gestalten und über deren Handlungen und Gedanken. Es gibt nur den sich selbst (*paradox praeterital*) erzählenden Vorgang: daher beim Leser das Gefühl der Unausweichlichkeit, der magischen Fesselung an das alles ausfüllende, scheinbar absurde Geschehen, daher die oft bezeugte Wirkung des Beklemmenden.«[23] Wenn nun, wie Beißner behauptet, der Abstand zwischen Erzählinstanz und Erzählvorgang aufgehoben worden ist, wird der Leser gezwungen, Josef K.s Verwirrung mitzuempfinden und seine unablässigen Deutungsversuche mitzuerleben, ohne die Möglichkeit, mehr über das Gericht zu erfahren, als Josef K. selbst. Beißners Verdienst, das Studium der Eigengesetzlichkeit der Kafka'schen Texte veranlaßt zu haben, wird nicht geschmälert, wenn man hinzufügt, daß seine Auffassung von Kafkas Erzählperspektive heutzutage durchaus fragwürdig erscheint.

Zum einen wird die Perspektive viel lockerer geführt, als Beißner es wahrhaben will.[24] Das auffälligste Gegenbeispiel zu Beißners These befindet sich am Anfang des Kapitels »Ende«, wo ein Vorgang erzählt wird – die Ankunft zweier Herren in K.s Wohnung und das Höflichkeitsritual, das sie vor seiner Tür aufführen –, bei dem K. gar nicht anwesend ist, und das daher nur aus der Sicht des Erzählers vermittelt wird. Bei anderen Kapitelanfängen distanziert sich der Erzähler etwas weniger auffällig von K.s Perspektive, indem er den Leser über K.s Gewohnheiten oder seine gegenwär-

---

23 Friedrich Beißner, *Der Erzähler Franz Kafka*, Stuttgart 1952, S. 35 f.
24 Leopold (1963); Kudszus (1970); Marson (1975).

tige Lage knapp unterrichtet. So besteht ein ganzer Absatz
(am Anfang des Kapitels »Gespräch mit Frau Grubach.
Dann Fräulein Bürstner«) aus Mitteilungen über die Art
und Weise, wie K. seine Abende zu verbringen pflegt, während der Anfangssatz des nächsten Kapitels (»Erste Untersuchung«) gar im Plusquamperfektum erzählt wird (»K.
war telephonisch verständigt worden, daß am nächsten
Sonntag eine kleine Untersuchung in seiner Angelegenheit
stattfinden würde«, KKAP 49), und somit einen deutlichen
Abstand von dem gegenwärtigen Erleben K.s markiert.
Zum anderen gibt es doch mehrere Stellen, wo der Erzähler Bemerkungen einfügt, die nicht dem Bewußtsein der
Hauptgestalt entstammen können. Gegen Ende des ersten
Kapitels (»Verhaftung«), als K. seine Wohnung mit den drei
Bankbeamten verläßt, deutet einer von ihnen auf den bärtigen Mann, der K.s Verhaftung von dem gegenüberliegenden
Fenster aus beobachtet hat. K.s Reaktion wird folgendermaßen beschrieben: »›Schauen Sie nicht hin‹, stieß er hervor
ohne zu bemerken, wie auffallend eine solche Redeweise gegenüber selbständigen Männern war« (KKAP 28). Bald darauf, während K.s Unterredung mit Frau Grubach, verläßt
der Erzähler augenblicklich den Standort K.s, um den Leser
über Frau Grubachs Gedanken aufzuklären: »Sie stand auf
weil er aufgestanden war, sie war ein wenig befangen, weil
ihr nicht alles was K. gesagt hatte verständlich gewesen war.
Infolge dieser Befangenheit sagte sie aber etwas, was sie gar
nicht wollte und was auch gar nicht am Platze war [...]«
(KKAP 35). Das ist ein Beispiel für die herkömmliche Allwissenheit des Erzählers, die in diesem Zusammenhang gewiß befremdlich wirkt. In einem späteren Kapitel, als K. in
einen Streit mit einem anderen Angeklagten gerät, verläßt
der Erzähler noch einmal die Perspektive K.s, um von seinen unterbewußten Motiven zu berichten: »›Sie glauben
mir also nicht?‹ fragte K. und faßte ihn, unbewußt durch
das demütige Wesen des Mannes aufgefordert, beim Arm,
als wolle er ihn zum Glauben zwingen« (KKAP 95). Der

letzte Nebensatz ist doppeldeutig: er könnte besagen, daß K. bewußt so tut, als wolle er den Mann zum Glauben zwingen; nach einer anderen und diesem Kontext angemesseneren Lesart aber reflektiert der Nebensatz nicht das Bewußtsein K.s, sondern den Standpunkt eines distanzierten Erzählers, der sich eine Vermutung über K.s versteckte Beweggründe zu äußern erlaubt.

An mehreren Stellen also schafft Kafka, entgegen der Beißner'schen These von der einsinnigen Erzählhaltung, einen deutlichen Abstand zwischen der Perspektive der Hauptgestalt und der des Erzählers bzw. des Lesers. Ein solcher Abstand kommt auf weniger auffällige Weise zum Vorschein, wenn K. seine unbegreiflichen Erlebnisse zu deuten versucht, denn seine Deutungen sind kaum vernünftige Folgerungen aus dem Geschehen, sondern legen eine durchaus eigentümliche Sichtweise an den Tag, die dem Leser genauso befremdlich vorkommen dürfte wie die Ereignisse selbst. Ein paar Stellen aus dem ersten Kapitel mögen als Beispiele für K.s Sichtweise dienen.

Nachdem der Aufseher und die beiden Wächter so unauffällig verschwunden sind, als hätten sie sich in die drei Bankbeamten Rabensteiner, Kaminer und Kullich verwandelt, verläßt K. mit den letzteren seine Wohnung:

> Im Vorzimmer öffnete dann Frau Grubach, die gar nicht sehr schuldbewußt aussah, der ganzen Gesellschaft die Wohnungstür und K. sah, wie so oft, auf ihr Schürzenband nieder, das so unnötig tief in ihren mächtigen Leib einschnitt. Unten entschloß sich K., die Uhr in der Hand, ein Automobil zu nehmen, um die schon halbstündige Verspätung nicht unnötig zu vergrößern. Kaminer lief zur Ecke, um den Wagen zu holen, die zwei andern versuchten offensichtlich K. zu zerstreuen, als plötzlich Kullich auf das gegenüberliegende Haustor zeigte, in dem eben der Mann mit dem blonden Spitzbart erschien und im ersten Augenblick ein wenig verlegen darüber, daß er

sich jetzt in seiner ganzen Größe zeigte, zur Wand zurücktrat und sich anlehnte. Die Alten waren wohl noch auf der Treppe. (KKAP 28)

Die von K. stammenden Reaktionen, Mutmaßungen und Deutungen in dieser Textstelle scheinen keineswegs einleuchtend. Warum soll Frau Grubach denn schuldbewußt aussehen? Hatte sie sich etwa eines Fehltritts schuldig gemacht, als sie die Wächter und den Aufseher in die Wohnung einließ? Im anschließenden Gespräch wirft ihr K. keinen solchen Fehltritt vor. Die Andeutung ist nur dadurch zu erklären, daß K. unwillkürlich sein eigenes Schuldgefühl auf Frau Grubach überträgt; und dieser irrationale Vorgang deutet wiederum darauf hin, daß bei K. unbestimmte Schuldgefühle sich schon zu regen beginnen, obwohl er den ganzen Roman hindurch seine Unschuld steif und fest behauptet. Dann erfahren wir, daß K. die Gewohnheit hat, Frau Grubachs Schürzenband zu betrachten und sich Gedanken über dessen »unnötige« Enge zu machen. Ein solcher Gedanke müßte durchaus deplaziert erscheinen, wenn er nicht auf K.s fetischistisch anmutendes Interesse für Frauenkleider hindeutete. Dieses Interesse wird auch durch wiederholte Erwähnungen von Fräulein Bürstners Bluse signalisiert (KKAP 20, 36, 44). Als dann Kaminer ein Taxi sucht, versuchen die beiden anderen, K. zu zerstreuen; seltsamerweise teilt uns Kafka nicht mit, was die beiden machen, nur die Absicht, die K. dahinter vermutet (das Wort »offensichtlich« entstammt K.s Bewußtsein). Als der bärtige Mann erscheint, erfahren wir, daß er »ein wenig verlegen« war; es ist nicht genau zu erkennen, ob diese Information auf den allwissenden Erzähler oder auf K.s Deutungstrieb zurückgeht. Wenn letzteres zutrifft, so erkennen wir noch einmal K.s Gewohnheit, die eigenen Gefühle in andere Menschen hineinzuprojizieren; denn es ist anzunehmen, daß die Gegenwart neugieriger Nachbarn K. verlegen macht. Daß die Alten, die zusammen mit dem Bärtigen K.s

Verhaftung früher beobachtet haben, auch die Treppe hinunterkommen, ist, wie das Wort »wohl« andeutet, eine grundlose Mutmaßung, die nur von K.s einsetzendem Verfolgungswahn zeugt.

Dieses kleine Textbeispiel legt den Schluß nahe, daß K. kein Jedermann oder »Mann ohne Eigenschaften« ist. Im Gegenteil: er besitzt eine Reihe von Eigenschaften, die seine Haltung der Außenwelt und dem Gericht gegenüber entscheidend bestimmen und seine Urteilsfähigkeit trüben. Seine Neigung, anderen Menschen die Schuld an seiner eigenen Lage anzulasten, kommt in der langen, selbstgerechten Rede, die er im Kapitel »Erste Untersuchung« vor dem Untersuchungsrichter und dessen Kollegen hält, voll zum Ausdruck. Als er kurz vor seiner Hinrichtung dem Geistlichen vorwirft, gleich allen anderen ein »Vorurteil« (KKAP 289) gegen ihn zu hegen, erweist er sich, wenn auch kleinmütiger geworden, als unbelehrbar. Den sexuellen Trieb, der seine Aufmerksamkeit auf Frau Grubachs Schürzenband lenkt und ihn zu Fräulein Bürstner, der Frau des Gerichtsdieners und Leni zieht, versucht er später zu rechtfertigen, indem er ohne jede Begründung den Frauen »eine große Macht« zuschreibt (KKAP 290). Sein Verfolgungswahn zeigt sich am Anfang des Kapitels »Gespräch mit Frau Grubach. Dann Fräulein Bürstner« dadurch, daß er im Laufe des Tages die drei Beamten »öfters« in sein Büro beruft, »zu keinem anderen Zweck als um sie zu beobachten« (KKAP 31), und daß er beim Nachhausekommen den Sohn des Hausmeisters mit großem Mißtrauen behandelt (ebd.).

Die Eigenschaften, die K.s Einstellung dem Gericht gegenüber bestimmen, sind gerade die, die er als Bankbeamter entwickelt hat. Das Rangbewußtsein, die mit Grausamkeit untermischte Strebsamkeit und die instrumentelle Vernunft, die den Aufstieg zu seiner Stellung als »erster Prokurist einer großen Bank« (KKAP 61) ermöglicht haben, kommen in den Abwehrreaktionen zum Vorschein, die seine Verhaftung in ihm auslöst. Die Äußerungen der Wächter tut er als

»das Geschwätz dieser niedrigsten Organe« ab (KKAP 15), deren »geistige Beschränktheit [...] auffallend« sei (KKAP 17). Er freut sich auf eine Unterredung »mit einem mir ebenbürtigen Menschen« (KKAP 15). Als aber der Aufseher K. zur Vorsicht mahnt, überhört K. diesen vielleicht wertvollen Rat – »denken Sie weniger an uns und an das, was mit Ihnen geschehen wird, denken Sie lieber mehr an sich« (KKAP 22) – weil er in seinem Hierarchiegefühl beleidigt ist: »K. starrte den Aufseher an. Schulmäßige Lehren bekam er hier von einem vielleicht jüngeren Menschen?« (KKAP 23) Später, als K. seine Zuversicht zurückgewinnt, heißt es, wiederum aus seiner Perspektive, daß er sich »immer unabhängiger von allen diesen Leuten [fühlte]. Er spielte mit ihnen« (KKAP 26). K.s Spiel besteht darin, daß er immer näher an den Aufseher herangeht und dessen Pflicht als »dumm« bezeichnet. Wie unangemessen diese drohende und beleidigende Handlungsweise ist, wird erst klar, als der Aufseher K. auf die Anwesenheit der drei Bürokollegen aufmerksam macht, die dieser bisher gar nicht bemerkt hat. In diesem Kapitel zeigt sich K. so selbstgefällig und wichtigtuerisch, daß die Heiterkeit, mit der Kafkas Freunde auf den Text reagierten, nicht wundernehmen darf. Brod berichtet nämlich, als er von Kafkas Humor erzählt: »So zum Beispiel lachten wir Freunde ganz unbändig, als er uns das erste Kapitel des *Proceß* zu Gehör brachte. Und er selbst lachte so sehr, daß er weilchenweise nicht weiterlesen konnte.«[25] Diese Anekdote ist ein wertvolles Zeugnis für die Wirkung eines Kafka-Textes auf Zuhörer, deren Aufnahmefähigkeit noch nicht durch die Klischees der Kafka-Kritik belastet war. Daß Kafka den Humor dieses Kapitels so unmißverständlich betonte, liefert einen weiteren Beweis dafür, daß es statt der von Beißner behaupteten Einsinnigkeit einen deutlichen Abstand zwischen der Perspektive Josef K.s und derjenigen des Lesers gibt.

25 Max Brod, *Franz Kafka. Eine Biographie*, New York 1954, S. 217.

Die Situation, die im ersten Kapitel humoristisch behandelt wird, kehrt im »Dom«-Kapitel in düsterer Tönung wieder. Hier erhält K. noch einmal eine vergebliche Warnung, und zwar von dem Geistlichen, der ihm mitteilt: »Man hält wenigstens vorläufig Deine Schuld für erwiesen« (KKAP 289). Wenn aber, wie der Geistliche weiter berichtet, das Gerichtsverfahren nur allmählich ins Urteil übergeht, so bliebe wohl noch eine Frist zu Überlegung und Umkehr. K. hätte demnach noch Zeit, dem Rat des Aufsehers zu folgen und »an sich« zu denken. Statt solche Möglichkeiten zu erwägen, äußert K. die Absicht, sich nach weiterer Hilfe umzusehen. Außerdem fährt er fort, die Richter und das Gericht überhaupt zu beschimpfen. »Du weißt vielleicht nicht«, erklärt er dem Geistlichen herablassend, »was für einem Gericht Du dienst« (KKAP 290), und entlockt durch seine Verblendung dem Geistlichen einen Schrei der Verzweiflung. Daß K. sich hartnäckig einer Einsicht versperrt, dürfte unverkennbar sein; die Einsicht herauszuarbeiten, bleibt dem Leser überlassen.

Der Leser wird also aufgefordert, K.s (Fehl-)Deutungen des Gerichts noch einmal zu deuten, ohne daß ihm eine Erzählinstanz (insofern hat Beißner recht) irgendeine maßgebliche Lösung bietet. Aber nicht nur die Handlungsweise Josef K.s, sondern die ganze fiktive Welt des Romans fordert unablässige Deutungsversuche heraus. Einer berühmten These Roman Jakobsons zufolge stützt sich der Realismus im Roman auf Metonymie, das heißt auf die Ersetzung des eigentlichen Wortes durch ein anderes, das zu ihm in realer (z. B. räumlicher) Beziehung steht, während der Roman der Moderne sich eher der Metapher, der Übertragung eines Wortes aus dem eigentlichen Bedeutungszusammenhang auf einen fremden, nur durch einen Vergleich verbundenen Vorstellungsbereich, bedient.[26] Es genügt, einige Romantitel

---

26 Roman Jakobson, »The Metaphoric and Metonymic Poles«, in: R. J. und M. Halle, *Fundamentals of Language*, Den Haag 1956, S. 76–82.

zu zitieren, um diesen Unterschied zu veranschaulichen: so sind *Effi Briest, Der Stechlin, Der grüne Heinrich, Buddenbrooks* metonym, während sich Titel wie *Der Zauberberg, Der Steppenwolf* und *Die Schlafwandler* keineswegs auf reale, in den betreffenden Romanen vorkommende Gegenstände, sondern auf eine das Ganze dominierende Metapher hinweisen. Dementsprechend bietet der realistische Roman eine Fülle von Einzelheiten, die in erster Linie als Bestandteile der fiktiven Welt zu verstehen sind, während der Roman der klassischen Moderne, auch wenn er eine festgefügte ›Welt‹ darbietet, dennoch die metaphorischen Beziehungen der dargestellten Gegenstände herausstreicht.

Die fiktive Welt des *Proceß*-Romans schwebt auf eine beunruhigende Weise zwischen Metonymie und Metapher. Weil die Umwelt K.s auf die notdürftigsten funktionellen Einzelheiten beschränkt bleibt (Häuser, Türen, Treppen, Fenster usw.), erhalten diese Einzelheiten kraft ihres wiederholten Vorkommens allmählich metaphorische Untertöne. Ein Beispiel dafür ist das Fenster, das im *Proceß* eine so große Rolle spielt. Als K. sich darauf gefaßt macht, die Vorwürfe des über seinen Prozeß unmäßig aufgeregten Onkels zu hören, sieht er plötzlich ermüdet zu seinem Bürofenster hinaus, obwohl sich nichts als eine Häusermauer seinem Blick bietet. Angesichts dieser Zerstreutheit ereifert sich der Onkel noch mehr und wirft seinem Neffen vor: »Du schaust aus dem Fenster« (KKAP 119). Das »zerstreute Hinausschauen«, wie es in einer frühen Skizze heißt,[27] erleichtert vorübergehend den Druck der auf dem Büroarbeiter lastenden Aufgaben und Verantwortungen. Auf ähnliche Weise erinnert sich der verwandelte Gregor Samsa an »das Befreiende, das früher für ihn darin gelegen war, aus dem Fenster zu schauen«.[28] Mit diesem Erlebnis war der Büroarbeiter Kafka so vertraut, daß er schon 1907 mit der Aussicht

---

27 Kafka, *Erzählungen*, hrsg. von M. Brod, Frankfurt a. M. 1946, S. 37f.
28 Ebd., S. 104.

spielte, als Angestellter der in aller Welt vertretenen Assicurazioni Generali »selbst auf den Sesseln sehr entfernter Länder einmal zu sitzen, aus den Bureaufenstern Zuckerrohrfelder oder mohammedanische Friedhöfe zu sehn« (Br 49). Das Fenster stellt die Grenze zwischen zwei Welten dar – zwischen der Routine der Arbeitswelt und der draußen liegenden Welt der Freiheit – auch wenn, wie im *Proceß*-Zitat, letztere zu einem »Stück leerer Häusermauer zwischen zwei Geschäftsauslagen« (KKAP 119) zusammengeschrumpft ist.

Einerseits also dient das Hinausschauen aus dem Fenster dazu, den gelangweilten oder überlasteten Arbeiter an mögliche, wenn auch dürftige Alternativen zu erinnern; andererseits aber stellt das Fenster eine Bedrohung dar, denn es ermöglicht auch das Hereinschauen und gibt das Privatleben des Einzelnen den Blicken neugieriger oder gar böswilliger Fremder preis. So wird K.s Verhaftung von den Nachbarn auf der gegenüberliegenden Straßenseite mit großem Interesse beobachtet. In auffälligem Gegensatz dazu besitzen die Räumlichkeiten des Gerichts entweder keine Fenster, oder solche, aus denen nichts zu sehen ist. Aus Titorellis Fenster, das übrigens nicht geöffnet werden kann, ist nichts zu sehen als »das mit Schnee bedeckte Dach des Nachbarhauses« (KKAP 194). Auch im Haus des Advokaten wird dem Kaufmann Block ein kleines, fensterloses Zimmer eingeräumt, das nur durch eine Dachluke notdürftig beleuchtet wird. Dieses dunkle Loch stellt metaphorisch die Aussichtslosigkeit von Blocks Lage dar.

Nicht nur Fenster und Fensterlosigkeit, auch der Raum erhält im *Proceß* einen metaphorischen oder symbolischen Nebensinn. Es lassen sich drei Arten von Raum unterscheiden. Zum einen gibt es den freien, unbegrenzten Raum der Außenwelt, die der Büroarbeiter meist nur in flüchtigen Blicken wahrnimmt. Ironischerweise erlebt K. diesen Raum erst in der Stunde seines Todes, als ihn seine zwei Begleiter aus der Stadt hinaus und in einen kleinen, in unmittelbarer

Nähe der Felder gelegenen Steinbruch führen. Zum zweiten gibt es den aus Schlafzimmern, Wohnzimmern und Büros bestehenden Innenraum, in dem sich das alltägliche Leben abspielt. Zum dritten gibt es die engen, dunklen Räumlichkeiten, die Dachböden und Gänge, wo sich das Gericht aufhält. Von dort aus kann man von der Außenwelt fast nichts sehen, nur manchmal, zum Beispiel von Titorellis Dachbodenzimmer aus, eine von Schnee oder Nebel bedeckte Stadtlandschaft. Diese drei Arten von Raum werden in einem einzigen Satz von K. aufgezählt:

> In welcher Stellung befand sich doch K. gegenüber dem Richter, der auf dem Dachboden saß, während er selbst in der Bank ein großes Zimmer mit einem Vorzimmer hatte und durch eine riesige Fensterscheibe auf den belebten Stadtplatz hinuntersehen konnte. (KKAP 88)

Die Bedeutungsträchtigkeit von K.s Umwelt erstreckt sich auch auf die Licht- und Dunkelheitsmetaphorik. Der Advokat wohnt in »einem dunklen Haus« (KKAP 129); oberhalb seiner Tür gibt es eine »Gasflamme«, die stark zischend brannte, aber wenig Licht gab« (ebd.). Dagegen ist Titorellis Tür »durch ein kleines, schief über ihr eingesetztes Oberlichtfenster [...] verhältnismäßig hell beleuchtet« (KKAP 190). Dieser bildhafte Gegensatz entspricht dem Gegensatz zwischen den beiden Beratern. Der Advokat kann K. nicht helfen, da das Gericht bestrebt ist, Advokaten soweit wie möglich auszuschalten. Titorelli dagegen klärt K. klipp und klar über die drei möglichen Ausgänge seines Prozesses auf. Später, als K. noch einmal den Kontakt mit einem Mittelsmann des Gerichts aufnimmt, wird die Lichtmetaphorik wieder eingesetzt. Im finsteren Dom, der nur durch drei am Hochaltar brennende Kerzen beleuchtet wird, versucht K., mit Hilfe seiner Taschenlampe ein Altarbild zu betrachten. Da die Lampe ein zu schmales Licht wirft, muß er das Gemälde Zoll für Zoll untersuchen, ohne das Ganze auf einmal betrachten zu können. Als er erfährt, daß es »eine Grablegung Christi in gewöhnlicher Auffassung« darstellt und zudem »ein neueres Bild« (KKAP 281) ist, verliert der Kunstkenner K. alles Interesse daran. (Wir wissen schon, daß K. »eine Zeitlang, übrigens auch nur aus geschäftlichen Gründen, Mitglied des Vereins zur Erhaltung der städtischen Kunstdenkmäler war«, KKAP 272.) Das über dem Gemälde angebrachte Licht, als »das ewige Licht« bezeichnet (KKAP 281), behindert seine Versuche. Die Lichtsymbolik veranschaulicht die Gegensätzlichkeit zweier Bereiche: das durch das »ewige Licht« angedeutete Absolute und die durch den schmalen Lichtstrahl der Taschenlampe symbolisierte Vernunft. Für den religiösen Sinn des Bildes ist K. genauso unempfänglich wie für die »Legenden«, die Titorelli ihm erzählen wollte.

Um dem Leser einen Einblick in die Beschaffenheit des Gerichtes zu gewähren, greift Kafka auch zum Stilmittel der allegorischen Personifikation. In Titorellis Atelier betrachtet K. ein Gemälde, das einen Richter darstellt, der eben im Begriff ist, sich mit drohender Gebärde von seinem Thron zu erheben. Dieser Hinweis darauf, daß der Hauptzweck des Gerichtes die Bestrafung ist, wird durch die allegorische Gestalt, die allmählich auf der Rückenlehne des Throns sichtbar wird, bestätigt. Obwohl diese Gestalt die Gerechtigkeit darstellen soll, deuten die Flügel an ihren Fersen darauf hin, daß sie auch die Siegesgöttin ist, und als K. sie eingehender betrachtet, sieht sie immer mehr wie die Göttin der Jagd aus. Die Bedeutung ist klar: Die im Gericht verkörperte Gerechtigkeit wird K. verfolgen und zur Strecke bringen, nicht aus Boshaftigkeit, sondern weil die Gerechtigkeit als solche kein Erbarmen kennt. Diese unmenschliche, fast maschinell anmutende Gerechtigkeit hat sich schon in der erbarmungslosen Bestrafung der beiden bestechlichen Wächter geäußert, von der der Prügler sagt: »die Strafe ist ebenso gerecht als unvermeidlich« (KKAP 110). Sie gemahnt auch an einen im November 1917 geschriebenen Aphorismus: »Noch spielen die Jagdhunde im Hof, aber das Wild entgeht ihnen nicht, so sehr es jetzt schon durch die Wälder jagt« (KKAN II,55). Aus dem Bild zieht K. freilich keine expliziten Schlüsse. Es heißt nur: »Die Arbeit des Malers zog K. mehr an als er wollte; schließlich aber machte er sich doch Vorwürfe, daß er solange schon hier war und im Grunde noch nichts für seine eigene Sache unternommen hatte« (KKAP 197). Hier gerät K.s halbbewußtes Interesse an dem Bild und an der Aufklärung über das Gericht, die es verheißt, in Streit mit dem bewußten Wunsch, seinen Prozeß durch tätiges Eingreifen zu fördern. Der allegorische Sinn des Bildes scheint ihm zu entgehen, muß sich aber um so stärker dem Leser einprägen.

Diese Stelle ist eine von vielen, bei welchen der Abstand zwischen K. und dem Leser bemerkbar wird. Dem Leser kommt demnach eine doppelte Aufgabe zu. Nicht nur das Gericht, sondern auch Josef K.s Reaktion auf das Gericht, provoziert ein unaufhörliches interpretatorisches Bemühen. Schon K.s Alltag besteht aus einer Reihe von Versuchen, Zeichen zu interpretieren. Dabei fällt es auf, wie oft sich die vordergründige Bedeutung eines Zeichens als irreführend erweist. Das Lächeln seines Untergebenen Kaminer zeugt zum Beispiel nicht von Heiterkeit, sondern von einer chronischen Muskelzerrung (KKAP 27). Als der Direktor-Stellvertreter K. zu einer Partie auf seinem Segelboot einlädt, versteht K. diese Aufforderung nicht als Freundschaftsbezeigung, sondern als »Versöhnungsversuch« (KKAP 51). In beiden Fällen sieht sich K. von trügerischen Zeichen umgeben. Kein Wunder, daß er sich im Umgang mit dem Gericht vergeblich bemüht, Zeichen zu deuten. Manchmal ist er ratlos, zum Beispiel als der Wächter Franz ihn »mit einem langen wahrscheinlich bedeutungsvollen, aber unverständlichen Blicke« ansieht (KKAP 13). An anderen Stellen erwägt er mehr als eine Deutungsmöglichkeit, so bei der ersten Untersuchung:

In Verlegenheit oder Ungeduld rückte der Untersuchungsrichter auf seinem Sessel hin und her. Der Mann hinter ihm, mit dem er sich schon früher unterhalten hatte, beugte sich wieder zu ihm, sei es um ihm im allgemeinen Mut zuzusprechen oder um ihm einen besonderen Rat zu geben. (KKAP 67)

An solchen Stellen scheint das Geschehen kaum mehr als ein Anlaß für K.s Deutungsversuche zu sein. Wie willkürlich diese Versuche sind, zeigen ein paar weitere Textproben. K. bringt seine Verachtung für das Gericht dadurch zum Ausdruck, daß er ein »Heftchen« an einem Blatt hochhebt und auf den Tisch des Untersuchungsrichters fallen läßt, worauf wir lesen: »Es konnte nur ein Zeichen tiefer Demütigung sein oder es mußte zumindest so aufgefaßt werden, daß der Untersuchungsrichter nach dem Heftchen, wie es auf den Tisch gefallen war, griff, es ein wenig in Ordnung zu bringen suchte und es wieder vornahm, um darin zu lesen« (KKAP 63 f.). Hier wird im ersten Hauptsatz eine vorgeblich zwingende Deutung angeboten, die gleich im nächsten Hauptsatz zurückgenommen und als subjektiv hingestellt wird. Im anschließenden Nebensatz werden weniger die Handlungen des Untersuchungsrichters dargestellt, als vielmehr die Absichten, die K. dahinter vermutet. Die Reihenfolge ist typisch für Kafkas Darstellung von K.s Gedankenprozessen: zunächst steht eine scheinbar eindeutige Feststellung, die zugleich eine unwahrscheinliche Mutmaßung ist; sie wird abgeschwächt und dann durch eine zwar unverbürgte, aber durchaus wahrscheinliche Interpretation von den Handlungen des Untersuchungsrichters ersetzt.

Strukturalistische Romananalysen gehen von der wichtigen und noch nicht ausgeschöpften Erkenntnis aus, daß der Roman die Wirklichkeit keineswegs widerspiegelt; vielmehr bedient er sich einer Reihe von Codes, die den Codes ähneln, mit denen wir uns in der nichtliterarischen Wirklichkeit orientieren. Es handelt sich vor allem um semiotische Systeme, die wir uns meist unreflektiert aneignen, und die uns zum Beispiel erlauben, andere Menschen einzustufen, indem wir ihr Aussehen, ihre Sprechweise und sogar ihre Kleider deuten. Diese Art von Spurensicherung geht im Alltag vor sich, ohne daß wir uns des Systems, das sie ermöglicht, bewußt zu werden brauchen. Der Roman des Realismus erzielt seine realistische Wirkung zum Teil dadurch, daß er eine Selektion der im Alltagsleben geläufigen Codes auf den Plan ruft. So gelingt es einem Charakter in Fontanes Roman *Der Stechlin*, die gesellschaftliche Stellung zweier neuer Bekanntschaften sofort zu erkennen: »Nur konnte Rex nicht umhin, die Siebenmühlener etwas eindringlich zu mustern, trotzdem Herr von Gundermann in Frack und weißer Binde, Frau von Gundermann aber in geblümtem Atlas mit Marabufächer erschienen war, – er augenscheinlich Parvenu, sie Berliner aus einem nordöstlichen Vorstadtgebiet.«[29] Hier setzt Fontane voraus, daß seine Leser über ein ähnliches semiotisches System verfügen, so daß sie die äußerlichen Merkmale, anhand deren Rex die beiden als Emporkömmlinge durchschaut, sofort hinzudenken können. Auf Grund einer gemeinsamen Lebenserfahrung wird der Leser Fontanes somit stillschweigend aufgefordert, an der Herstellung der fiktiven Welt mitzuarbeiten.

Oft verfügt der Romancier über eine bewußt ausgearbeitete Darstellung semiotischer Bedeutungen. So bekam die realistische Erzählkunst des 19. Jahrhunderts wesentliche Anregungen aus der seinerzeit so berühmten wie befehdeten Pseudo-Wissenschaft der Physiognomik, die der Schweizer Pfarrer Johann Caspar Lavater in seinen reich illustrierten *Physiognomischen Fragmenten* systematisierte. Die Physiognomik erhob den Anspruch, den Charakter des Menschen verdeutlichen zu können, und zwar durch ein genaues Studium nicht nur der Gesichtszüge,

---

29 Theodor Fontane, *Der Stechlin*; *Sämtliche Romane, Erzählungen, Gedichte, Nachgelassenes*, hrsg. von W. Keitel und H. Nürnberger, Bd. 5, München 1966, S. 25.

sondern auch der Gangart, der Gesten, der Kleidung und der Schrift. Obwohl die wissenschaftlichen Ansprüche der Physiognomik schon von Lichtenberg und anderen Zeitgenossen verhöhnt wurden, übte sie eine tiefgreifende und nachhaltige Wirkung auf die europäische Romankunst aus. Sie machte es in einem bisher kaum geahnten Ausmaße möglich, die äußere Erscheinung einer Romanfigur so zu schildern, daß deren seelische Verfassung indirekt, aber um so wirkungsvoller ans Licht trat. Insofern kann Lavaters Methode, die er selbst als »Semiotik« bezeichnet, trotz ihrer Eigenwilligkeit als eine Vorgängerin der heutigen Semiotik angesehen werden.[30] Der Zusammenhang zwischen Semiotik und Romankunst wird dadurch bestätigt, daß eine heutige Autorin feinfühliger und detailreicher Gesellschaftsromane, Alison Lurie, ein lehrreiches Buch über die Sprache der Kleider verfaßt hat.[31] Gegenwärtig fangen auch die Sozialhistoriker an, sich für die verschütteten semiotischen Systeme der Vergangenheit zu interessieren: so hat man jüngst die Gestik verschiedener Kulturen unter die Lupe genommen, um eine »Kulturgeschichte der Gesten« zusammenzustellen.[32]

Die Romanschriftsteller, die sich der Semiotik bedienen, sind aber dem Realismus verpflichtet, während *Der Proceß* keineswegs zum Realismus gehört. Welche Relevanz hat also die Semiotik für die Erzählkunst Kafkas? Nun hat zwar Kafka eingesehen, daß keine eindeutige Widerspiegelung der Welt möglich ist; das gleiche gilt aber nicht für seinen Helden, der, wie wir schon gesehen haben, nicht nur das Leben eines erfolgreichen Philisters führt, sondern auch

---

30 Johann Caspar Lavater, *Physiognomische Fragmente, zur Beförderung der Menschenkenntniß und Menschenliebe*, Bd. 1, Leipzig/Winterthur 1775–78, S. 52. Zur Wirkung der Physiognomik auf die Literatur vgl. Graham Tytler, *Physiognomy in the European Novel*, Princeton 1982.
31 Alison Lurie, *The Language of Clothes*, London 1982.
32 *A Cultural History of Gesture*, hrsg. von J. Bremmer und H. Roodenburg, Cambridge 1991.

dem entsprechenden Weltbild huldigt. Zunächst will Josef K. nicht wahrhaben, daß seine Verhaftung durch ein anderes als das gewöhnliche Gericht erfolgt ist. Im Vertrauen darauf, daß er in einem »Rechtsstaat« wohnt (KKAP 11), versucht er sich als unbescholtener Bürger auszuweisen, indem er zuerst seine Radfahrlegitimation und darauf seinen Geburtsschein hervorholt. Auch nachdem er eingesehen hat, daß das auf dem Dachboden tagende Gericht keine gewöhnliche Rechtsinstanz verkörpert, sperrt er sich der Einsicht, daß dieser fremden Wirklichkeit gegenüber ein anderes Verhalten als das berufliche angebracht wäre. Noch in einem ziemlich späten Stadium des Prozesses, vor dem Besuch bei Titorelli, werden K.s Gedanken so referiert:

> Zu übertriebener Sorge war allerdings vorläufig kein Grund. Er hatte es verstanden, sich in der Bank in verhältnismäßig kurzer Zeit zu seiner hohen Stellung emporzuarbeiten und sich von allen anerkannt in dieser Stellung zu erhalten, er mußte jetzt nur diese Fähigkeiten, die ihm das ermöglicht hatten, ein wenig dem Proceß zuwenden und es war kein Zweifel, daß es gut ausgehn mußte. Vor allem war es, wenn etwas erreicht werden sollte, notwendig jeden Gedanken an eine mögliche Schuld von vornherein abzulehnen. Es gab keine Schuld. Der Proceß war nichts anderes, als ein großes Geschäft, wie er es schon oft mit Vorteil für die Bank abgeschlossen hatte [...]. (KKAP 167f.)

So wie K. sich bemüht, das Gericht in seine konventionellen Denkkategorien hineinzuzwängen, versucht er auch hartnäckig, seine neuen Erfahrungen anhand von hergebrachten Mustern zu deuten. Als er die auf dem Gang wartenden Angeklagten betrachtet, versucht er ihre Erscheinung physiognomisch zu deuten. Er macht aber die Erfahrung, daß die Merkmale, auf die er sein Augenmerk richtet, seinem herkömmlichen Deutungsmuster widersprechen: »Alle waren vernachlässigt angezogen, trotzdem die meisten nach dem Gesichtsausdruck, der Haltung, der Barttracht und vielen kaum sicherzustellenden kleinen Einzelheiten den höheren Klassen angehörten« (KKAP 93). Durch seinen Hinweis auf die »kaum sicherzustellenden kleinen Einzelheiten« veranschaulicht Kafka, wie schwierig es ist, sich einer unreflektiert angewandten Semiotik bewußt zu werden.

Nicht nur hier, sondern auch an vielen anderen Stellen gibt sich K. Mühe, die äußere Erscheinung der Gerichtsdiener und -beamten, vor allem deren Kleider, zu deuten. Kafkas Beschreibungen von Kleidern weisen manchmal auf eine Bedeutsamkeit, die sowohl K. als auch dem Leser verborgen bleibt. So trägt der Wächter, der auf der ersten Seite des Romans in K.s Schlafzimmer eintritt, »ein anliegendes schwarzes Kleid, das ähnlich den Reiseanzügen mit verschiedenen Falten, Taschen, Schnallen, Knöpfen und einem Gürtel versehen war und infolgedessen, ohne daß man sich darüber klar wurde, wozu es dienen sollte, besonders praktisch erschien« (KKAP 7). Weil die Wächter keine normalen Uniformen tragen, weigert sich K., sie ernst zu nehmen: »›Sind Sie Beamte? Keiner hat eine Uniform, wenn man nicht Ihr Kleid‹ – hier wandte er sich an Franz – ›eine Uniform nennen will, aber es ist doch eher ein Reiseanzug.‹« (KKAP 21f.). Als K. bei der ersten Untersuchung bemerkt, daß die meisten Zuschauer »schwarz angezogen, in alten lange und lose hinunterhängenden Feiertagsröcken« sind, muß er die sonst naheliegende Hypothese, das Ganze sei »eine politische Bezirksversammlung«, fallen lassen (KKAP 58). Der Auskunftgeber wird besonders elegant gekleidet, damit er einen guten Eindruck auf »Parteien« mache (KKAP 101, 103). Schließlich steckt der Prügler »in einer Art dunklern Lederkleidung, die den Hals bis tief zur Brust und die ganzen Arme nackt ließ« (KKAP 109). Man hat diese und andere Stellen benutzt, um Kafka in die Nähe von Robbe-Grillet zu rücken: dieser These zufolge habe Kafka dem Leser den Verlust eines absoluten Sinns vor Augen führen wollen.³³ Bei solchen Einzelheiten aber wäre ohnehin kein absoluter Sinn zu suchen, sondern die gesellschaftlich geprägte, intersubjektive Bedeutung, die der Semiotik der Alltagswelt innewohnt. Gerade dieser Sinn ist für Josef K. nur mehr unterschwellig vorhanden: die Bedeutung seiner neuen Wirklichkeit läßt sich nicht an äußeren Merkmalen ablesen.³⁴

Die Semiotik des Gerichts ist nicht völlig rätselhaft. Im Kapitel »Im leeren Sitzungssaal [...]« trägt der Gerichtsdiener einen »Civilrock [...], der als einziges amtliches Abzeichen neben einigen gewöhnlichen Knöpfen auch zwei vergoldete Knöpfe aufwies, die von einem alten Offiziersmantel abgetrennt zu sein schienen« (KKAP 89). Dieses Abzeichen, das die für K. getrennte Kategorien »Civilrock« und »Uniform« durcheinanderbringt und somit K.s Deutungsmuster durchkreuzt, wird später als Teil eines Kleidungssystems erkennbar. Nach K.s Besuch bei Titorelli heißt es parenthetisch: »K. erkannte jetzt schon alle Gerichtsdiener an dem Goldknopf, den diese an ihrem Civilanzug unter den gewöhnlichen Knöpfen hatten« (KKAP 223). Daß die Gerichtsdiener eine eigene Uniform haben, ist durchaus nicht abwegig, sondern entspricht der Praxis der österreichischen Bürokratie zu Kafkas Lebzeiten. Niedere Justizbeamte mußten Uniformen tragen, die (so im Falle der Gefangenenwärter) von Sträflingen hergestellt wurden und daher Widerwillen erregten. Außerdem waren solche Beamte oft ehemalige Offiziere, so daß selbst der vergoldete Knopf der Wirklichkeit entstammen dürfte.³⁵ Anscheinend ist K. endlich imstande, das Zeichensystem des Gerichts zu deuten. Da er aber nach monatelanger Erfahrung nur so weit ist,

---

33 Steinmetz (Anm. 20) S. 67–71; s. a. David H. Miles, »»Pleats, pockets, buckles and buttons«: Kafka's new literalism and the poetics of the fragment«, in: *Probleme der Moderne*, hrsg. von B. Bennett, A. Kaes und W. J. Lillyman, Tübingen 1983, S. 331–342.
34 Siehe dazu vor allem Anderson, Kap. 6.
35 Siehe Weeks (1983).

daß er die amtliche Bedeutung eines Goldknopfs erkennt, erscheint es sehr zweifelhaft, daß er den tieferen Sinn seines Prozesses jemals wird verstehen können.

Auch die herkömmliche Physiognomik wird im Bereich des Gerichts angewandt. Der Kaufmann Block erzählt Josef K., daß die verzweifelten Angeklagten ihre Zuflucht zum Aberglauben nehmen, zum Beispiel zu der Vorstellung, daß der Ausgang eines Prozesses an dem Gesicht, besonders an den Lippen des Angeklagten abzulesen sei. Die Angeklagten seien der Meinung, daß K. nach dem Aussehen seiner Lippen »gewiß und bald verurteilt werden« (KKAP 237) solle. Dazu bemerkt Grözinger, daß in vielen ostjüdischen Legenden chassidische Heilige über eine Kunst der Physiognomik verfügen, mit deren Hilfe sie sündige Menschen am Gesicht erkennen können.[36] Es darf aber nicht vergessen werden, daß auch die Kriminalistik des frühen zwanzigsten Jahrhunderts behauptete, verbrecherisch veranlagte Menschen an physiognomischen Zeichen erkennen zu können. Als Jurastudent besuchte Kafka die Vorlesungen des seinerzeit berühmten Kriminalisten Hans Groß, der in seinem vielbeachteten Handbuch *Criminalpsychologie* behauptet hatte, die Schuld eines Angeklagten sei an physiognomischen Merkmalen wie dem Glänzen der Augen oder dem plötzlichen Schließen des Mundes sowie an nachlässiger oder nicht standesgemäßer Kleidung erkennbar.[37]

Zu den semiotischen Ausdrucksmitteln gehören auch die Fürwörter, die in jeder Sprache Macht- und Solidaritätsverhältnisse ausdrücken.[38] Um ein besonders markantes Beispiel dafür aus der deutschen Literatur zu nennen: im ersten Akt von Lenzens *Hofmeister* unterhält sich die Majorin von Berg freundlich mit dem gebildeten Hofmeister Lauffer,

---

36 Grözinger, S. 72.
37 Dazu ausführlich Anderson, S. 146–155.
38 R. Brown / A. Gilman, »The Pronouns of Power and Solidarity«, in: *Style in Language*, hrsg. von T. A. Sebeok, Cambridge (MA.) 1960, S. 253–266.

den sie mit »Sie« anredet; sobald aber der Graf Wermut auftritt, wird das Fürwort der Solidarität durch den Ausdruck der Macht ersetzt, indem die Majorin Lauffer anherrscht und ihn als »Er« anredet (»Geh Er auf sein Zimmer«).[39] Auch im *Proceß* sind die Fürwörter ein wichtiges Ausdrucksmittel. Meistens reden die Gerichtsbeamten K. mit »Sie« an und schaffen damit einen deutlichen Abstand zwischen sich und ihm, der dem Abstand zwischen ihm und seinen ebenfalls mit »Sie« angeredeten Geschäftskollegen entspricht. An zwei Stellen aber wird K. von Gerichtsbeamten geduzt. In der »Prügler«-Episode rufen die beiden Wächter: »Herr! Wir sollen geprügelt werden, weil Du Dich beim Untersuchungsrichter über uns beklagt hast« (KKAP 109). Sehr seltsam ist die anscheinende Diskrepanz zwischen dem Intimpronomen »Du«, das offenbar Solidaritätsgefühle erwecken soll, und der veraltet anmutenden Anredeformel »Herr«, die die Macht des Angeredeten anerkennt und eher zu Gott als zu einem menschlichen Gegenüber passen würde. Bald darauf redet der Wächter Willem K. mit dem gleichfalls veralteten Fürwort »Ihr« an. Der Prügler redet sowohl die Wächter als auch K. mit »Du« an; in seinem Mund aber wirkt dieses Pronomen nicht solidarisch, sondern vielmehr drohend und somit als ein Ausdruck überlegener Macht. Die zweite Stelle, wo K. von einem Gerichtsbeamten geduzt wird, ist sein Gespräch mit dem Geistlichen. Die vertraute Anrede wird von K. als Ausdruck persönlicher Freundschaft aufgefaßt, obwohl der Geistliche ihn vor dieser Täuschung warnt und zu diesem Zweck die Geschichte vom Türhüter erzählt. Wenn der Geistliche dem Türhüter entspricht, so besagt das, daß sein Verhältnis zu K. kein freundschaftliches, sondern ein offizielles ist. Wie schon öfter aber fällt K. einer eigensinnigen Mißdeutung zum Opfer.

---

39 Jakob Michael Reinhold Lenz, *Werke und Schriften*, hrsg. von B. Titel und H. Haug, Bd. 2, Stuttgart 1967, S. 14f.

Daß K. die eigene Lage nicht begreift, kommt auch in seinen zahlreichen Fehlleistungen zum Ausdruck. Seine Handlungen geraten immer wieder in Widerspruch zu seinen Absichten. Als er zum Aufseher will, tritt er »langsamer [...] als er wollte« ins Nebenzimmer (KKAP 8). Nach seiner Unterredung mit Fräulein Bürstner ist er »fest entschlossen wegzugehn«: »Aber vor der Tür, als hätte er nicht erwartet, hier eine Tür zu finden, stockte er [...]« (KKAP 47f.), und so kommt es dazu, daß er sie umarmt und fast vampirähnlich am Hals küßt. Mit dem Untersuchungsrichter redet er »schärfer, als er beabsichtigt hatte« (KKAP 62) und hebt »unwillkürlich« die Stimme (KKAP 64). Im Gespräch mit dem schüchternen Angeklagten wird K. »unbewußt durch das demütige Wesen des Mannes dazu aufgefordert«, ihn beim Arm zu fassen, so daß der Mann aufschreit (KKAP 95). In der Rumpelkammer wird K. von den Schreien des Wächters Franz so entsetzt, daß er die Selbstbeherrschung verliert und ihn zu Boden schlägt: »er konnte sich nicht zurückhalten« (KKAP 113). Manchmal ertappt sich K. bei Fehlleistungen: so erkennt er im nachhinein, daß er dem Wächter ein »Beaufsichtigungsrecht« zugestanden hat (KKAP 8), und spielt mit Selbstmordgedanken, obwohl er sie gleich darauf als unsinnig abtut (KKAP 17). Wie die von Freud in *Zur Psychopathologie des Alltagslebens* untersuchten Fehlleistungen, lassen auch die unbedachten Handlungen K.s auf unbewußte Beweggründe schließen. Diese Art Psychopathologie, die weite Gebiete alltäglicher Erfahrung deutbar machte, könnte auch als eine Semiotik des Alltagslebens bezeichnet werden. Für den aufmerksamen Leser enthüllen K.s Fehlleistungen eine versteckte Neigung zu Gewalttätigkeit sowie unbewußte Schuldgefühle. Andere Fehlhandlungen weisen auf sexuelle Phantasien und Reinlichkeitsneurosen hin. So greift er das von Frau Grubach benutzte Wort »rein« auf: »›Die Reinheit!‹ rief K. noch durch die Spalte der Tür, ›wenn Sie die Pension rein erhalten wollen, müssen Sie zuerst mir kündigen‹« (KKAP 37).

Nach seiner zweiten Begegnung mit dem Prügler und den Wächtern in der Rumpelkammer befiehlt er einem Diener, die Kammer auszuräumen, denn: »Wir versinken ja in Schmutz« (KKAP 117). Was seine sexuellen Begierden anbelangt, so kommen diese unverhüllt in seinem Gespräch mit der Frau des Gerichtsdieners und in seinen den »Studenten« betreffenden Rachephantasien zum Ausdruck.

Der einem kleinbürgerlichen Dasein verhaftete Josef K. wird also mit der fremden Wirklichkeit des Gerichts konfrontiert, und das Anderssein des Gerichts wird dadurch veranschaulicht, daß in ihm eine andere Semiotik herrscht, als in der Alltagswelt Josef K.s. Die »Handlung« des *Proceß*-Romans besteht im wesentlichen aus den wiederholten, aber vergeblichen Versuchen K.s, diese andere Wirklichkeit zu verstehen und zu meistern. Da er aber in seinen herkömmlichen Denkkategorien verankert bleibt, gelingt es ihm nicht, zu der anderen Denkweise durchzubrechen, die allein eine Erkenntnis seiner Schuld ermöglichen würde. Zwar dämmert kurz vor seiner Hinrichtung ein wenig Selbsterkenntnis in ihm auf: »Ich wollte immer mit zwanzig Händen in die Welt hineinfahren und überdies zu einem nicht zu billigenden Zweck« (KKAP 308). Durch sein Bestreben, »den ruhig einteilenden Verstand« zu behalten, wird sie wieder vereitelt, denn gerade sein Verstand versperrt K. sowohl die Selbsterkenntnis als auch den in Legenden und Parabeln angekündigten Ausweg aus seiner schuldhaften Verstrickung.[40]

---

40 Für wertvolle sprachliche bzw. sachliche Hinweise bin ich Frau Ulrike Götting und Professor Gerhard Kurz zu großem Dank verpflichtet.

Literaturhinweise

Der Prozess. Roman. [Nachw. von Max Brod.] Berlin: Die Schmiede, 1925.

Abraham, Ulf: Mose »Vor dem Gesetz«. Eine unbekannte Vorlage zu Kafkas »Türhüterlegende«. In: Deutsche Vierteljahrsschrift für Literaturwissenschaft und Geistesgeschichte 57 (1983) S. 636 bis 650.
– Der verhörte Held. Recht und Schuld im Werk Franz Kafkas. München 1985.
Allemann, Beda: Franz Kafka. »Der Prozeß«. In: Der deutsche Roman. Vom Barock bis zur Gegenwart. Hrsg. von B. von Wiese, Düsseldorf 1963. Bd. 2. S. 234–290.
Anderson, Mark: Kafka's Clothes. Ornament and Aestheticism in the Habsburg Fin de Siècle. Oxford 1992. S. 145–172.
Anz, Thomas: »Jemand mußte Otto G. verleumdet haben …«. Kafka, Werfel, Otto Groß und eine »psychiatrische Geschichte«. In: Akzente 31 (1984) S. 184–191.
Binder, Hartmut: Kafka. Kommentar zu den Romanen, Rezensionen, Aphorismen und zum Brief an den Vater. München 1976.
Born, Jürgen: Kafka's Parable »Before the Law«. Reflections towards a Positive Interpretation. In: Mosaic 3 (1969/70) Nr. 4. S. 153–162.
Canetti, Elias: Der andere Prozeß. Kafkas Briefe an Felice. München 1969.
Dönt, Eugen: Ödipus und Josef K. Zur aristotelischen Tragödientheorie. In: Arcadia 14 (1979) S. 148–159.
Dowden, Stephen C.: Sympathy for the Abyss. A Study in the Novel of German Modernism. Tübingen 1986. S. 94–134.
Elm, Theo: »Der Prozeß«. In: KHB II, S. 420–441.
Emrich, Wilhelm: Franz Kafka. Bonn 1958. S. 259–297.
Frey, Gesine: Der Raum und die Figuren in Kafkas Roman »Der Prozeß«. Marburg 1965.
Grözinger, Karl Erich: Kafka und die Kabbala. Das Jüdische im Werk und Denken von Franz Kafka. Frankfurt a. M. 1992.
Grundlehner, Philip: Manual gesture in Kafka's »Prozeß«. In: German Quarterly 55 (1982) S. 186–199.
Henel, Heinrich: Kafka meistert den Roman. In: Franz Kafka. Themen und Probleme. Hrsg. von C. David. Göttingen 1980. S. 101 bis 120.

Henel, Ingeborg: Die Türhüterlegende und ihre Bedeutung für Kafkas »Prozeß«. In: Deutsche Vierteljahrsschrift für Literaturwissenschaft und Geistesgeschichte 37 (1963) S. 50–70.

Hiebel, Hans Helmut: Die Zeichen des Gesetzes. Recht und Macht bei Kafka. München 1983.

Jordan, Robert Welsh: Das Gesetz, die Anklage und K.s Prozeß. Franz Kafka und Franz Brentano. In: Jahrbuch der Deutschen Schiller-Gesellschaft 24 (1980) S. 332–356.

Kelly, John: »The Trial« and the Theology of Crisis. In: The Kafka Problem. Hrsg. von A. Flores. New York 1946. S. 159–179.

Klingmann, Ulrich: Die Faßbarkeit des Unfaßbaren. Zur Frage der religiösen Dimension in Kafkas »Der Prozeß«. In: Acta Germanica 19 (1988) S. 79–95.

Kudszus, Winfried: Erzählhaltung und Zeitverschiebung in Kafkas »Der Prozeß« und »Das Schloß«. In: Deutsche Vierteljahrsschrift für Literaturwissenschaft und Geistesgeschichte 38 (1964) S. 192 bis 207.

– Erzählperspektive und Erzählhaltung in Kafkas »Prozeß«. In: Deutsche Vierteljahrsschrift für Literaturwissenschaft und Geistesgeschichte 44 (1970) S. 306–317.

Kurz, Gerhard: Traum-Schrecken. Kafkas literarische Existenzanalyse. Stuttgart 1980. S. 152–165, 178–193.

Lachmann, Eduard: Das Türhütergleichnis in Kafkas »Prozeß«. In: Innsbrucker Beiträge zur Kulturwissenschaft. Jg. 1959. S. 265 bis 270.

Leopold, Keith: Breaks in Perspective in Franz Kafka's »Der Prozeß«. In: German Quarterly 36 (1963) S. 31–38.

Marson, Eric: Kafka's Trial. The Case against Josef K. St. Lucia (Australien) 1975.

Pasley, Malcolm: Two Literary Sources of Kafka's »Der Prozeß«. In: Forum for Modern Language Studies 3 (1967) S. 142–147.

– Franz Kafka. Der Proceß. Die Handschrift redet. Mit einem Beitr. von Ulrich Ott. Marbach a. N. 1990. (Marbacher Magazin. 52.)

Politzer, Heinz: Franz Kafka. Parable and Paradox. Ithaca (NY) 1962, S. 241–315.

Robertson, Ritchie: Kafka. Judentum, Gesellschaft, Literatur. Übers. von J. Billen. Stuttgart 1988. S. 120–176.

– Reading the Clues. Kafka: »Der Proceß«. In: The German Novel in the Twentieth Century. Hrsg. von D. Midgley. Edinburgh 1993. S. 59–79.

Siefken, Hinrich: Ungeduld und Lässigkeit. Zu den Romanen »Der Prozeß« und »Das Schloß«. München 1977.
Sokel, Walter H.: Franz Kafka. Tragik und Ironie. München/Wien 1964. S. 140–266.
– The Programme of Kafka's Court: Oedipal and Existential Meanings of »The Trial«. In: On Kafka. Semi-Centenary Perspectives. Hrsg. von F. Kuna. London 1976. S. 1–21.
– Zwischen Gnosis und Jehovah. Zur Religions-Problematik Franz Kafkas. In: Franz Kafka Symposium 1983. Hrsg. von W. Emrich und B. Goldmann. Mainz 1985. S. 37–79.
Stach, Reiner: Kafkas erotischer Mythos. Eine ästhetische Konstruktion des Weiblichen. Frankfurt a. M. 1987.
Steffan, Jürgen: Darstellung und Wahrnehmung der Wirklichkeit in Franz Kafkas Romanen. Nürnberg 1979.
Stern, J. P.: The Law of »The Trial«. In: On Kafka. Semi-Centenary Perspectives. Hrsg. von F. Kuna. London 1976. S. 22–41.
Weeks, Andrew: Kafka und die Zeugnisse vom versunkenen Kakanien. In: Sprache im technischen Zeitalter 88 (1983) S. 320–337.

Vor dem Gesetz[1]

Von Aage A. Hansen-Löve

I. K.s Türhüter-Parabel gehört gewiß zu den meistinterpretierten unseres Jahrhunderts, vielleicht ist sie die Parabel, das Gleichnis dieses Jahrhunderts – vergleichbar in ihrer Allverwendbarkeit nur mit H. C. Andersens Märchen »Des Kaisers neue Kleider« – dem Gleichnis des 19. Jahrhunderts. Während es damals um eine im wörtlichen Sinne vorgeführte Apokalypse (oder war es ein *strip tease*) der Repräsentation und ihrer Machthaber (also der Zeichen-Träger) ging, fängt sich in K.s Parabol-Spiegel das imaginäre Sinn-Bild des tautologischen Macht-Prozesses selbst – sei es als unendlich sich fortspiegelndes Haus im Haus (der Justizpalast im Dom, die Legende im Roman, der Text im Text), sei es als nacktes Gleichnis seiner selbst, als Meta- und Megagleichnis für jegliche Sinnproduktion, wie sie K.s »Gleichnis von den Gleichnissen« parodiert.

Wie jede Parabel provoziert jene K.s beim Leser den Eindruck: das kenne ich doch, diese Geschichte habe ich schon einmal gehört. Vielleicht auch so: Dieser Text ist so gebaut, daß der Eindruck entstehen muß, ihm schon einmal begegnet zu sein. Wir erkennen den Text unwillkürlich wieder, die dazugehörige Melodie aber fehlt noch. Die muß wohl jeder selbst beisteuern.

Gleichzeitig kennen wir den Text nicht und wenn wir ihn nicht ganz genau betrachten – also ernst nehmen –, entgehen wir auch nicht wirklich seiner Bedrohung. K.s Parabel ist eine Falle, genauer: eine Interpretationsfalle – bestehend aus Wörtern und Sätzen, Argumenten und Kalkülen. Indem wir sie interpretieren, befinden wir uns schon im Räderwerk ihres unerbittlichen Mechanismus, im paraboli-

1 Der Beitrag erschien erstmals in *Akzente* 39 (1992) H. 4, S. 375–383; er wurde für den vorliegenden Wiederabdruck vom Autor durchgesehen.

schen Brennpunkt einer paradoxalen Logik, die unseren Lebensnerv trifft.
Das, was die Parabel paralysiert, ist der Interpretationsbetrieb des menschlichen Bewußtseins selbst. Die Gestik, die Gewohnheitsbewegung des deutenden Verstandes selbst ist es, die *ad absurdum* geführt wird. Eine Interpretationsvermeidung ist es also, die gefragt wäre, oder genauer: die Auflösung der Interpretation im Verlaufe ihrer Anwendung. Restlos verbraucht sich der Text während seiner Auflösung; was bleibt, ist die Wucht seiner Verweigerung: statt Erlösung – Auflösung, statt kathartischer Wiedergeburt – Endlosigkeit, statt (froher) Botschaft – eine Flut von Prozessen. Statt Hermeneutik – Hermetik.
Wenn der Text eine Falle ist, in die der Hörer automatisch gerät, sobald er ihn auch nur betritt, dann können wir gleich einleitend zugeben: wir alle sitzen immer schon selbst in der Falle, jetzt, hier. Wie aber sind wir hineingeraten, wo befinden wir uns?
Damit die Beschreibung des Prozeß-Gebäudes nicht schon eine Erklärung vorwegnimmt – und damit unnötig wird –, beschränken wir uns auf einige Einzelheiten, die beim ersten Hinsehen unbeachtet geblieben sind, weil alles auf die Lösung starrte ...
»Vor dem Gesetz steht ein Türhüter« (E 131) – er steht also vor einem Gebäude mit einem Eingang (warum nicht Ausgang?), der zu einem weiteren Eingang führt und so *ad infinitum* (also ewig weiter – oder zur Ewigkeit?): »Von Saal zu Saal stehen aber Türhüter, einer mächtiger als der andere [...]« (ebd.). Das einzige, was vom Gebäude bekannt ist, sind die Eingänge und die Tatsache, daß diese zum »Gesetz« führen, das von Türhütern bewacht wird. Diese behüten aber nicht nur jeweils ihre Türe, sie selbst sind – gemessen an den jeweils dem »Gesetz« näher Stehenden – in der Rolle des »Mannes vom Lande«, denn – so bekennt der erste Türhüter – »Schon den Anblick des dritten kann nicht einmal ich mehr ertragen« (ebd.).

Das Prozeß-Gebäude besteht aus einer in sich verschlungenen Schleife von Paradoxien, deren Gesamtfigur ihrerseits eine Paradoxie nachbildet. Einige der Schleifen lassen sich numerieren, einige Wegstrecken des Labyrinths erhalten Straßennamen:

1. Hinter jeder Türe tut sich eine weitere Türe auf, das heißt, jeder Raum, in den ich gelange, den ich als Ziel anstrebe, indem ich eine Schwelle überschreite, ist gar nicht das Ziel (also »das Gesetz«), sondern bloß wieder Vorraum eines anderen, der wieder nur Vorraum ist. Ein unendlich fortsetzbares ›Antichambrieren‹ gewissermaßen. Der Suchende würde also selbst dann, wenn er die Schwelle des ersten Tores überwunden hätte, immer wieder vor neuen Schwellen stehen, deren Überwindung progressiv schwieriger, ja unmöglicher würde. Die Räume verhalten sich zueinander wie Argumente bzw. Aussagen, die einander bedingend einschließen, voraussetzen ... Zugleich aber bilden sie eine Hierarchie von Mächtigkeit, die jedoch (auch das ist im höchsten Maße paradox) über keine erkennbare Spitze, kein ›Telos‹ verfügt, es sei denn, man würde damit die Unendlichkeit der Fortsetzung (des Implizierens, des Schwellenüberschreitens) selbst meinen.

2. Paradox: Der Suchende, also der Provinzler, der in der Stadt fremde »Mann vom Lande« (vielleicht ist es der Erdenmensch überhaupt, Adam selbst) steht vor dem Gesetz wie die »Kuh vor dem neuen Tor«: Er tritt nicht einfach ein, er handelt nicht, sondern er verlegt sich aufs Fragen. Nur dann würde er eintreten, wenn es den Türhüter (also die Hemmschwelle) nicht gäbe. Dennoch aber heißt es ganz eindeutig, daß »das Tor zum Gesetz offensteht wie immer und der Türhüter beiseite tritt« (ebd.). Der Suchende könnte also eintreten, wenn er es nur versuchte. Er versucht es aber nicht, weil er zuerst wissen möchte, was dabei herauskommt, weil er eine Erlaubnis haben möchte. Tritt er ohne sie ein, bedroht ihn – möglicherweise – die brachiale Gewalt des Türhüters, sieht er sich also mit der ›Macht‹

konfrontiert. Das Wissen vom Zustand jenseits der Schwelle müßte er erkaufen um die Gefahr, dabei zugrunde zu gehen. Der Suchende (aus dem alsbald ein ewig Wartender wird) ist gefangen in der Aporie, in der Auswegslosigkeit einer paradoxalen Wahl: Tritt er ein, muß er sterben, hat aber das Wissen (also Anteil am Gesetz); tritt er nicht ein, bleibt er am Leben (jedenfalls bei seinem bisherigen), kommt aber nicht zur Erkenntnis.

3. Paradox: Das Problem ist aber gar nicht so sehr die unentscheidbare Wahl zwischen Tod und Leben, Wissen und Nichtwissen, das Problem besteht eher darin, daß ja gar nicht feststeht, ob das Überschreiten der Schwelle überhaupt den Tod bedeuten würde: »›Es ist möglich‹, sagt der Türhüter, ›jetzt aber nicht‹« (ebd.). Das Tor steht ja immer offen, so viel wissen wir und prinzipiell ist es immer möglich. Warum gerade jetzt nicht? Es scheint also um die Frage zu gehen: Was ist jetzt? Oder eher: Was ist ein Jetzt? Und für wen? Nimmt man die Formulierung wörtlich, was bei K. nicht die schlechteste Wahl ist, könnte man die Frage so stellen: Wenn etwas grundsätzlich immer möglich ist, jetzt aber nicht, dann bildet dieses Jetzt gewissermaßen eine Ausnahme von der Regel, eine Art Defekt, ein ›wegen Reparatur geschlossen‹ oder so ähnlich ... Wie kann ich aber feststellen, ob etwas grundsätzlich und ›immer möglich‹ ist, wenn ich mich nicht irgendwann einmal für ein ganz konkretes Jetzt (des Eintritts, der Handlung) entscheide? Der »Eintritt« ins Immer, ins Offenstehen kann ja nur momentan, also in einem konkreten Augenblick meiner eigenen Zeit erfolgen: Wenn aber nicht jetzt, wann dann? Etwas, das ich nicht ›jetzt‹ tun kann, kann ich eigentlich ›nie‹ machen, denn wenn ich es auch prinzipiell realisieren könnte – was ist auch dabei, eine Schwelle zu überschreiten? – so doch nur in einem Jetzt und nicht einem Immer. Immer kann man nie etwas machen. Der Satz: ›Immer ja, jetzt aber nein‹ stellt demnach eine in sich widersprüchliche, ambivalente Formel dar, verwandt mit dem,

was die Psychologen *double bind* nennen. Unter der scheinbar logischen und positiven Oberfläche verbirgt sich ein teuflischer Widerspruch, das im wörtlichen Sinne Diabolische: Eine Mitteilung, die sich selbst – und damit ihren Empfänger – annihiliert, in Luft auflöst. Die Aufforderung nämlich, gleichzeitig etwas zu tun und nicht zu tun, etwas Positives und damit Negatives und etwas Negatives und damit Positives zu bewirken etc. etc.

4. Paradox: Eine Schwelle, die nur überschreitbar erscheint, wenn man die Erlaubnis einholt, ist keine Schwelle mehr, sie kann auch nicht mehr überschritten werden. Ein Türhüter, der (jederzeit, immer also, wie wir schon wissen) sagt, daß der Eintritt frei sei, wäre kein Türhüter; dann wäre aber der Mann vom Lande auch kein Suchender und könnte nicht als solcher etwas transzendieren wollen. Es sei denn sich selbst.

5. Paradox: Wie erwähnt, ist der Türhüter selbst – gegenüber den ihm übergeordneten Türhütern – in der Rolle des Suchenden, um Einlaß Begehrenden: Er selbst aber, indem er Türhüter seiner Tür ist, bleibt an seinen Suchenden ebenso gefesselt, wie dieser an ihn. Würde er es also wagen, als Türhüter und zugleich Suchender, die ihm übergeordnete Schwelle zu überschreiten, wäre er nicht mehr Türhüter. Und überhaupt: offensichtlich befindet sich der Türhüter ja nicht einmal hinter seiner eigenen Schwelle, die er bewacht, sondern davor, er ist also selbst nicht über (s)eine Türschwelle hinweggekommen. Der Türhüter ist kein Türhüter, sondern ein Suchender, der Suchende aber ist eigentlich ein Türhüter. Sein eigener.

6. Paradox: Wenn ich nicht jetzt eintreten kann, kann ich nie eintreten. Trete ich aber gerade jetzt ein – und es gelingt mir nicht – dann kann ich nicht mehr feststellen, ob es zu einem anderen Zeitpunkt, bei einem anderen Jetzt eher gegangen wäre. Ich werde also nie feststellen, wann das richtige Jetzt war. Habe ich schon gehandelt, dann weiß ich nicht mehr, ob die Entscheidung die richtige war;

wüßte ich aber ganz genau, was die richtige Entscheidung wäre, dann wäre es auch keine Handlung mehr, denn dann würde die Tür einfach offenstehen und das Eintreten wäre kein Überschreiten, sondern einfach ein Hineinspazieren. Es würde mir gar nicht auffallen, den weiten Weg vom Land (aus der Erde?) hierher zu machen – in die Stadt (ins himmlische Jerusalem?).

7. Paradox: Will ich es also ganz genau wissen, bevor ich handle (und Handeln ist immer Überschreiten einer Schwelle), dann handle ich überhaupt nicht. Handle ich aber einfach drauflos (und etwas anderes würde es dann ja nicht sein), dann wüßte ich gar nicht, was ich eigentlich tue. Ich wäre bewußtlos, ich würde das Bewußtsein verlieren. In dem Augenblick (jetzt? Morgen?), da ich den einen Fuß hebe (also die Erde verlasse) und mit dem anderen in der Luft hänge, herrscht das große *black out*. Ich fliege ... Wenn ich fliege, sterbe ich, denkt der Mann vom Land. Ich kann aber nicht fliegen. Woher weiß ich, daß ich nicht fliegen kann? Was mache ich mit diesem Wissen, wenn es stimmt? Also falle ich. Falle ich, bin ich in der Falle.

II. Der Mann vom Land entschließt sich, solange zu warten, bis er die Erlaubnis zum Eintritt bekommt. Er entschließt sich also gegen den Entschluß, denn der einzige Entschluß, der diesen Namen verdiente, wäre ja gewesen, ins Gesetz einzutreten – komme was da wolle. (Wenn ich eintrete, bin ich der Fall – in wessen Verhandlung?) Der Suchende wird zum Wartenden. Er konzentriert sich nicht auf das Jenseits hinter der Schwelle (oder eher: auf die Handlung, die dahin führt), sondern darauf, was ihn daran hindert: Er starrt auf die Schwelle, auf ihre Verkörperung im Türhüter.
Eben diesen faßt er genau ins Auge, alles andere tritt immer mehr in den Hintergrund – ja schließlich geht es nur mehr darum, den Türhüter durch die Beharrlichkeit des Wartens zu erweichen.

Der Mann ist voll des Schreckens: der Türhüter trägt einen Pelzmantel und hat einen dünnen, schwarzen, tartarischen Bart; er ist das leibhaftige Fremde, Exotische, Tierische. Ein Mann im Wolfspelz, Schamane, Wilder? Zugleich aber auch Untersuchungsrichter, quasi nebenberuflich, aus Zeitvertreib. »... Es sind aber teilnahmslose Fragen, wie sie große Herren stellen, und zum Schlusse sagt er ihm immer wieder, daß er ihn nicht entlassen könne«.[2] Der Mann vom Lande vergißt alles andere, er hängt all seine Erwartung an diesen einen, einzigen Türhüter.

8. Paradox: Obwohl er eigentlich schon weiß, wissen müßte, daß der Türhüter ihn nicht einläßt, verharrt er doch in der Wartehaltung (Wartehalle). Als Wartender hört er auf, ein Suchender zu sein; würde er nämlich wirklich suchen, also an sein Ziel gelangen wollen, müßte er aufbrechen; würde er dies (oder überhaupt etwas) tun, dann würde es mit dem Warten ein Ende haben. Oder: Der Türhüter versperrt ihm den Weg, weil er wartet und nicht umgekehrt. Indem das Warten ohne Ziel bleibt, gewinnt es eine Macht über den Mann, die jener des Türhüters gleichkommt. Ohne die Erlaubnis zu bekommen, ohne diese Hoffnung würde der Mann nicht mehr warten: Entweder er wäre aufs Land zurückgekehrt (in den Urzustand des adamischen Urmenschen – als Unschuldslamm), oder aber er wäre schon – hinüber.

Ohne Hoffnung gäbe es kein Warten, ohne Warten aber kein Älterwerden, keinen Tod.

III. Der Mann vom Lande wird aber »alt« und »brummt [...] nur noch vor sich hin« (E 132). In seinem jahrelangen Studium des Türhüters ist er gänzlich kindisch geworden. Er ist zu so etwas wie einem Experten für diesen Türhüter, für seine Schwelle geworden: Sein Blick hat sich dermaßen verengt, daß er gar »die Flöhe in seinem [des Türhüters]

---

2 KKAP 293.

Pelzkragen erkannt hat« (ebd.), die ihm freilich auch nicht weiterhelfen ... Wieso Flöhe? Zerfressen sie Kragen und Hüter? Der Mann vom Lande erblindet.
9. Paradox: Erst als der Mann vom Lande erblindet, geht ihm ein Licht auf. Das Licht erscheint, als das Leben schon vorüber ist, also zu spät, sinnlos. Vielleicht aber erscheint das Licht eben deshalb, weil es zu spät ist, weil eben nicht mehr gewartet wird: »Wohl aber erkennt er jetzt im Dunkel einen Glanz, der unverlöschlich aus der Türe des Gesetzes bricht« (ebd.). Wir denken an die alten Formeln: Und ein Licht leuchtet in der Finsternis oder an das Johanneische Logos-Licht, das in die Welt kommt, von dieser aber nicht erkannt wird – oder an die scheinbar tröstlichen Worte jenes oberen Hausvaters – »Wer klopfet, dem wird aufgetan ...« und an seine Freude über jenen späten Heimkehrer, der als letzter den Weg nach Hause findet ...
Hier aber kommt es ganz anders. Das heißt – es kommt gar nichts.
Wir kommen ans Ende: Jetzt vor dem Sterben, bäumt sich der Mann ein letztes Mal auf und verlangt Antwort auf eine Frage, die ihm eigentlich von Anfang an schon hätte kommen müssen: Warum all die Jahre kein anderer Einlaß gefordert habe an dieser Türe, da doch alle zum Gesetze streben? Die Antwort kommt wie ein Fausthieb: »Hier konnte niemand sonst Einlaß erhalten« – heißt es – »denn dieser Eingang war nur für dich bestimmt. Ich gehe jetzt und schließe ihn« (ebd.).
Somit stehen wir vor dem 10. Paradox: Zum Wesen des Gesetzes gehört es doch, daß es allgemein, für alle gültig und allen zugänglich (also bekannt) sei: Indem es allgemein ist, wird es erst zum Gesetz. Hier aber heißt es, es sei nur für den einen bestimmt, das Tor, der Zugang sei ausschließlich für den Mann vom Lande reserviert gewesen. Wie das? Wozu dann das Warten? Weshalb die Verweigerung? Wenn es sein Zugang war, dann hätte er doch jederzeit eintreten können. Wozu etwas bewachen, also vor dem Zutritt Frem-

der schützen, wenn es ohnedies einzig ihm gehört? Warum beschützte man sein Eigentum – denn als das könnte er doch sein Tor bezeichnen – vor ihm selber? Seine Torheit ...
Jetzt erinnern wir uns an das 6. Paradox: Wenn ich zwar »jetzt« nicht eintreten darf, aber prinzipiell (also: ›laut Gesetz‹) »immer«, so ist dies vergleichbar mit dem Widerspruch, daß etwas prinzipiell für alle da ist (auch »das Gesetz«), *in concreto* aber nur mir gehört, dem einzelnen als sein Eigentum. Beides zusammen ergäbe als Lehrsatz eines paradoxalen Denkens: Ich kann die Sache für mich als Eigentum nur dann haben, wenn ich sie mir jetzt (sofort, spontan) nehme, ich kann also nur als Dieb (oder jedenfalls als einer, der wie ein Dieb vorgeht und sich somit schuldig macht) in den Besitz des Gesetzes kommen, wobei ich dabei etwas stehle, was ohnedies nur mir selbst gehört. Denn ich erstürme den Eintritt in ein Haus, das mein Eigentum ist, durch ein Tor, das nur mir bestimmt war. Ich renne meine eigenen offenen Türen ein. Ich bin ein Tor. Ich bin das Tor.
Indem das Gesetz allgemein ist, gilt es nicht für mich als Einzelnen; indem es immer zugänglich scheint, kann ich es nicht betreten; indem das Gesetz überhaupt nicht von mir betreten wird, besteht seine einzige Wirkung darin, nicht realisiert zu werden. Das Gesetz ist ein Geheimnis, die Regel ist die Ausnahme, wenn sie für mich zutrifft. Und: eine Parabel ist eine Pointe, die den Widerspruch nicht auflöst (denn dann hätten wir bloß einen Witz), sondern überhaupt erst erzeugt. Ad infinitum.
Die Parabel selbst ist die Falle, weil sie im Hörer das zwanghafte Bedürfnis nach Auflösung und Erklärung weckt, also eine rationale, logische, empirische Regelung des Widerspruchs verspricht, um den *horror vacui* der Sinnleere unverzüglich auszulöschen: Das gefährlichste an der Parabel ist ihr lockendes Sinnangebot, das durch die kalkulierte Sinnlosigkeit und ihre Aporien hindurchschimmert und den

Weisesten zum Toren macht, der nicht sieht, daß er sich selbst als Tor im Wege steht.

IV. Wir kommen zum letzten Paradox: Indem das Bewußtsein das produziert, wozu es alleine fähig ist, Sinn nämlich und Bedeutung, Symbolik, Zusammenhang, Konsequenz, Logik, Wissen; indem das Bewußtsein bei sich selbst bleibt, produziert es unentwegt Erklärungen und Deutungen. Es kann alles, nur das eine nicht: Evidenz schaffen. Indem es auf das Paradoxale stößt, macht es sich – mit der Kennermiene des Sophisten oder mit der Aura des Weisen (aus dem Morgen- oder gar Abendlande) – daran, den Knoten aufzulösen, den Widerspruch zu bereinigen. Der Sophist sagt: Schon gut, da haben wir eine Reihe von Ungereimtheiten, Kontradiktionen, schwarzen Schimmeln und alle möglichen Formen doppelter Negation und höherer Dialektik. Wir bekennen also, am Gipfel unserer Reflexionsmöglichkeiten angelangt, daß die sich aufdrängende Sinnlosigkeit der Sinn selbst ist; das Absurde schafft erst den eigentlichen Lebenskitzel, das »Warten auf Godot« ist ein Spiel wie jedes andere, das Nichts ist keine eigene Realität, sondern nur die Abwesenheit derselben (Augustins Kalkül), das Nein wird sich schon von selbst relativieren, das Böse als ein verkleidetes Gutes im Heilsplan Gottes sichtbar etc. Alles Karneval.
Das wahre Paradox jedoch läßt all dies nicht zu. Genauer: Das Paradox als Wahrheit verträgt keine Auflösung in Sinngebungen, die seinen Widerspruch mißachten.
Indem wir eben interpretieren, vermeiden wir den Zusammenstoß mit dem Widerspruch. Indem ich hier die Parabel deute, antichambriere auch ich vor dem Türhüter. Solange ich rede, wird nicht gehandelt – es sei denn ich dichte (denn der Dichter handelt redend, spricht mit vollem Mund, essend und speiend in einem ...): Aber der Mann vom Lande ist kein Dichter, er ist im besten Falle ein Gedichteter ...

Und doch ... K. hat das Unmögliche versucht und ein Gleichnis »Von den Gleichnissen« erdacht – Gegengift und Impfstoff, zur Einnahme auch nach Befall.

V.

Von den Gleichnissen[3]

Viele beklagen sich, daß die Worte der Weisen immer wieder nur Gleichnisse seien, aber unverwendbar im täglichen Leben, und nur dieses allein haben wir. Wenn der Weise sagt: »Gehe hinüber«, so meint er nicht, daß man auf die andere Seite hinübergehen solle, was man immerhin noch leisten könnte, wenn das Ergebnis des Weges es wert wäre, sondern er meint irgendein sagenhaftes Drüben, etwas, was wir nicht kennen, das auch von ihm nicht näher zu bezeichnen ist und das uns also hier gar nichts helfen kann. Alle diese Gleichnisse wollen eigentlich nur sagen, daß das Unfaßbare unfaßbar ist, und das haben wir gewußt. Aber das, womit wir uns jeden Tag abmühen, sind andere Dinge.
Darauf sagte einer: »Warum wehrt ihr euch? Würdet ihr den Gleichnissen folgen, dann wäret ihr selbst Gleichnisse geworden und damit schon der täglichen Mühe frei.«
Ein anderer sagte: »Ich wette, daß auch das ein Gleichnis ist.«
Der erste sagte: »Du hast gewonnen.«
Der zweite sagte: »Aber leider nur im Gleichnis.«
Der erste sagte: »Nein, in Wirklichkeit; im Gleichnis hast du verloren.«

---

3 Zit. nach: E 359.

Literaturhinweise

Vor dem Gesetz. Von Franz Kafka. In: Selbstwehr. Unabhängige jüdische Wochenschrift. Jg. 9. Prag, 7. September 1915. H. 12. S. 2f.

Abraham, Ulf: Mose »Vor dem Gesetz«. Eine unbekannte Vorlage zu Kafkas »Türhüterlegende«. In: Deutsche Vierteljahrsschrift für Literaturgeschichte und Geisteswissenschaft 57 (1983) S. 636–650.

Born, Jürgen: Kafka's Parable »Before the Law«. Reflections towards a Positive Interpretation. In: Mosaic 3 (1969/70) Nr. 4. S. 153–162.

Henel, Ingeborg: Die Türhüterlegende und ihre Bedeutung für Kafkas »Prozeß«. In: Deutsche Vierteljahrsschrift für Literaturgeschichte und Geisteswissenschaft 37 (1963) S. 50–70.

Lachmann, Eduard: Das Türhütergleichnis in Kafkas »Prozeß«. In: Innsbrucker Beiträge zur Kulturwissenschaft. Jg. 1959. S. 265 bis 270.

In der Strafkolonie – Die Täter und die Untätigen

Von Hans Dieter Zimmermann

> »Es ist ein eigentümlicher Apparat«, sagte der Offizier zu dem Forschungsreisenden und überblickte mit einem gewissermaßen bewundernden Blick den ihm doch wohlbekannten Apparat. Der Reisende schien nur aus Höflichkeit der Einladung des Kommandanten gefolgt zu sein, der ihn aufgefordert hatte, der Exekution eines Soldaten beizuwohnen, der wegen Ungehorsam und Beleidigung des Vorgesetzten verurteilt worden war. (E 100)

Mit den ersten beiden Sätzen ist die Konstellation festgelegt, die den weiteren Verlauf der Erzählung *In der Strafkolonie* bestimmt: dem seinen Apparat hingebungsvoll bewundernden Offizier steht der zurückhaltende, höfliche Reisende gegenüber. Der merkwürdige Apparat steht im Mittelpunkt, die Hinrichtung des Soldaten dagegen scheint eine Nebensächlichkeit. Freilich wird der Delinquent vom Erzähler auf eine Weise gezeichnet, die ihn dem Leser nicht gerade sympathisch macht:

> Das Interesse für diese Exekution war wohl auch in der Strafkolonie nicht sehr groß. Wenigstens war hier in dem tiefen, sandigen, von kahlen Abhängen ringsum abgeschlossenen kleinen Tal außer dem Offizier und dem Reisenden nur der Verurteilte, ein stumpfsinniger, breitmäuliger Mensch mit verwahrlostem Haar und Gesicht und ein Soldat zugegen, der die schwere Kette hielt, in welche die kleinen Ketten ausliefen, mit denen der Verurteilte an den Fuß- und Handknöcheln sowie am Hals gefesselt war und die auch untereinander durch Verbindungsketten zusammenhingen. Übrigens sah der Verurteilte so hündisch ergeben aus, daß es den Anschein hatte, als

könnte man ihn frei auf den Abhängen herumlaufen lassen und müsse bei Beginn der Exekution nur pfeifen, damit er käme. (E 100)

Auch die vierte Person, die in der Erzählung auftritt, ist wenig sympathisch: es ist ein teilnahmsloser Soldat, der den Delinquenten an Ketten führt und sich später mit ihm belustigt. Diese beiden äußerlich und innerlich verwahrlosten Gestalten gehören zum Personal dieser Insel, die wohl im Fernen Osten liegt – von einem »Teehaus« ist die Rede – und anscheinend eine französische Strafkolonie ist, denn Offizier und Reisender sprechen französisch miteinander.[1]

Der Forschungsreisende, der am Tag zuvor auf der Insel landete und noch am selben Tag sie verlassen wird, verkörpert gewissermaßen die guten europäischen Umgangsformen: vor allem Höflichkeit, aber auch eine gewisse Vorstellung von Humanität, wie sich dann zeigt. Der Offizier, äußerlich adrett und wohlerzogen, ist ebenfalls durch und durch ein Europäer, vor allem in seiner Hingabe an die Technik, diese europäische Erfindung, die in dem Apparat zu einer gewissen Vollkommenheit gelangt ist: in dem Apparat, der keinen anderen Zweck hat als den, die Delinquenten zwölf Stunden lang zu foltern und zu töten. Die Positionen, die hier im Fernen Osten aufeinandertreffen, sind also beide genuin europäische: einerseits eine konventionelle Humanität, die ziemlich hilflos ist, andererseits eine zielbewußte Technikbegeisterung, die völlig inhuman ist. Sie ist nicht nur inhuman, weil sie den Menschen kaum beachtet und nur der Verbesserung der Technik gilt, sondern

---

1 Welche Kenntnisse von Strafkolonien, besonders französischen, Kafka gehabt haben dürfte, hat Klaus Wagenbach (1975) dargelegt, dann ausführlicher Walter Müller-Seidel (1986). Wagenbach bringt auch Zitate aus Octave Mirbeaus *Der Garten der Lüste*, das Kafka inspiriert hat; allerdings sagt das noch nichts über die Intention von Kafkas Erzählung, die weder sadistisch noch erotisch ist in der Art pornographischer Literatur.

sie ist in einem äußersten Maße inhuman, da die Maschine einzig den Zweck hat, Menschen zu vernichten.

In der Gestalt des Offiziers fallen Technik und Barbarei zusammen und die Barbarei kommt gerade dadurch zum Ausdruck, daß der Offizier sich nur um die Technik kümmert und den Menschen lediglich nebenbei als Zubehör seiner Maschine in Betracht zieht. Er leidet nicht mit dem Menschen, den er foltert, sondern mit der Maschine, wenn der Mensch sie beschmutzt, weil er sich erbrechen muß.

Kafkas großartige Leistung als Erzähler besteht hier darin, daß er jegliches moralisches Pathos ausschaltet. Er stellt zwei Perspektiven nebeneinander: die des Offiziers und die des Reisenden. Er erzählt die Geschichte zwar aus einer personalen Sicht, die den Reisenden im Blick hat, so daß auch dessen Gedanken in innerer Rede mitgeteilt werden können, nicht aber die Gedanken des Offiziers, der von außen betrachtet wird. Doch der Offizier hält sehr lange Reden, in denen er seine Perspektive ausführlich und mit großer Eloquenz vortragen kann. Sein Vortrag ist derart faszinierend, daß er nicht nur den Reisenden, sondern auch den Leser wenigstens zeitweise für sich einnimmt. Die inneren Vorbehalte, die der Leser dabei haben mag – handelt es sich doch immerhin um ein Folterinstrument, das hier enthusiastisch beschrieben wird –, sind die inneren Vorbehalte des Reisenden, die dieser jedoch nicht zu äußern wagt. Nur in einer gewissen Zurückhaltung zeigt sich seine Abwehr, also fast gar nicht. Gerade seine Kultiviertheit hindert den Reisenden daran, der Barbarei Einhalt zu gebieten. Er verhindert weder die Folterung des zum Tode verurteilten Soldaten noch den Selbstmord des Offiziers. Im ersten Fall schaut er höflich zu; seine Erziehung verlangt eben, daß man sich auch in schwierigen Situationen nicht gehen läßt. So ist er aufmerksam und freundlich dem Offizier gegenüber, auch als dieser den Soldaten der entsetzlichsten Folter ausliefert. Im zweiten Fall – dem des Selbstmords des Offiziers – ist es die Faszination des Ereignisses, die ihn abhält,

einzugreifen. Auch hier mag sich der Leser auf seiten des Reisenden fühlen: eine gewisse Erleichterung darüber, daß dieser fanatische Mensch nun selbst in der Maschine stirbt, die er für andere vorbereitet hat, ist spürbar. Doch hätte er nicht auch Mitleid verdient? Dem allzu raschen Mitleid des Lesers hat der Erzähler entgegengearbeitet, im Fall des unsympathischen Offiziers wie im Fall des unsympathischen Delinquenten. Er will offensichtlich die Aufmerksamkeit auf etwas anderes lenken: auf den Vorgang in uns, den der Vorgang in der Erzählung auslöst, die wohl die schrecklichste Erzählung ist, die Franz Kafka geschrieben hat. Sie handelt vom Schrecken in uns und in unserer Kultur.
Gerade weil der Erzähler die Handlung so sachlich darbietet, kommt sie uns so nahe. Die Rationalität, die in der ausgeklügelten Erzählkunst des Erzählers genauso steckt wie in der so vernünftig wirkenden Lobrede des Offiziers auf den Apparat, diese Rationalität ist eine Fassade, hinter der sich die Barbarei verbirgt, aus der sie jederzeit hervorbrechen kann, wenn humanes Engagement zu konventioneller Höflichkeit verkommt. Insofern sind die Kontrahenten dieser Geschichte, der Offizier und der Reisende, sogar Komplizen des Verbrechens: der eine, indem er es zielbewußt durchführt wie einen rationalen Vorgang, der andere, indem er es duldet und ihm nicht entgegentritt, obwohl er dagegen ist. Kafka hat hier die doppelte Wurzel der staatlichen Verbrechen unseres Jahrhunderts dargestellt: es sind nicht nur die Täter, die zur systematischen Vernichtung schreiten, sondern es sind auch die Untätigen, die aus falscher Rücksichtnahme auf sich und andere nichts unternehmen; beide gemeinsam sind zur Durchführung der Verbrechen nötig.
In dieser Erzählung ist es sogar der Offizier, der den Reisenden endlich zum Widerspruch bringt und damit die Umkehr, die Peripetie der Handlung, bewirkt. Die Erzählung ist klar gegliedert – einer Art Exposition, die in Ort, Zeit, Personen der Handlungen einführt, steht ein Schlußteil ge-

genüber, der an das Ende der Geschichte, das durch drei Sterne markiert wird, angehängt ist; er ist eigentlich unnötig und schwach, verglichen mit dem Vorangegangenen, enthält aber eine wichtige Mitteilung: die Prophezeiung. Schließlich und vor allem der Hauptteil; er beginnt mit: »›Aber‹, unterbrach sich der Offizier, ›ich schwätze, und sein Apparat steht hier vor uns‹« (E 101). Der erste Teil des Hauptteils bringt die Vorführung des Apparats mitsamt Delinquenten; der zweite beginnt mit »Der Reisende überlegte: Es ist immer bedenklich, in fremde Verhältnisse einzugreifen [...]« (E 109). Hier kommt es zu Rede und Gegenrede über das Hinrichtungsverfahren und die Möglichkeiten, es zu verteidigen oder abzuschaffen. Hier versucht der Offizier, den Reisenden für sich zu gewinnen, erst das bringt den Reisenden zum offenen Widerspruch: »Die Antwort, die er zu geben hatte, war für den Reisenden von allem Anfang an zweifellos [...]« (E 116). Er sagt schließlich: »Nein«. Mit diesem endlich erfolgten Nein setzt der Umschwung der Geschichte ein; er vollendet sich in der Aussage des Offiziers: »Dann ist es also Zeit« (E 117). Damit beginnt der dritte und letzte Teil des Hauptteils: der Offizier befreit den Delinquenten und legt sich selbst in die Maschine, die ihn tötet.

Nun zu den einzelnen Elementen dieses Hauptteils. Die Maschine, die der Offizier mit großer Liebe zum Detail beschreibt, besteht aus drei Komponenten: dem Bett, auf das der Delinquent geschnallt wird, dem Zeichner und der Egge. Die Egge führt in zittrigen Bewegungen den Zeichner über den Körper des Verurteilten, dem das Urteil in den Leib gestochen wird – in einer kunstvoll verschnörkelten Schrift, die kaum lesbar ist. Der Verurteilte erfährt sein Urteil erst auf diese Weise: er liest es mit dem blutenden Körper, in den es gestochen wird.

Der Reisende äußert hier zum ersten Mal Bedenken, nicht gegen die Maschine, sondern gegen das Gerichtsverfahren. Wenn der Angeklagte sein Urteil nicht kennt, hatte er auch

keine Gelegenheit, sich zu verteidigen. Dem Offizier, der nur sein Gerät erläutern will, sind diese Fragen lästig; immerhin gibt er Auskunft. Demnach bestand das Verbrechen des Soldaten darin, daß er nachts auf Wache schlafend gefunden wurde. Jede Stunde muß er nämlich in der Nacht vor der Tür des Hauptmanns salutieren. Das gewährleiste, daß er frisch bleibt. Man kann dies nur als Zynismus auffassen, denn er bleibt ja gerade nicht frisch, weil er die ganze Nacht nicht schlafen kann. Der Soldat wurde Punkt zwei Uhr schlafend gefunden, also wurde er zum Tode verurteilt. Der Offizier schrieb nach dem Bericht des Hauptmanns sogleich das Urteil; es gab keine Anhörung des Soldaten, das hätte nur zu Verwirrung geführt. Auch dies ein Zynismus: wenn man nur eine Meinung gelten läßt und diese willkürlich als Wahrheit festsetzt, gibt es natürlich keine Verwirrung. Das Verfahren ist himmelschreiendes Unrecht.[2]
Der Reisende wendet sich nicht dagegen. Es heißt lediglich: »Die Mitteilungen über das Gerichtsverfahren hatten ihn

---

[2] Im Gegensatz zum Roman *Der Proceß*, der in derselben Zeit entstand, wird in *In der Strafkolonie* das Vergehen des Delinquenten deutlich benannt. Dieses Vergehen wird von einem humanen Standpunkt aus allerdings nicht als Vergehen, schon gar nicht als todeswürdiges Vergehen zu begreifen sein; das Verlangen der Offiziere dagegen, daß der Soldat jede Stunde der Nacht zu salutieren habe, um frisch zu bleiben, wird als inhumane Schikane zu betrachten sein. Das Vergehen des Delinquenten wird also in dieser Erzählung bezeichnet: es ist eines, das nach halbwegs rechtsstaatlicher Sicht als belanglos betrachtet werden muß; der Delinquent ist somit unschuldig. Das Verfahren selbst, das weder eine Anhörung des Angeklagten noch eine Verteidigung kennt, ist nicht nur fragwürdig, sondern unrechtmäßig, wiederum unter halbwegs rechtsstaatlichem Gesichtspunkt betrachtet. Es ist schwer zu verstehen, daß in der Sekundärliteratur allzu oft die relativ unübersichtliche Situation von *Der Proceß* auf die *Strafkolonie* übertragen wird und über die Schuld des Delinquenten in der *Strafkolonie* gerätselt wird wie über die des K. in *Der Proceß*. Dieses Zögern der Interpreten, Unrecht Unrecht zu nennen, wiederholt die Hilflosigkeit des Reisenden, der lange braucht, bis er das Unrecht Unrecht nennt. Die konventionelle Höflichkeit des Reisenden wiederholt sich in der Gleichgültigkeit der Interpreten. Das gefrorene Meer in ihnen wurde vom Beil der Kafkaschen Geschichte noch nicht getroffen.

nicht befriedigt« (E 105). Er hofft auf den neuen Kommandanten. Dieser neue Kommandant, bei dessen Nennung sich die »freundliche Miene« des Offiziers »verzerrt« (E 105) – und nicht bei den Schrecklichkeiten, die er erläutert oder durchführt –, heißt offensichtlich dieses Verfahren nicht gut, das der alte verstorbene Kommandant durchsetzte. Aber er ist ebenso »zögerlich« wie der Reisende: er beabsichtigt »offenbar, aber langsam«, ein neues Verfahren einzuführen. Auch hier also vorsichtiges Taktieren statt energischem Handeln. Erst als der Verurteilte aufs Bett gefesselt ist und die ersten Schwingungen ihn packen, gerät der Reisende ins Nachdenken. Erst jetzt steht im Text eindeutig: »Die Ungerechtigkeit des Verfahrens und die Unmenschlichkeit der Exekution war zweifellos« (E 109).[3] Doch der Reisende überlegt immer noch, ob und auf welche Weise er eingreifen soll und kann.

Der Offizier versucht ihn sodann zu überreden, sich beim neuen Kommandanten für das alte Verfahren einzusetzen. Erst dieser Versuch führt den Reisenden endlich zum Nein; der Offizier ist es, der ihn zum Eingreifen überredet.

> »Ich bin ein Gegner dieses Verfahrens,« sagte nun der Reisende, »noch ehe Sie mich ins Vertrauen zogen – dieses Vertrauen werde ich natürlich unter keinen Umständen mißbrauchen – habe ich schon überlegt, ob ich berechtigt wäre, gegen dieses Verfahren einzuschreiten und ob mein Einschreiten auch nur eine kleine Aussicht auf Erfolg haben könnte. An wen ich mich dabei zuerst wenden müßte, war mir klar: an den Kommandanten natürlich. Sie haben es mir noch klarer gemacht, ohne aber

---

3 Das ist als innere Rede aus der Sicht des Reisenden gesagt. Der Erzähler läßt also dem Leser die Freiheit, sich diesem Urteil des Reisenden anzuschließen oder nicht. Tut er es nicht, läßt der Leser das Verfahren als gerecht und die Exekution als menschlich gelten; er begibt sich damit auf seiten des Offiziers. Neutral bleiben kann der Leser hier nicht: das Verfahren ist entweder ungerecht oder nicht, die Hinrichtung entweder unmenschlich oder nicht, ein Drittes gibt es nicht.

etwa meinen Entschluß erst befestigt zu haben, im Gegenteil, Ihre ehrliche Überzeugung geht mir nahe, wenn sie mich auch nicht beirren kann.« (E 116)

Jetzt tritt der merkwürdige Umschwung ein. Der Offizier spricht sich selbst das Urteil: »Sei gerecht«, heißt die Schrift, welche die Maschine ihm einprägen soll. Auch hier greift der Reisende nicht ein. Erst als die Maschine nicht mehr recht funktioniert, will er etwas tun. Sarkastisch heißt es: »das war ja keine Folter, wie sie der Offizier erreichen wollte, das war unmittelbarer Mord« (E 121). Der normale Vorgang des Folterns und Tötens wird durch den Defekt der Maschine, die mit dem Offizier zugrundegeht, durchbrochen; erst diese Abweichung beunruhigt den Reisenden. Der normale Ablauf von Folter und Mord hätte ihn also nicht beunruhigt? Es muß alles nach der Ordnung gehen, gleichgültig welche es ist, dann ist alles in Ordnung?

Der Reisende ist die wichtigste Figur dieser Erzählung und mit ihm der durchschnittliche Europäer, also auch der Leser. Dieser Europäer wird mit einem von Europäern, wenn auch an entlegenem Ort, praktizierten Verfahren konfrontiert, das er als höchst ungerecht und inhuman empfinden muß, und zugleich an die Grenzen seiner Humanität geführt. Er erfährt seine Humanität als eine konventionelle Form, die unter Gebildeten am Teetisch ihre Funktion erfüllen mag, aber außerhalb des gebildeten Zirkels versagt. In der Strafkolonie stößt er an die Grenze europäischer Kultur, die von dieser Grenze her als in ihrem Kern höchst zerbrechlich erkannt wird. Der Reisende entflieht dieser Erfahrung. Noch am selben Tag geht er aufs Schiff, das ihn nach Europa zurückbringen wird. Dort aber wartet auf ihn – so ließe sich die Geschichte weiterspinnen – der Erste Weltkrieg, der gerade ausgebrochen ist und ihn mit der Erfahrung konfrontiert, der er gerade entflohen ist.

Kafka schrieb diese Erzählung im Oktober 1914 kurz nach Ausbruch des Weltkriegs, und es kann wohl kein Zweifel darüber sein, daß das Erlebnis des Kriegsbeginns in diese Erzählung eingegangen ist – ebenso wie Kafkas Kenntnisse von Strafkolonien, die es damals und noch bis nach dem Zweiten Weltkrieg gab.[4] Wie auch sonst, so entnahm er das Material seiner Geschichte der Realität, die ihm zugänglich war. *In der Strafkolonie* ist keine Kritik der Praktiken in den europäischen Strafkolonien; in keiner Strafkolonie dürfte es eine solche Foltermaschine gegeben haben; *In der Strafkolonie* ist auch keine Kritik der damaligen Justiz, denn der Skandal der Geschichte besteht gerade darin, daß jede Art von Gerichtsbarkeit, wie unzureichend sie auch sein mag, ausgeschaltet ist. So bleibt die Frage: wo sonst werden mit raffinierter Technik konstruierte Apparate zum einzigen Zweck der Folterung und Ermordung von Menschen benutzt? Im Krieg! Der Erste Weltkrieg setzte zum ersten Mal eine gigantische Tötungsmaschinerie in Gang, die den gesamten Kriegsverlauf bestimmte. Zum ersten Mal kam diese Verbindung von technischer Rationalität und äußerster Barbarei zustande, die der Offizier in der Strafkolonie anpreist. Diese Erzählung, die nicht vom Krieg handelt, stellt die Konstellation dar, die den modernen Krieg bestimmt: die Koppelung von Technik und Barbarei, vor der

---

4 Vor allem Klaus Wagenbach hat auf den Zusammenhang der Erzählung mit dem Ersten Weltkrieg aufmerksam gemacht in seinem zitierten Bändchen (1975), das Material zur Entstehung enthält (Kafkas eigene Situation und die politische Situation 1914) und zum Umfeld (Krieg, Hinrichtung, Strafkolonien), ohne der Erzählung Gewalt anzutun und sie auf eine sozialkritische Tendenz einzuschränken. Dazu neigt Walter Müller-Seidel im erwähnten Band (1986), der zwar aufschlußreiches Material zu Strafkolonien und Deportationen (auch die der Juden durch die Nazis) bringt – kulturgeschichtlich höchst aufschlußreiches Material –, aber die Neigung hat, Kafkas Erzählung als eindimensionale Kritik an den Strafkolonien und an der Justiz zu lesen. In ihrer parabelhaften Konzentration trifft die Erzählung vielmehr die Konstellation, die zur Grundlage staatlicher Verbrechen (auch solcher, die Müller-Seidel nennt) in diesem Jahrhundert wurde: der funktionierende Apparat, sowohl der Beamtenapparat als auch der technische Apparat, und die Abwesenheit jeder Moral. Kafka kritisiert jedoch nicht, er zeigt.

die europäische Humanität versagte. Hier im modernen Krieg gilt die Formel, die der Offizier nennt: »Die Schuld ist immer zweifellos« (E 104), denn jeder wird dieser Tötungsmaschinerie unterworfen – ohne Rücksicht auf das, was er ist und was er tut. Dasselbe gilt natürlich für die Gefangenen- und Konzentrationslager, in denen die Insassen rechtlos der Folter ihrer Peiniger unterworfen sind – wie der Delinquent in der Strafkolonie dem Offizier.

Wenn wir Kafkas Erzählung als die konzentrierte, aufs Äußerste konzentrierte Darstellung von technischer Rationalität und barbarischer Inhumanität verstehen können, so bleiben doch wenigstens zwei dunkle Punkte in dieser Geschichte, auf die noch Licht zu werfen ist. Ich meine zum einen den Selbstmord des Offiziers und die Selbstvernichtung der Maschine, zum andern die Schrift, die diese Maschine dem Verurteilten in den Leib sticht.

Warum begeht der Offizier Selbstmord? Hätte er nicht seinen Apparat als kostbares Museumsstück bewahren können für die besseren Zeiten, die auf dem Grabstein des alten Kommandanten prophezeit werden? Dagegen läßt sich einwenden, die alten Zeiten, an denen sein Herz hängt, seien nun vorbei und er wolle mit ihnen zugrundegehen. Das würde seine eigene Motivation sein; geht die Intention des Erzählers aber nicht darüber hinaus? Ist jede Vernichtung eines Menschen nicht auch eine Selbstvernichtung, weil sie das Menschliche in dem Mörder tötet? Oder ist damit etwa ausgedrückt, daß die technische Apparatur, die wir konstruieren, letztlich auch uns selbst vernichten wird, weil wir ihrer nicht mehr Herr werden? Hier überschneiden sich wohl psychologische und soziologische Motivationen.

Es wurde bis zum Überdruß immer wieder darauf aufmerksam gemacht, daß nicht nur die Zeit, in der diese Erzählung entstand, höchst »peinlich« war, sondern auch Kafka sein eigenes Leben, nicht zuletzt nach dem Ende der Verlobung mit Felice Bauer, als »peinlich« empfand. Wie schrieb er

1916 an den Verleger Kurt Wolff, als dieser ihm mitteilte, die Erzählung sei »peinlich«:

> Ihr Aussetzen des Peinlichen trifft ganz mit meiner Meinung zusammen, die ich allerdings in dieser Art fast gegenüber allem habe, was bisher von mir vorliegt. Bemerken Sie, wie wenig in dieser oder jener Form von diesem Peinlichen frei ist! Zur Erklärung dieser letzten Erzählung füge ich nur hinzu, daß nicht nur sie peinlich ist, das vielmehr unsere allgemeine und meine besondere Zeit gleichfalls sehr peinlich war und ist und meine besondere sogar noch länger peinlich als die allgemeine. Gott weiß wie tief ich auf diesem Weg gekommen wäre, wenn ich weitergeschrieben hätte oder besser, wenn mir meine Verhältnisse und mein Zustand das, mit allen Zähnen in allen Lippen, ersehnte Schreiben erlaubt hätten. Das haben sie aber nicht getan. So wie ich jetzt bin, bleibt mir nur übrig auf Ruhe zu warten, womit ich mich ja, wenigstens äußerlich als zweifelloser Zeitgenosse darstelle. (Br 150)[5]

So mögen bei der Entstehung dieser Erzählung auch Schuldgefühle des Autors, Angst vor Strafe und zugleich der Wunsch nach Strafe eine Rolle gespielt haben. Mit den Umständen der Entstehung ist die Geschichte selbst noch nicht hinlänglich erklärt. Der Text ist mehr, er geht über die Entstehung hinaus: von Kafkas eigener peinlicher, peinvoller Situation zu allgemeinen peinlichen, peinvollen Situationen. Kafka ist hier Zeitgenosse, wie er selbst sagt.

---

5 Wie wichtig Kafka diese Erzählung nahm, belegt auch, daß er sie am 10. November 1916 in München vorlas – bei der einzigen Lesung, die er außerhalb Prags hatte. Wäre es ihm um Erfolg bei Publikum und Presse gegangen, hätte er sicher eine andere Geschichte vorgelesen als diese, die bei etlichen Zuhörern und Kritikern Abscheu erregte. Mehrere Personen sollen ohnmächtig geworden sein, viele den Saal vor Ende der Lesung verlassen haben. Heute sind wir derart verroht, daß wohl kaum jemand beim Lesen dieser Erzählung ohnmächtig werden dürfte. (Siehe die Berichte über die Lesung in: *Franz Kafka: Kritik und Rezeption zu seinen Lebzeiten 1912–1924*, hrsg. von Jürgen Born [u. a.], Frankfurt a. M. 1979, S. 115–123.)

In der Strafkolonie 169

Auch der zweite dunkle Punkt weist auf den Autor Kafka zurück: warum muß die Maschine dem Delinquenten eine kunstvolle, kaum lesbare und sicherlich auch von ihm selbst nicht entzifferbare Schrift auf den ganzen Körper eingravieren? Eine qualvolle Folter würde auch ohne diese Schrift denkbar sein, also muß diese eine besondere Bedeutung haben. Weist sie etwa auf Kafka hin, den Schriftsteller, dessen Leben die Schrift war? Doch das Schreiben war für ihn der einzige Akt der Befreiung und der Emanzipation, den er gelten ließ, und kein Akt der Vernichtung oder gar Selbstvernichtung! Aber war ihm das Schreiben nicht dermaßen ausschließlich Lebenszweck, daß es alle Regungen seines Körpers mit Beschlag belegte, ihn ganz gefangen nahm und schließlich auch zugrunde richtete?[6]

Es ließe sich noch eine weitergehende Deutung anschließen: könnte die Situation, von der die Erzählung gleichnishaft berichtet, nicht auch als Darstellung des menschlichen Lebens überhaupt aufgefaßt werden? Unser Leben würde dann ein sich qualvolles Abmühen bis zum Tode sein: das Leben selbst das Urteil über dieses Leben, das uns in die Haut geschrieben wird. Der Schriftsteller Klaus Hoffer sieht dies so:

> Ich halte die *Strafkolonie* für eine Metapher des Lebens. Der Exekutionsoffizier vertritt in meinen Augen in seiner Eigenschaft als Ankläger und Richter in einem (die »Unschuldsverteidigung« des »Beklagten«, wie sie von der josefinischen Gerichtsordnung gefordert wird, braucht es nicht, weil die »Schuld« immer »zweifellos« ist) die über

---

6 In meinem Aufsatz »Die aufbauende Zerstörung der Welt. Zu Franz Kafkas ›Der Hungerkünstler‹« (Kafka-Colloquium im Goethe-Institut Prag, 1. November 1992; noch ungedruckt) mache ich darauf aufmerksam, daß Kafka zu den modernen Künstlern gehört, die ihr ganzes Leben der Kunst unterwerfen, gewissermaßen Hungerkünstler sind, die keinen Feierabend kennen, sich also voll und ganz als Schriftsteller der Schrift unterwerfen. Weitere Beispiele wären etwa Robert Walser, Rainer Maria Rilke, Ludwig Wittgenstein.

dem Menschen und dessen Lebensführung zu Gericht sitzende Welt. Ihr Richtspruch wird als Matrix der Exekutionsmaschine eingegeben, die das Urteil am Angeklagten vollstreckt, und die Vollstreckung ist die Lektion, die das Leben dem Individuum für sein Leben erteilt. – »Verstand geht dem Blödesten auf«, erklärt der Offizier dem Forschungsreisenden, nach der sechsten Stunde, gegen Mitte der Exekution, beginnt der Verurteilte zu begreifen; seine Haut lernt lesen.[7]

Ob auch der Blödeste sein Leben am Ende begreift, darf bezweifelt werden. Die endliche Erlösung jedenfalls, die der Offizier als schönen Sinn der häßlichen Prozedur behauptet, stellt der Reisende nach dem Tod des Offiziers nicht fest. Der Erzähler wagt sich hier weit vor und nimmt dieses Wagnis durch eine Klammer wieder zurück, als hätte er damit zu viel von der Intention der Geschichte verraten; erzählerisch ist das sicherlich nicht so recht gelungen, genausowenig wie der dann folgende Schlußteil, was Kafka selbst eingesehen hat: »(kein Zeichen der versprochenen Erlösung war zu entdecken)« (E 121). Das ist schon mehr Deutung als Erzählung.[8]

Was Klaus Hoffer vermutet, ließe sich durch Vorstellungen der jüdischen Tradition des Chassidismus, auf die Karl Erich Grözinger aufmerksam macht, befestigen: auch dort wird das Leben als andauernder Prozeß betrachtet, als ein Gerichtsverfahren, in dem jedes Handeln und Unterlassen als Anklagepunkt verwertet werden kann für die Anklage-

---

7 Klaus Hoffer, *Methoden der Verwirrung. Betrachtungen zum Phantastischen bei Franz Kafka*, Graz 1986, S. 79. Hoffer hat, soweit ich sehe, den einzigen bedeutenden deutschsprachigen Roman geschrieben, der an Kafka anschließt und doch keine Imitation ist: *Bei den Bieresch*, Frankfurt a. M. 1983.
8 Siehe den Brief an Kurt Wolff vom 4. September 1917: »Zwei oder drei Seiten kurz vor ihrem Ende sind Machwerk, ihr Vorhandensein deutet auf einen tieferen Mangel, es ist da irgendwo ein Wurm, der selbst das Volle der Geschichte hohl macht« (Br 159).

schrift.[9] Das Leben steht unter dem unerbittlichen Gesetz der Schrift, der »Heiligen Schrift«. Freilich ist bei diesen »himmlischen Gerichten« des Chassidismus eine Erlösung möglich – etwa durch Wunderrabbis oder gute Geister. Diese Helfer gibt es bei Kafka nicht, hier nicht und in seinen anderen Texten auch nicht. Hilfe sucht man vergebens. Die Geister sind vertrieben.

Der religiöse Rest zeigt sich im Bösen, das nicht zu vertreiben ist. Daß Kafkas Erzählung *In der Strafkolonie* vom Bösen handelt, wie es sich in den Tätern und in den Untätigen des technischen Zeitalters äußert, daran ist kaum zu zweifeln. Gott ist abwesend, wenn nicht tot. Der Mensch hat sich von Gott befreit, er ist nun selbst Schöpfer, Schöpfer der technischen Zivilisation, die allerdings die Tendenz hat, sich wiederum von ihrem Schöpfer zu befreien, der nicht mehr Herr seiner Schöpfung ist – so wenig wie Gott Herr der seinen.

---

9 Karl Erich Grözinger, »Himmlische Gerichte, Wiedergänger und Zwischenweltliche in der ostjüdischen Erzählung«, in: *Kafka und das Judentum*, hrsg. von K. E. G. [u. a.], Frankfurt a. M. 1987, S. 93–112. Siehe auch Grözingers Arbeit *Kafka und die Kabbala* (Frankfurt a. M. 1991).

Literaturhinweise

In der Strafkolonie. Leipzig: Kurt Wolff, 1919.

Müller-Seidel, Walter: Die Deportation des Menschen. Kafkas Erzählung »In der Strafkolonie« im europäischen Kontext. Stuttgart 1986.

Wagenbach, Klaus: In der Strafkolonie. Eine Geschichte aus dem Jahre 1914. Mit Quellen, Abbildungen, Materialien aus der Arbeiter-Unfall-Versicherungsanstalt. Chronik und Anmerkungen von K. W. Berlin 1975.

Ein Bericht für eine Akademie

Von Hans-Gerd Koch

Etwa Mitte April 1917 erhielt Franz Kafka ein Schreiben, in dem ihn Martin Buber um Zusendung von Texten für die Monatsschrift *Der Jude* bat. Kafka antwortete auf diese Anfrage »um einige Tage verzögert« am 22. April 1917 und schickte Buber zwölf Prosatexte zur Auswahl zu,[1] darunter auch eine Abschrift von *Ein Bericht für eine Akademie*. Alle zur Verfügung gestellten Texte waren in seiner seit November 1916 anhaltenden produktiven Schaffensphase entstanden und bis zu diesem Zeitpunkt unpubliziert.

Seit dem 26. November 1916 stand Kafka in der Alchemistengasse auf dem Hradschin ein von seiner Schwester gemietetes Häuschen als »Arbeitswohnung« (F 752) zur Verfügung, in die er sich zum Schreiben zurückzog. In dieser Zeit begann er, für seine Niederschriften blaue, wegen ihrer Handlichkeit leicht mitführbare Oktavhefte zu benutzen. Der größte Teil der Handschrift des *Berichts* ist im vierten der insgesamt acht Hefte überliefert;[2] der Schlußteil ab »Jedenfalls aber beobachtete ich [...]« (E 152–155) ist vermutlich in einem nicht überlieferten, weiteren Oktavheft entstanden. Der vollständige Text ist durch eine Typoskriptabschrift sowie durch die Drucke zu Kafkas Lebzeiten gesichert.

---

1 Vgl. Martin Buber, *Briefwechsel aus sieben Jahrzehnten*, in 3 Bd.en, hrsg. und eingel. von G. Schaeder in Beratung mit E. Simon und unter Mitw. von R. Buber [u. a.], Bd. 1: 1897–1918, Heidelberg 1972, S. 491 f.
2 Im Laufe der Zeit haben die Hefte – entsprechend dem jeweiligen Kenntnisstand – divergierende Benennungen erhalten: Nach einer ersten Ordnung durch Kafkas Freund und Nachlaßverwalter Max Brod war dieses Heft »Das zweite Oktavheft«, bei einer späteren Datierung und chronologischen Ordnung durch Malcolm Pasley erhielt es die Benennung »Heft D« (vgl. Jürgen Born [u. a.], *Kafka-Symposion*, 2., verä̈nd. Aufl., Berlin 1966, S. 76 ff.).

Eckdaten für die Entstehung des Textes ergeben sich aus den davor im Oktavheft enthaltenen Niederschriften und der Beantwortung der Anfrage Martin Bubers am 22. April 1917. Siebzehn Seiten vor dem *Bericht* beginnt ein Fragment zu dem Text *Der Jäger Gracchus* (KKAN I,378–384). Inhaltliche Zusammenhänge zwischen diesem Fragment und einem weiteren, in Kafkas Tagebuch unter dem Datum des 6. April 1917 enthaltenen (KKAT 810f.), deuten darauf hin, daß das Fragment im Oktavheft nach dem im Tagebuch niedergeschrieben sein muß. Zieht man in Betracht, daß zwischen dem *Gracchus*-Fragment und dem Beginn des *Berichts für eine Akademie* im »Oktavheft D« noch zwei Ansätze zum *Bericht*[3], die sich über etwa neuneinhalb Seiten erstrecken, sowie darauf folgend auf viereinhalb Seiten zwei weitere, damit nicht im Zusammenhang stehende Eintragungen[4] entstanden sind, so dürfte Kafka die Niederschrift des *Berichts* nicht vor Ende der ersten Aprilwoche 1917 begonnen haben. Berücksichtigt man, daß nach Abschluß der Arbeit auch die maschinenschriftliche Abschrift des Textes für die Sendung an Martin Buber noch Zeit in Anspruch genommen hat, so ist anzunehmen, daß die Entstehung des Textes mindestens ein oder zwei Tage vor dem 22. April 1917 abgeschlossen war.

Aus den zwölf Texten, die Kafka ihm am 22. April mit dem Hinweis schickte, sie »und noch andere sollen später einmal als Buch erscheinen unter dem gemeinsamen Titel: ›Verantwortung‹«[5], wählte Buber *Schakale und Araber* und *Ein*

---

[3] Beide Ansätze sind aus der Perspektive eines Reporters gestaltet: Der erste als Bericht über einen Besuch und eine Begegnung mit dem Impresario, der zweite als Dialog mit dem Schimpansen Rotpeter. Einzelheiten aus diesen Vorfassungen übernimmt Kafka in die endgültige Niederschrift, in der er aber die Erzählperspektive wechselt (vgl. KKAN I,384–388).

[4] Ein nach vier Zeilen abbrechender Ansatz, der mit den Worten »Sommer war es [...]« beginnt, sowie »Meine Hände begannen einen Kampf [...]« (KKAN I,388 ff.).

[5] Buber (Anm. 1) S. 492.

Bericht für eine Akademie für eine Veröffentlichung aus und schlug – wie sich Kafkas Antwort entnehmen läßt – offenbar den Titel »Zwei Gleichnisse« vor. Kafka antwortete am 12. Mai 1917: »Gleichnisse bitte ich die Stücke nicht zu nennen, es sind nicht eigentlich Gleichnisse; wenn sie einen Gesamttitel haben sollen, dann am besten vielleicht ›Zwei Tiergeschichten‹.«[6] Unter diesem Gesamttitel (mit dem Zusatz »1«) erschien *Schakale und Araber* im Oktoberheft, *Ein Bericht für eine Akademie* (mit dem Zusatz »2«) im Novemberheft der von Buber herausgegebenen Zeitschrift.[7]

Von einem nicht autorisierten Nachdruck, der nur wenige Wochen später – im Dezember 1917 – in der *Österreichischen Morgenzeitung*[8] publiziert wurde, erfuhr Kafka durch den Schriftstellerverein, der ihm anbot, »ein Honorar von 30 M (gegen Rückbehaltung von 30%)« für ihn einzutreiben (vgl. BKB 232).

Über die beabsichtigte Publikation eines Sammelbandes, der unterdessen statt »Verantwortung« den Titel *Ein Landarzt* tragen sollte,[9] verständigte sich Kafka mit seinem Verleger Kurt Wolff bereits im Sommer 1917. Das Erscheinen dieses Bandes – und damit die dritte Publikation von *Ein Bericht für eine Akademie* zu Kafkas Lebzeiten – verzögerte sich wegen der Kriegsfolgen allerdings bis zum Mai 1920.[10]

Das Echo im Kreis der mit Kafka befreundeten oder be-

---

6 Buber (Anm. 1) S. 494.
7 *Der Jude. Eine Monatsschrift* 2 (1917/18), Oktoberheft, S. 488–490, und Novemberheft, S. 559–565.
8 *Österreichische Morgenzeitung*, Nr. 357, 25. Dezember 1917 (Weihnachtsbeil.), S. 9f. – *Schakale und Araber* war von derselben Zeitung bereits am 3. Dezember 1917 veröffentlicht worden (Literaturbeil. zu Nr. 235, S. 3).
9 Vgl. hierzu Kurt Wolff, *Briefwechsel eines Verlegers 1911–1963*, hrsg. von B. Zeller und E. Otten, Frankfurt a. M. 1966, S. 42–51.
10 Franz Kafka, *Ein Landarzt*, München/Leipzig 1919 [1920], S. 145 bis 189.

kannten Autoren auf die Publikation in Bubers Zeitschrift war enthusiastisch. Schon am 18. Dezember berichtete Max Brod seinem Freund von einem Brief Franz Werfels:

> Werfel schreibt begeistert über deine Affengeschichte, findet, daß du der größte deutsche Dichter bist. Auch meine Ansicht seit langem, wie du weißt. Mit dem einzigen Verdacht, den du mich gegen so grelle Formulierungen gelehrt hast, der aber nicht aus meinem Herzen kommt. (BKB 210)

Ein Lob, das Kafka – wie immer – sehr zurückhaltend aufnahm. Er bestätigte in seinem nächsten Brief den Erhalt von Brods Mitteilung, »zu der sich nichts sagen läßt«, und stellte fest: »Werfel bricht immer so aus und ist es bei Dir Gutsein zu mir, so gilt es gern in jeder Weise« (BKB 211f.). Bereits im November 1917, *Der Jude* war gerade erschienen, hatte Max Brod für seine Frau Kafkas Erlaubnis erwirkt, die »Novelle vom Affen, der Mensch wird« (BKB 191) anläßlich eines öffentlichen Abends des Prager »Klubs jüdischer Frauen und Mädchen« lesen zu dürfen. Einen Tag nach der Veranstaltung, am 20. Dezember 1917, berichtete Elsa Brod Kafka von Verlauf und Wirkung ihrer Lesung:

> Dann las ich den Affen, ohne vorherige Anzeige, ganz improvisiert. Felix u. Baum[11] fanden, daß ich Sie (als Vorleser des Affen) ganz genau kopiert habe, Max fand es etwas zu lyrisch, nicht frech genug, doch war man sehr begeistert, was selbst bei schlechterer Aufführung selbstverständlich wäre; ich selber finde, daß ich ihn sehr gut lese, Bestätigung dessen ist nur, daß ich dabei buchstäblich affenmäßig fühle, ich rieche Affenschweiß und ströme ihn aus, natürlich nur während dieser Lektüre. **Der Affe ist ein Meisterwerk.** (BKB 215f.)

---

11 Felix Weltsch und Oskar Baum, enge Freunde Brods und Kafkas.

Elsa Brod hatte damit die bis in die Gegenwart reichende Tradition des *Berichts* als Vortragsstück begründet. Bereits zu Kafkas Lebzeiten nahm der mit ihm befreundete Rezitator Ludwig Hardt den Text in sein Repertoire auf, der dann bis zu Hardts Emigration im Jahre 1938 zu den Höhepunkten seiner gefeierten Vortragsreisen durch das deutschsprachige Europa zählte. Das Genre des Rezitations- oder Vortragskünstlers verlor im Laufe der Zeit – vor allem wegen der zunehmenden Verbreitung der ton- und bildtragenden Medien – an Bedeutung; der *Bericht* blieb aber eine ›Glanznummer‹ des Sprechtheaters: in Form von szenischen Lesungen oder regelrechten Inszenierungen fand er nach dem Zweiten Weltkrieg Eingang in die Bühnenspielpläne. Zu den bekanntesten Adaptionen zählt die Berliner Inszenierung aus dem Jahr 1963 mit dem Schauspieler Klaus Kammer in der Maske eines Menschenaffen,[12] sie wurde zum Vorbild zahlloser ähnlicher Realisationsversuche.[13] Allein in der Spielzeit 1990/91 stand *Ein Bericht für eine Akademie* auf dem Spielplan von elf deutschen Bühnen – zahlreiche freie Gruppen nicht eingerechnet.

In seiner Besprechung der Veranstaltung, in der seine Frau den *Bericht* gelesen hatte, äußerte Max Brod zum Text:

> Franz Kafka erzählt nur die Geschichte eines Affen, der, von Hagenbeck eingefangen, gewaltsam Mensch wird. Und was für ein Mensch! Das Letzte, das Abschaumhafte der Gattung Mensch belohnt ihn für seine Anbiederungsmühen. Ist es nicht die genialste Satire auf die Assimilation, die je geschrieben worden ist! Man lese sie nochmals im letzten Heft des ›Juden‹. Der Assimilant, der nicht Freiheit, nicht Unendlichkeit will, nur einen Ausweg, einen jämmerlichen Ausweg! Es ist grotesk und erhaben in einem Atemzug. Denn die nichtgewollte

---

12 Vgl. die Abbildung zu der Besprechung bei Rischbieter (1963).
13 Siehe auch: Heinke Wunderlich, »Dramatisierungen und Verfilmungen«, in: KHB II, S. 833 ff.

Freiheit Gottes steht drohend hinter der tiermenschlichen Komödie.[14]

Mit dieser Auslegung bestimmte er auf Jahrzehnte hinaus den Textzugang. Sowohl aus dem Verständnis der Zeit, als auch vor dem persönlichen Hintergrund Brods und Kafkas war sie der naheliegendste Deutungsansatz. Beide Familien gehörten zum deutsch-jüdischen Bürgertum Prags, dessen Assimilation in der zweiten Hälfte des 19. Jahrhunderts weit vorangeschritten war.

Um 1900 konnten fast alle Prager Juden – so auch die Väter Kafkas und Max Brods – als Vier-Tage-Juden bezeichnet werden, die nur an den drei höchsten jüdischen Feiertagen und am 18. August jeden Jahres, dem Geburtstag Kaiser Franz Josephs I., in der Synagoge anwesend waren und deren jüdische Schulung in der Regel so gering war, daß sie den Text des hebräischen Gebetbuches nicht mehr verstehen konnten.[15]

Bei der nachfolgenden Generation erfolgte allerdings häufig über den Zionismus wieder eine bewußte Hinwendung zum Judentum. Im Gegensatz zu Max Brod und anderen Freunden war Kafkas Beschäftigung mit dem Judentum eher theoretischer Art, bestimmt von dem Wunsch, die eigene Identität und Herkunft zu hinterfragen. Ausgelöst wurde sie bei ihm durch Gastspiele ostjüdischer Theatergruppen in Prag in den Jahren 1910 und 1911. Hier begegnete er dem nicht assimilierten Judentum, eine Begegnung, die sich während der Kriegsjahre 1915–17 wiederholte, als sich tausende von ostjüdischen Flüchtlingen in Prag aufhielten und von der jüdischen Gemeinde betreut wurden. Die

14 Max Brod, »Literarischer Abend des Klubs jüdischer Frauen und Mädchen«, in: *Selbstwehr*, Jg. 12, Nr. 1, 4. Januar 1918, S. 4f. Zit. nach: *Franz Kafka. Kritik und Rezeption zu seinen Lebzeiten. 1912 bis 1924*, hrsg. von J. Born unter Mitw. von H. Mühlfeit und F. Spicker, Frankfurt a. M. 1979, S. 128.

15 Christoph Stölzl, »Prag«, in: KHB II, S. 67.

in ihrer Religion verwurzelten ostjüdischen Menschen bewunderte Kafka als ursprünglich und kraftvoll, während in seinen Augen das assimilierte Westjudentum, das für die religiösen Gebräuche nur noch ein historisches Interesse aufbrachte, »in einem deutlich unabsehbaren Übergang« begriffen war (KKAT 311). Vor diesem Hintergrund erhält Brods Deutungsansatz sein besonderes Gewicht, seine zeitgenössische Bedeutung.

Die von Brod vorgegebene Richtung wurde 1934 von Hans Politzer weiterverfolgt.[16] Für Politzer offenbart der Text »aus dem Blickwinkel des Tiers den gesamten geistigen – und dahinter religiösen – Verfall der Kulturmenschheit« (78). Ohne sich wie Brod explizit auf das Judentum zu beziehen, führt er aus:

> Dieser Affe, aus dem natürlichen Zusammenhang mit seinem Stamm und seiner Welt gerissen, erscheint zugleich als die Fratze eines Volkes, das der Anpassung verfallen, seine Herkunft, seinen Sinn und sein Ziel vergessen und verraten hat und als das Zerrbild der Menschheit überhaupt, die, in der Lässigkeit der Zivilisation, tierischer als das Tier geworden ist, so daß dieses Affen Entwicklung ihn nur in seinen Augen hinaufgeleitet; in Wahrheit aber ihn in rasendem Verfall abstürzen gemacht hat. (Ebd.)

Fast zwanzig Jahre später, 1952, nimmt in den USA zunächst William C. Rubinstein diesen Deutungsansatz wieder auf.[17] Die Erinnerung an die Zeit Rotpeters im Käfig setzt Rubinstein dem Erlebnis des Gettos gleich, die Berichte anderer, auf die Rotpeter bei der Erinnerung der Ereignisse vor seiner Gefangennahme angewiesen ist, dem Alten Testament. Die Wahl zwischen Flucht und Freiheit auf der einen Seite und Menschwerden auf der anderen entsprechen ihm zufolge dem Bekenntnis zum Zionismus

---

16 Heinz Politzer, »Nachwort«, in: Franz Kafka, *Vor dem Gesetz*, Berlin 1934, S. 75–80.
17 Rubinstein (1952).

und der Entscheidung für die Assimilation oder Konversion.

Mit leichten Akzentverschiebungen oder im Rahmen weitergreifender Studien[18] taucht die Interpretation des *Berichts* als Auseinandersetzung mit dem Judentum auch in den folgenden Jahrzehnten immer wieder auf. Aber bereits 1963 weist George Schulz-Behrend den rassisch-religiösen Deutungsansatz zurück.[19] Er widerlegt Rubinsteins auf den ersten Blick einleuchtende Auslegung von Textstellen und weist, bezugnehmend auf die oftmals hervorgehobene Bedeutung der Publikation im *Juden*, auf eine Antwort Martin Bubers hin: »Dichtungen habe ich im ›Juden‹ nicht ihres jüdischen Inhalts wegen veröffentlicht, sondern wenn es mir für meine Leser wichtig schien sie zu kennen« (3). Nach Schulz-Behrend geht es im *Bericht* um die Freiheit des Menschen, steht Rotpeter für den »Selfmademan«, der seine Freiheit gegen Sicherheit und materiellen Erfolg eingetauscht hat. Je länger sich Rotpeter unter Menschen aufhält, desto mehr wird er korrumpiert, desto ferner rückt der Wald, das Symbol für seine Freiheit. Er hatte keine andere Wahl, als »sich in die Büsche [zu] schlagen« (E 154). Das Hinken und der rote Fleck auf der Wange, so Schulz-Behrend, werden Rotpeter immer an die Freiheit erinnern, die er einmal besessen hat, aber bis zu seinem Tod nicht mehr genießen wird.

Immerhin, so Schulz-Behrend, hat Rotpeter gewählt: Zwischen zwei Formen der Unfreiheit, dem Zoo und dem Menschwerden, hat er sich für das letztere entschieden, für

---

18 Unter anderem Kauf (1954): Assimilation nicht aus Überzeugung, aus innerem Zwang, sondern aus Opportunismus, aus materiellen Überlegungen. Evelyn Torton Beck, *Kafka and the Yiddish Theater. Its impact on his work*, Madison/London 1971, S. 181–188: Verweis auf ein mögliches Vorbild in der Figur eines konvertierten Juden in dem Stück *Blimale* von Joseph Latteiner, das Kafka 1911 in einer Inszenierung der von ihm bewunderten jiddischen Theatertruppe kennengelernt hatte.

19 Schulz-Behrend (1963).

ihn – da er die Freiheit selbst nicht wählen konnte – die bessere Wahl. Daran knüpft auch Leo Weinsteins Interpretation[20] an, die den *Bericht* zu anderen Texten Kafkas in Beziehung setzt. Weinstein vergleicht Rotpeter mit anderen Helden Kafkas (vor allem den Hauptfiguren der Romane) und kommt zu dem Schluß, daß sie alle durch eine Herausforderung in eine Situation versetzt werden, die sie aus ihrer alltäglichen Routine reißt. In dieser neuen Situation schafft es keiner der Protagonisten Kafkas, mit den ihm gegebenen Mitteln das zu erreichen, was hinter den dem Menschen gesetzten Grenzen liegt (etwa das »Schloß« oder das »Gesetz«), weil sie alle ihre menschlichen Grenzen nicht überwinden, keine vollkommene Verwandlung vollziehen – von Gregor Samsa in der *Verwandlung* abgesehen. Der Affe Rotpeter erhält seine Herausforderung mit dem ersten Schuß, der ihn aus der Routine seines Affenlebens reißt. Er wird sich sehr bald der Grenzen seiner Möglichkeiten bewußt (symbolisiert durch den Käfig) und nimmt die Verwandlung zum Menschen als einzige Möglichkeit wahr, die gesetzten Grenzen zu überwinden. Damit hat er zwar weder alle seine Probleme gelöst, noch wird er zum voll akzeptierten Mitglied der menschlichen Gesellschaft, aber er hat seine Grenzen überwunden, hat für sich einen Erfolg erzielt – was ihn von den anderen Helden Kafkas unterscheidet.

Rotpeter als Kafkas einziger positiver und erfolgreicher Held: Auch Walter Sokels Deutung[21] geht in diese Richtung, betrachtet den *Bericht* als »Lebensrettungsgeschichte«, als »success story« (341). Flucht, Freiheit und Heimkehr in den Wald wäre die utopische Lösung und – nach Sokel – »die Versuchung des Todes« (336). Rotpeters Lebenswille läßt ihn die vernünftige Lösung wählen, die Menschwerdung. Entscheidend ist für Sokel dabei »die

---

20 Weinstein (1962).
21 Sokel (1964).

Drehung des verwundeten Ichs von innen nach außen« (338): Mit dem Blick aus dem Käfig verlagert sich das Interesse vom eigenen Schicksal auf die Umgebung, es beginnt die Verständigung mit der Außenwelt, deren Nachahmung und die Aufnahme der Kommunikation mit ihr. Rotpeter akzeptiert die Tatsachen; er ist der realistisch denkende Held: »Wahrheit im Sinne völliger Hinnahme und Annahme der Tatsachen triumphierte über Illusionen und träumerische Treue zum verlorenen Ursprung« (340). Die Menschwerdung des Affen vollzieht sich als vollständige Umformung seiner Natur, nicht als Dressur. Sie stellt sich als erfolgreiche Anpassung an die Menschenwelt dar. Rotpeters Lebensretter bei dieser Wandlung ist die Kunst:

> Der »Bericht«, wörtlich genommen, und nur wörtlich kann Kafka verstanden und gewürdigt werden, ist also weder Satire auf die Menschheit noch Allegorie eines getauften Juden, sondern Bericht einer Sublimierung und Erziehung, wobei ein Leidender, um zu überleben, Künstler wird. (347 f.)

Mit dem Künstlerdasein ist aber auch eine neue Beschränkung in Rotpeters Leben verbunden: »Gerade weil er bloß Künstler und ›entertainer‹ wird, rückt der Affe nie zum wirklich ebenbürtigen Menschen auf« (348). Die Grenze zwischen Bühne und Publikum symbolisiert, was ihn von der Gemeinschaft der Menschen trennt. In die Beschränkung des Künstlerdaseins fügt sich Rotpeter um des Überlebens willen. Sokels Interpretation sieht im *Bericht* das Prinzip des Realismus dargestellt; die Freiheitsproblematik tritt hinter die soziale Einordnung und Funktionserfüllung aus utilitaristischen Gründen zurück: Rotpeter, ein nach dem Prinzip des »Machbaren« agierender Held.

Im Gegensatz dazu steht für Wilhelm Emrich[22] das Prinzip der Freiheit im Vordergrund. Die Menschwerdung sieht er

---

22 Emrich (1970).

als »vorwärtsgepeitschte Entwicklung«, die den Affen zwingt, seine Freiheit preiszugeben (128). Das Tier ist für Emrich »Sinnbild universeller Freiheit« (129). Die neu gewonnene »Menschenfreiheit« vermag diese nicht zu ersetzen: »mit Freiheit betrügt man sich unter Menschen allzuoft« (E 150), zitiert Emrich aus dem *Bericht*. Rotpeter lebt »in einer Zwitterwelt, die weder volle Freiheit noch volle Gefangenschaft darstellt« (128). Für Emrich endet der von Kafka beschriebene Vorgang der Menschwerdung des Affen »mit Resignation in schroffem Kontrast zur Fortschrittsideologie« (129).

Auch Herbert Tauber[23] interpretiert Kafkas *Bericht* negativ. Er sieht den Mensch gewordenen Affen Rotpeter als satirisches Spiegelbild des Menschen und folgt damit gleichfalls Max Brod, der in seiner Kafka-Biographie schreibt:

> Die »Verwandlung« – der Mensch, der nicht vollkommen ist, Kafka erniedrigt ihn zum Tier, zum Insekt. Oder, was noch gräßlicher ist, er läßt (»Bericht für eine Akademie«) das Tier zum Menschtum aufrücken, aber zu was für einem Menschtum, zu einer Maskerade, die den Menschen demaskiert.[24]

Für Tauber ist der *Bericht* eine »Posse vor einem düsteren Gefühlshintergrund«, die den »in der Oberflächlichkeit aufgehenden Alltagsmenschen« darstellt, »der sein Wesen nicht in Freiheit erfüllen und verwirklichen kann, sondern dessen oberstes Gesetz die Anpassung ist« (73).

Während Interpretationen des *Berichts* als Satire sich eher mit den allgemeinen, vordergründigen Implikationen des Textes beschäftigen, entfernen sich psychoanalytisch orientierte Ansätze häufig vom Text, in dem sie die vermutete psychische Befindlichkeit des Autors in die Untersuchung

---

23 Tauber (1941).
24 Max Brod, *Über Franz Kafka*, Frankfurt 1974, S. 118. Erstmals erschienen in: M. B., *Franz Kafka. Eine Biographie (Erinnerungen und Dokumente)*, Prag 1937.

mit einbeziehen. Bereits 1931 erschien eine Studie von Hellmuth Kaiser[25], die sich dem *Bericht* und seinem Autor aus sexualpsychologischer Sicht widmet. Die unbestimmte Angabe Rotpeters, ein zweiter Schuß habe ihn »unterhalb der Hüfte« getroffen (E 148), jetzt sei dort nichts zu finden als wohlgepflegter Pelz und eine Narbe (vgl. E 149), führt Kaiser zu dem Schluß, daß dort nichts mehr zu sehen sei, »was das Schamgefühl verletzen könnte«, daß also Rotpeter »das Genitale nicht mehr besitzt« (73). Dieses Kastrationserlebnis ist Ausgangspunkt der Interpretation. Kaiser setzt es mit dem in der psychoanalytischen Forschung bekannten Erlebnis der Kastrationsangst gleich, bei dem das männliche Kind »jede Einschüchterung seiner sexuellen Strebungen als eine Bedrohung seines Geschlechtsgliedes – als eine Kastrationsdrohung« empfindet (74). Da für ihn feststeht, »daß der durch die Deutung zu entschleiernde, dem Dichter unbewußte Gehalt einer Dichtung, unbeschadet seiner Unbewußtheit, irgendwie mit dem aktuellen Leben des Dichters zu tun haben muß« (75), geht Kaiser davon aus, daß der kindliche Kastrationsschock bei Kafka »besonders heftig ausfiel« und sich als Folge seit der Pubertät eine »Störung der Genitallibido bemerkbar« machte (ebd.). Am Text des *Berichts* weist er nach, auf welche Weise das im Unterbewußtsein gespeicherte traumatische Erlebnis und die daraus resultierende Sexualstörung auf die Dichtung eingewirkt haben und auf die Hauptfigur projiziert worden sind. Rotpeters Menschwerdung kann schließlich nicht vollkommen gelingen; bei »verzweifeltem Kräfteeinsatz« reicht es nur zu einem »Artistendasein«. Seine artistischen Leistungen »und die Anerkennung, die sie finden, sind es auch nur, die ihm die Kraft zu der stolzen Resignation geben, mit der er sein Dasein – dem die Zufriedenheit fehlt – klaglos erträgt« (80). Er hat zwar die »Durchschnittsbildung eines Europäers« (E 154) erreicht, aber sein Triebleben ist das eines Affen geblieben, seine Persönlichkeit letztlich gespalten:

---

25 Kaiser (1931).

Ein Bericht für eine Akademie   185

> Durch keine noch so gewaltige Anstrengung des Willens kann der Triebgestörte zu dem Leben eines vollentwickelten Menschen gelangen. Nachahmung bleibt Nachahmung. Diese Nachahmung ist ja nicht das freudige Sichaneignen eines Verhaltens, das der eigenen Natur gemäß ist [...]. Es ist ein gewaltsamer Versuch, sich aus einer Zwangslage zu befreien. (81)

In Rotpeters Ausweg sieht Kaiser ein »auf Triebsublimierung beruhendes Dasein, in dem man, des Triebdrucks niemals ledig, zu außerordentlichen Leistungen genötigt und befähigt ist« (82). Der Ausweg ist Rotpeter demnach lieber als die »Freiheit nach allen Seiten« (E 150), gewährt er ihm doch bei seiner körperlichen Verstümmelung, »die Bedingung seiner ungewöhnlichen Leistungen ist« (82), über die damit verbundene Triebsublimierung ein zufriedenes Leben. Kaiser faßt zusammen:

> Die Mischung von äffischen und menschlichen Zügen in dem Verfasser des »Berichts« zeigt genau das Bild des hochbegabten, aber entwicklungsgehemmten – neurotisch erkrankten Menschen eines bestimmten Typs. Die intellektuellen Leistungen überragen durchaus den Durchschnitt, die beruflichen und gesellschaftlichen Beziehungen zu Menschen beruhen auf Routine und geschickter Nachahmung, das Triebleben, insbesondere das Sexualleben, ist äffisch, d. h. unentwickelt geblieben. Der Mangel reifer, normaler Männlichkeit ist teilweise kompensiert, aber nicht behoben. (82 f.)[26]

---

26 Rund 50 Jahre nach Hellmuth Kaiser deutet Günter Mecke Kafkas Werk anhand seiner »Erkenntnis«, daß Kafka homosexuell war, seine Homosexualität aber nur in verschlüsselter Form im Werk offenbaren konnte. Der *Bericht* ist die Darstellung des Traumas einer homosexuellen Vergewaltigung, wie sie Kafka nach Meckes Einschätzung mit 14/15 Jahren erlebt hat (Affe = unschuldiges Kind, Menschen = Homo-Sexuelle, Schüsse und Gefangennahme = Vergewaltigung oder gewaltsame Verführung). Vgl. Günter Mecke, *Franz Kafkas offenbares Geheimnis. Eine Psychopathographie*, München 1982, S. 115–133.

Die bislang vorgestellten Interpretationen sind von der Vorstellung getragen, Kafkas Texte seien als geschlossene Welt in sich zu behandeln, etwa als Ergebnis einer psychisch-seelischen, sozialen oder geistigen Prägung, als Darstellungen seines »traumhaften innern Lebens« (KKAT 546)[27] – womit sie die problematische Darstellung des Wirklichkeitsbezuges der Texte weitgehend vermeiden. Allenfalls wird dort ein punktueller Wirklichkeitsbezug hergestellt, wo sich mit ihm die jeweilige Deutung stützen läßt. Die solchermaßen angelegte Interpretation versteht sich immer als Suche nach einer verborgenen, dem jeweiligen Text oder dem Werk als Ganzem zugrundeliegenden Bedeutung, die sich bei Anwendung des richtigen ›Schlüssels‹ zweifelsfrei erschließen läßt. Demgegenüber zeigt sich bei den meisten seit den späten sechziger Jahren entstandenen Arbeiten zum *Bericht* ein Wandel: Sie lösen sich sowohl von den engeren biographischen Bezügen (ohne diese ganz außer acht zu lassen), als auch von den eingleisigen natur-, geistes- und gesellschaftswissenschaftlichen Blickrichtungen. Statt dessen tritt die Erforschung von Quellen, literarischen Vorbildern und Bezügen in den Vordergrund, und von den Ergebnissen dieser Forschung ausgehend (oder aber sie einbeziehend) versucht man, Kafkas Texte in einem größeren Zusammenhang zu erschließen.

In seiner umfangreichen Studie zu E. T. A. Hoffmann und Kafka interpretiert Günter Wöllner[28] den *Bericht* als »Darstellung der Künstlerproblematik«, allerdings mit einem »auffälligen Grad der Irrealität«. Rotpeters »Künstlertum« ist nicht etwa »mit der Dichterexistenz Kafkas« identisch, sondern sie »ist ›Abbreviatur‹ der künstlerischen Wirklich-

---

27 An die Tagebucheintragung angelehnt wählte Friedrich Beißner den Titel einer seiner Studien, mit denen er auf Jahre den Werkzugang prägte: Friedrich Beißner, *Kafkas Darstellung des »traumhaft innern Lebens«*, Bebenhausen 1972.
28 Günter Wöllner, *E. T. A. Hoffmann und Franz Kafka. Von der ›fortgeführten Metapher‹ zum ›sinnlichen Paradox‹*, Bern/Stuttgart 1971.

keit«. Der »Boden der Wirklichkeit«, auf dem Rotpeter sich bewegt, ist das »Paradox des Zugleichs von vorzivilisatorischem Ursprung und zivilisatorischer Gegenwart«, verkörpert in seiner »Affen-Mensch-Gestalt« (134).
Klaus-Peter Philippi[29] verweist darauf, daß Kafka »mit der Verwendung des zentralen Motivs vom Affen in der Menschenwelt in einer langen literarischen und außerliterarischen Tradition« steht (116). Als wahrscheinliche, direkte literarische Vorbilder benennt auch er E. T. A. Hoffmanns Erzählung *Nachricht von einem gebildeten jungen Mann* und *Der junge Engländer* von Wilhelm Hauff. Ferner führt er Friedrich Nietzsches *Zur Genealogie der Moral* an: »Nietzsche hat hier das zentrale Phänomen in den Blick bekommen, das auch Kafka beschäftigt: die innere Wandlung des Tieres zum Menschen unter dem Zwang der Welt, in die es gefallen ist« (123). Philippi zufolge geht es Kafka »um das Problem der Verwandlung des Affen zum Menschen, wie es sich im Bewußtsein des auf seine Verwandlung Reflektierenden darstellt, wobei ihm sein eigenes Dasein und seine Freiheit in diesem fragwürdig werden« (121). Die »innere Problematik dieses Bewußtseins« (124) steht im Mittelpunkt. Mit dem »Handschlag« (E 148) beginnt die Entwicklung zum »bewußtseinsbestimmten menschlichen Wesen«, er ist Symbol für eine »Offenheit«, welche die »Ablösung der individuellen Freiheit des früheren Wesens durch das Verbindende der einsetzenden Beziehung zu einer – menschlichen – Gemeinschaft« (127) einleitet. Es ist die Preisgabe der »vermeintlichen Freiheit« (130) des Affen zugunsten »der geistigen Einordnung in die allgemeine, alle Menschen umfassende formale Ordnung« (128). »Der Gegensatz zur Unfreiheit ist für das Begreifen der Freiheit im menschlichen Bewußtsein dialektisch notwendig« (131). Rotpeter hat ein »Bewußtsein von Freiheit, die in der Gegenwart nicht existiert und im Leben nur als Vergangenes in

---

29 Philippi (1966).

der Idee erfahren werden kann«, und dies ist »das menschlich Gemeinsame« (ebd.), was zu seiner Einordnung in die neue Umwelt führt.

> Für den, der sich einmal in ihr befindet, ist diese Welt die einzige; in ihr muß er leben. Indem sie gegen alle Widerstände der eigenen früheren ›Natur‹ ergriffen wird, erhält sich der Affe als Mensch unter Menschen am Leben. (138)

Die »Daseinsform eines Künstlers« (139) ermöglicht ihm die neue Existenz. Die »Scheinexistenz verwirklichter Freiheit« führt er im Varieté vor; »als bewußt gestaltete eigene Lebensform« täuscht er sie »den Menschen als wesentlich menschlich« vor (142f.). Rotpeter ist »Schauspieler seiner selbst« (144): »Der Bericht ist die künstlerische Ausdrucksform des Lebens, das sich selbst zum Kunstgegenstand gemacht hat« (145). Bezogen auf die mittelalterliche Anschauung von der »Kunst als Affen«, als törichte Nachahmung des Wahren, stellt Philippi fest:

> Bei Kafkas Affe trifft genau dies zu, nur gibt es für ihn keine Wahrheit mehr außerhalb der Kunst. Der Begriff der Wahrheit ist nicht mehr der Orientierungspunkt dessen, was die Kunst erreichen kann. Die einzig mögliche »Wahrheit« liegt in der bloßen Existenz und deren Form als Künstlichkeit. (145f.)

Mit anderer Zielrichtung zeigt auch Gerhard Neumann[30] auf, daß der *Bericht* »verblüffenderweise topische Motive gerade jener europäischen Mimesistradition aufweist, die man Kafka streitig macht, nämlich das typologische Schema und die Affenfigur« (181). Kafka steht für ihn in der europäischen Mimesistradition, und mit seiner »den Mimesisgedanken mitberücksichtigenden Interpretation« weist Neumann »Strukturen ›außerseelischer‹ Wirklichkeit« am *Bericht* nach. Er deutet den Text als »die Geschichte eines

---

30 Neumann (1975).

Lernprozesses« (166) bei der Bewältigung von Wirklichkeit. Mit dem »Lernprozeß des Affen Rotpeter« führt Kafka demnach auf seine widersprüchliche Weise folgendes vor:

> Wirklichkeitsbewältigung erfolgt allemal in zwei Richtungen, einerseits als geistige Orientierung, als Aneignung eines Sinns, als »Theorie«; zum anderen als sinnliche Orientierung, als Aneignung eines angemessenen Sich-Verhaltens, als »Praxis«. (176)

Sowohl »antizipierendes Bewußtsein« als auch »Nachahmung der Natur« (ebd.) sind in Rotpeters Wirklichkeitsbewältigung als »korrelierende Möglichkeiten« (180) vorhanden. Die beiden Modelle werden von Kafka gegeneinander ausgespielt, eine Vermittlung zwischen ihnen ist durch das »Einwirken gesellschaftlicher Machtinstanzen« (178) nicht möglich, die Gewalt (symbolisiert durch den Käfig) »erzwingt ja förmlich die partielle Menschwerdung Rotpeters« (180).

> Daß eine Vermittlung beider, der weltgeschichtlichen Gesetzgebung aus dem Geist der Utopie einerseits, der mimetischen Aneignung der Alltagswirklichkeit als Basis aller höheren Erkenntnis andererseits heute nicht gelingt, ist offensichtlich. [...] Diesen sehr einfachen, aber zugleich schwierigen, weil für die Menschen unbefriedigenden Konflikt im Bewältigen von Wirklichkeit spricht der Kafkasche Text aus. (178)

In seinem Buch über Motiv und Gestaltung bei Kafka[31] ordnet Harmut Binder den *Bericht* formal in die europäische Erzähltradition ein, in dem er darstellt, »welchen literarischen Vorbildern Kafkas ›Erzählformen‹ verpflichtet« sind (147). Auch er verweist dabei vor allem auf E. T. A. Hoffmann, der selbst wiederum in der Tradition eines Mi-

---

31 Harmut Binder, *Motiv und Gestaltung bei Franz Kafka*, Bonn 1966, s. bes. S. 161–166.

guel de Cervantes steht. In diesem Buch sowie in weiteren Arbeiten[32] belegt Binder ausführlich motivische Zusammenhänge, weist aber auch darauf hin, daß Hoffmann in Kafkas eigenen Lebenszeugnissen nirgends erwähnt wird. Darüber hinaus belegt Binder zahlreiche Quellen, etwa Carl Hagenbecks Autobiographie, sowie zahlreiche Berichte über in Varietés auftretende Affen, die Kafka entweder nachweislich gelesen hat oder aber in von ihm mit einiger Regelmäßigkeit gelesenen Zeitungen und Zeitschriften gelesen haben könnte.

Erkenntnisse über Quellen, die zur Niederschrift des *Berichts* angeregt haben oder gar darin von Kafka verarbeitet wurden, enthalten ferner – zum Teil auf Binders Forschungsergebnissen basierend – die Arbeiten von Walter Bauer-Wabnegg und Paul Heller. Beide gehen ausführlich auf die Geschichte der in den ersten beiden Jahrzehnten dieses Jahrhunderts in den europäischen Varietés auftretenden Affen ein. Nach Ansicht von Bauer-Wabnegg[33] läßt sich für den *Bericht* »die Quellenlage entstehungsgeschichtlich so exakt rekonstruieren« wie für keinen anderen Text Kafkas (127). Als unmittelbare Quellen benennt er, neben der schon von Binder angeführten Autobiographie Carl Hagenbecks, Berichte über die Demonstrationen des Edison-Phonographen vor der Pariser Akademie der Wissenschaften (Edison ließ den Apparat eine Rede an die »Herren Mitglieder der Akademie der Wissenschaften« halten, 152) sowie den Artikel über einen seinerzeit berühmten, im Varieté auftretenden Affen, der am 1. April 1917, also etwa eine Woche vor der Niederschrift des *Berichts*, im *Prager Tagblatt* erschien. Paul Heller[34] belegt anhand einer Gegenüberstellung von Textstellen, daß Kafka »aus den Beschreibungen des Orang-Utans und des Schimpansen« in *Brehms Tierleben* »über

---

32 Binder (1975 und 1983).
33 Bauer-Wabnegg (1986).
34 Paul Heller, *Franz Kafka. Wissenschaft und Wissenschaftskritik*, Tübingen 1989.

20 Punkte« herausgegriffen hat, daß »Verhaltensbeobachtungen, Expeditionsberichte, Erzählungen von Erlebnissen mit Menschenaffen in Gefangenschaft und allerlei Kuriositäten aus der Welt von Zirkus und Varieté« in den *Bericht* eingeflossen sind (112–115). Unter Anführung zeitgenössischer Berichte über wissenschaftliche Versuche, Tieren – insbesondere auch Affen – das Sprechen beizubringen (133–142), führt Heller aus, daß Kafka seine Tierfiguren auf der Basis ihm verfügbarer wissenschaftlicher Beschreibungen gestaltet hat. Indem er so die Verflechtung von Literatur, Wissenschaft und Technik aufzeigt, stellt er den *Bericht* in den Kontext von Krise und Kritik der wissenschaftlich-technischen Zivilisation zu Kafkas Lebzeiten.

Die Interpretationen der letzten Jahre erfolgen also von einer breiteren Basis aus; sie weisen auf Quellen und Vorbilder hin, sie sehen den Text in seinem zeitgenössischen Rahmen. Malcolm Pasley hat deutlich gemacht,[35] in welchem Maße gerade bei der Erforschung von Kafkas Werk zu berücksichtigen ist, daß in einen Text zahlreiche Quellen und Vorlagen aus verschiedenen Bereichen eingegangen sein können. Eine entsprechend pluralistisch angelegte Vorgehensweise zeichnet inzwischen die meisten Interpretationen aus. Pasley deutet aber auch an, daß einzelne Aspekte nicht überbewertet werden sollten, was gerade im Hinblick auf den *Bericht* hervorzuheben ist. Die Kafka-Forschung hat zwar zahlreiche Hinweise auf Lektüren Kafkas, auf seine Rezeption von Werken anderer Autoren, von wissenschaftlichen Abhandlungen, von Periodika, von Filmen, Vorträgen usw. zutage gefördert, und diese Hinweise im Rahmen einer Deutung als Stützen der eigenen Argumentation heranzuziehen ist zweifellos legitim. Beim *Bericht für eine Akademie* darf allerdings nicht unberücksichtigt bleiben, daß es keinerlei Äußerungen Kafkas zur Entstehung oder

---

35 Malcolm Pasley, »Der Schreibakt und das Geschriebene: Zur Frage der Entstehung von Kafkas Texten«, in: *Franz Kafka. Themen und Probleme*, hrsg. von C. David, Göttingen 1980, S. 9–25.

zum Hintergrund dieses Textes gibt. Folglich ist dort, wo auf Wirklichkeitsaspekte Bezug genommen wird, in jedem Fall zu berücksichtigen, daß es sich um zufällige Parallelen oder Koinzidenzen handeln kann, die entsprechende Argumentation also hypothetische Elemente enthält.

Neuere Interpretationen gehen verstärkt auch auf die umfangreiche Deutungsgeschichte des *Berichts für eine Akademie* ein, wird es doch immer schwieriger, bei Versuchen der Bedeutungszuweisung über Akzentverschiebungen hinaus wirklich neue Positionen zu beziehen. Kritisch wertend werden Erkenntnisse älterer Interpretationen in die eigene Argumentation einbezogen,[36] wird auch hier ein pluralistischer Ansatz gewählt. Arbeiten, die mit vereinheitlichendem Zugriff versuchen, eine bestimmte Bedeutung aus dem Text herauszulesen, wirken inzwischen eher als Parodie denn als ernstzunehmende Forschungsbeiträge. Auf der anderen Seite veranschaulichen gerade sie, wie sehr Interpretation an den subjektiven Verständnishorizont des Interpreten gebunden ist. Im Extremfall bewegt sie sich in einem ›geschlossenen System‹, in dem mit Hilfe des entdeckten Schlüssels gleich die Kernbedeutung des gesamten Werkes Kafkas offengelegt wird. Als Beispiel läßt sich hier der sexualpsychologische Ansatz Günter Meckes anführen, der mit seinem Schlüssel (im Werk offenbarte Homosexualität) die Bedeutung jeder beliebigen Textstelle darzulegen und sie mit entsprechenden Stellen anderer Texte in Verbindung zu bringen vermag.[37]

Hier soll aber keine Wertung einzelner Interpretationen erfolgen, denn alle Deutungen sind in dem Bezugsrahmen, der durch den Standort des Interpreten gegeben ist, weitge-

36 So z. B. von Lorna Martens (1987), die wiederum den *Bericht* als Allegorie eines erfolgreichen Künstlers versteht.
37 Ein Beispiel: Rotpeters von dem »oben an der Decke an Trapezen« hantierenden »Künstlerpaar« (E 169) ausgelöste Reflexionen über »Menschenfreiheit« bringt Mecke in Zusammenhang mit dem Wunsch des Trapezkünstlers in *Erstes Leid* nach einem zweiten Trapez (zweite Stange). Vgl. Mecke (Anm. 26) S. 117 f.

hend schlüssig. Auch erscheint es wenig sinnvoll, eine weitere Auslegung – gar mit dem Anspruch der Endgültigkeit – beizusteuern. Das Bewußtsein, damit nur eine weitere Facette zur Deutungsgeschichte dieses Textes beizutragen, ließe sich kaum unterdrücken. Stattdessen soll die Aufmerksamkeit auf den Umstand gelenkt werden, daß weder die vielen verschiedenen Interpretationen sich zu einem klareren Bild ergänzen noch die veränderten Methoden zu der stets angestrebten allgemeingültigen Entschlüsselung des vermuteten verborgenen Sinns führen. Horst Steinmetz, der bereits 1982 ein »Moratorium« der Kafka-Auslegung anregte, stellt zu Recht fest:

> Die unzähligen, ja unzählbaren Deutungen, Interpretationen, Analysen, die in den letzten fünfzig Jahren Kafka gewidmet worden sind, haben unsere Kenntnis über diesen Autor und sein Oeuvre unendlich vermehrt; und doch ist es, als ob die Werke daraus gleichsam unberührt hervorgegangen wären, als ob wir dem Kern ihres Wesens nicht näher gekommen wären.[38]

Welchen verborgenen Sinn der Interpret in einem Werk entdeckt zu haben glaubt, ist letztlich von seinem Verständnishorizont abhängig, die Ergründung dieses Sinns ein subjektives Bedürfnis. Beides unterliegt den veränderlichen Bedingungen von Raum und Zeit, weshalb sich schließlich jede neue Deutung als Richtigstellung oder Präzisierung ihrer Vorgänger versteht. Interpretation wird als Textentschlüsselung verstanden. Die Deutungsgeschichte des *Berichts* veranschaulicht, wie sehr sich dieser Text einer allgemeingültigen Entschlüsselung widersetzt. Man sollte sich der Einsicht nicht verschließen, daß wir es bei Kafkas Texten mit einem Typ von Kunstwerk zu tun haben, »das sich

---

[38] Horst Steinmetz, »Negation als Spiegel und Appell. Zur Wirkungsbedingung Kafkascher Texte«, in: *Was bleibt von Franz Kafka? Positionsbestimmung, Kafka Symposion Wien 1983*, unter Mitw. von G. Kranner hrsg. von W. Schmidt-Dengler, Wien 1985, S. 156.

in seiner Funktion als Sinn und Bedeutungsganzes nur im Akt individueller oder subjektiver Sinn- und Bedeutungszuerkennung«[39] erfüllt. Letztlich heißt dies, Abschied nehmen von der Vorstellung, daß die Interpretation eines Kafka-Textes gleichzusetzen ist mit der Entschlüsselung eines verborgenen Sinns, der Entdeckung einer Kernaussage oder gar der gleichnishaften Darstellung eines Modells der Wirklichkeitsbewältigung. Die Deutungsgeschichte des *Berichts für eine Akademie* zeigt, daß ›Verstehen‹ sich als unaufhörlicher Prozeß vollzieht, daß dem Text als Kunstwerk keine feste, unveränderliche und exakt bestimmbare Bedeutung ›innewohnt‹. Jede neue Deutung geht von einem neuen Verstehensrahmen aus und schafft damit neue Bedeutungen. Der Subjektivität und Individualität dieses Vorgangs sollten sich sowohl der Interpret als auch der Rezipient von dessen Interpretation bewußt sein.

39 Ebd., S. 161.

Literaturhinweise

Ein Bericht für eine Akademie. In: Der Jude. Eine Monatsschrift. Hrsg. von Martin Buber. Jg. 2 (1917/18). Oktoberheft. S. 488 bis 490; Novemberheft. S. 559–565.

Bauer-Wabnegg, Walter: Der Affe und das Grammophon: »Ein Bericht für eine Akademie«. Zur Quellenlage. Deutung. In: W. B.-W.: Zirkus und Artisten in Franz Kafkas Werk. Ein Beitrag über Körper und Literatur im Zeitalter der Technik. Erlangen 1986. S. 127–159.

Binder, Hartmut: Kafka-Kommentar zu sämtlichen Erzählungen. München 1975. S. 225–230.

– Rotpeters Ahnen: »Ein Bericht für eine Akademie«. In: H. B.: Kafka. Der Schaffensprozeß. Frankfurt a. M. 1983. S. 271–305.

Emrich, Wilhelm: Der Affe in der Erzählung »Ein Bericht für eine Akademie«. In: W. E.: Franz Kafka. Frankfurt [7]1970. S. 127 bis 129.

Kaiser, Hellmuth: Frank Kafkas Inferno. Eine psychologische Deutung seiner Strafphantasie. In: Imago 17 (1931). S. 41–103. Zit. nach: Franz Kafka. Hrsg. von H. Politzer. Darmstadt [2]1980. (Wege der Forschung. 322.) S. 69–142.

Kauf, Robert: Once Again: Kafka's »A Report to an Academy«. In: Modern Language Quarterly 15 (1954) S. 359–365.

Martens, Lorna: Art, Freedom, and Deception in Kafka's »Ein Bericht für eine Akademie«. In: Deutsche Vierteljahrsschrift für Literaturwissenschaft und Geistesgeschichte 61 (1987) S. 720–732.

Neumann, Gerhard: »Ein Bericht für eine Akademie«. Erwägungen zum ›Mimesis‹-Charakter Kafkascher Texte. In: Deutsche Vierteljahrsschrift für Literaturwissenschaft und Geistesgeschichte 49 (1975) S. 166–183.

Philippi, Klaus-Peter: Das Paradigma reflektierter Freiheit: »Ein Bericht für eine Akademie«. In: K.-P. Ph.: Reflexion und Wirklichkeit. Untersuchungen zu Kafkas Roman »Das Schloß«. Tübingen 1966. S. 116–151.

Rischbieter, Henning: Das Affenkunststück. In: Theater heute 3 (1963) H. 11. S. 13.

Rubinstein, William C.: Franz Kafka's »Report to an Academy«. In: Modern Language Quarterly 13 (1952) S. 372–376.

Schulz-Behrend, George: Kafka's »Ein Bericht für eine Akademie«. An Interpretation. In: Monatshefte 55 (1963) S. 1–6.

Sokel, Walter: Der Realismus des Affen. In: W. S.: Franz Kafka – Tragik und Ironie. Zur Struktur seiner Kunst. München/Wien 1964. S. 330–355.

Tauber, Herbert: Ein Bericht für eine Akademie – Ein Traum – Ein Brudermord. In: H. T.: Franz Kafka. Eine Deutung seiner Werke. Zürich / New York 1941. S. 73 f.

Weinstein, Leo: Kafka's Ape: Heel or Hero? In: Modern Fiction Studies 8 (1962) S. 75–79.

Ein Landarzt

Von Detlef Kremer

1. Von Januar bis Ende April 1917 schreibt Kafka, unterbrochen von der Arbeit an den sog. *Jäger Grachus*-Fragmenten, zwölf der vierzehn zur *Landarzt*-Sammlung gehörenden Erzählungen. Lediglich die unmittelbar im Zusammenhang des *Processes* entstandenen Texte *Vor dem Gesetz* und *Ein Traum* liegen entsprechend zeitlich früher. Auswahl und Anordnung der Texte hat Kafka sehr ernst genommen.[1] Nach zwei später verworfenen Auflistungen, die am Ende des ersten und sechsten Oktavhefts überliefert sind, kristallisiert sich im Brief an den Verleger Kurt Wolff vom 20. August 1917 die endgültige Reihenfolge heraus. Nur die Auskoppelung des *Kübelreiters* verändert noch Zahl und Numerierung der Texte, nicht aber ihre Anordnung. Der Sammlung präludiert eine Erzählung mit dem Titel *Der neue Advokat*. Als neuen Advokaten führt sie das alte, inzwischen promovierte Streitroß Alexanders des Großen vor. Dr. Bucephalus eignet sich u. a. deshalb zur Reinkarnation des neuen Advokaten, da sein Reiter von einst das Gesetz/*lex* schon im Namen enthält. Wie seine mythologische Parallelfigur bei Kafka, der Meergott Poseidon, zieht er sich an seinen Schreibtisch zurück und versenkt sich in Gesetzbücher.

Was dort niedergeschrieben ist, darauf gibt die vierte Erzählung des Bandes, *Ein altes Blatt*, einen weitergehenden Hinweis. Der Text führt eine Gruppe von Nomaden ein: »Sie beschäftigen sich mit dem Schärfen der Schwerter, dem Zuspitzen der Pfeile, mit Übungen zu Pferde« (E 130). Die Sprache, derer sich die Nomaden bedienen, weist sie als Schriftsteller aus, die mit schwer verständlichen Schrift-

---

[1] Vgl. Neumann, bes. S. 125 f.

übungen befaßt sind: »Sprechen kann man mit den Nomaden nicht. Unsere Sprache kennen sie nicht, ja sie haben kaum eine eigene. Unter einander verständigen sie sich ähnlich wie Dohlen. Immer wieder hört man diesen Schrei der Dohlen« (ebd.). Es handelt sich offensichtlich um die Sprache des Jägers Grachus: *grachio* als italienische Entsprechung des tschechischen Wortes *kavka*, das zu Deutsch ›Dohle‹ heißt, hinter dem sich der Schreiber Kafka weniger versteckt als selbstporträtiert. Die Reitübungen der Nomaden ergeben immer wieder die Sprache der Dohlen, die Schrift Kafkas. Die »Übungen zu Pferde« haben einen selbstreferentiellen Kern.

Als Bindeglied zwischen dem Gesetz und der Schrift führt Kafka eine Imagination des Reitens als semiotische Verschiebung ein. Er handhabt Reiten und Schreiben als Prozesse, die sich gegenseitig zitieren. Der Ritt auf der Feder dient als semiotischer Hintergrund, vor dem sich die Schrift abhebt. Für eine Lektüre des *Landarztes*, der zweiten Erzählung des Bandes, ist es von großer Wichtigkeit, daß die Selbstreferenz der nomadischen Reitübungen ein gegenständliches Widerlager erhält, das sie vor einem rein artifiziellen Leerlauf bewahrt und ihrem Begehren eine Richtung und einen Gegenstand gibt: das »Schärfen« der nomadischen Schwerter zielt nicht nur auf Stilübungen, sondern auch auf »Fleisch«. Kafkas Imagination von Pferd und Reiten bestimmt Schreiben im Schnittpunkt eines erotischen Begehrens des Anderen und literarisch-narzißtischer Selbstreferenz. »Auch ihre Pferde fressen Fleisch; oft liegt ein Reiter neben seinem Pferd und beide nähren sich vom gleichen Fleischstück, jeder an einem Ende« (ebd.). Eine erste Ahnung davon, was dieses »warme Fleisch«, aus dem die Nomaden Stücke mit den bloßen Zähnen herausreißen, bedeuten könnte, bekommt man, wenn man sich an Kafkas Selbstporträt als Fledermaus und Blutsauger erinnert, das er seinem blutspendenden Briefwechsel mit Felice Bauer eingeschrieben hat: »Liebste, wie ich aus Deinen Briefen mein

Leben sauge, das kannst Du Dir nicht vorstellen [...]«
(F 406; Hervorhebung D. K.)[2] und »Was Du mir an Liebe
zuwendest, geht mir als Blut durch das Herz, ich habe kein
anderes«.
Etliche seiner Texte hat Kafka mit den selbstreferenten Indices von Pferd und Reiten versehen, in bester Tradition des
Pegasus, des geflügelten Pferdes der Begeisterung. Seine
frühe Phantasie *Wunsch, Indianer zu werden* träumt von einem »rennenden Pferd« (E 18) und einem Ritt, der sich aller
Inhalte entledigt hätte und die – wie es andernorts heißt –
»leere fröhliche Fahrt«[3] der Schrift auf jener weißen Schneefläche auslaufen ließe, von der die Erzählung *Die Bäume*
handelt. Die kommentierende Richtung des Reitens auf
Schrift und den Prozeß des Schreibens findet sich etwa auch
im *Kübelreiter*, wo der in Ich-Form berichtende Kübelreiter
sich vor der abwehrenden Schürze einer Kohlenhändlersgattin in die »Regionen der Eisgebirge« (E 196) flüchtet, die
in einem für die Veröffentlichung in der Prager Presse vom
25. Dezember 1921 gestrichenen Nachspann als »weißgefrorene Eisfläche« präzisiert werden, »strichweise durchschnitten von den Bahnen verschwundener Schlittschuhläufer« (E 41). Diese Spuren verlaufen im »hohen, keinen Zoll
breit einsinkenden Schnee« (ebd.), der, so oft er bei Kafka
zur Sprache kommt, auch auf die Unnachgiebigkeit des weißen Papiers anspielt, das es zu beschriften gilt, »die weite,
weiße Ebene eines Blattes«[4], wie es bei Robert Musil
heißt.
Zahlreiche Erzählungen des *Landarzt*-Bandes bauen sich
über ein Bild des Reitens auf: neben den bereits erwähnten
Der neue Advokat und *Ein altes Blatt* stehen *Auf der Gale-*

---

2 Vgl. in diesem Zusammenhang auch: Deleuze/Guattari, S. 40 ff.
3 Die Formulierung aus dem Nachlaß steht wiederum in direkter Konnotation zu Pferd und Reiten: »Je mehr Pferde Du anspannst, desto rascher gehts – nämlich nicht das Ausreißen des Blocks aus dem Fundament, was unmöglich ist, aber das Zerreißen der Riemen und damit die leere fröhliche Fahrt« (KKAN II,123).
4 Robert Musil, *Drei Frauen*, hrsg. von A. Frisé, Reinbek 1978, S. 81.

rie mit ihrer »lungensüchtigen Kunstreiterin« (E 129) auf schwankendem Pferd, *Das nächste Dorf*, für die Kafka ursprünglich den Titel *Ein Reiter* vorgesehen hatte, und natürlich *Ein Landarzt* selbst. Auch die übrigen Texte des Bandes lassen sich unschwer als selbstreferente Reflexionen lesen: die *Kaiserliche Botschaft* als Variation über die Unmöglichkeit von Schrift-Verkehr, *Elf Söhne* als verdrehter und ironisierter Kommentar der ursprünglich elf Erzählungen der *Landarzt*-Sammlung, *Ein Traum* als Reflexion über Bleistiftspuren und über den »Ausweg [...] zum Weiterschreiben« (E 147), *Die Sorge des Hausvaters* mit dem aus deutscher und slawischer Etymologie zusammengenähten Schrift-Helden Odradek (tschechisch *rádek* für ›Schrift- bzw. Buchzeile‹, inszeniert als literarisches Klein**od**), der den Text als Schriftspur hinter sich herzieht und mit seinem Lachen, das so klingt wie das Rascheln in gefallenen Blättern (schon wieder Blätter), vor Bedeutung schützt.

2. Gemessen an Kafkas übrigen Texten liegt *Ein Landarzt* eher im Randbereich germanistischer Aktivitäten.[5] Es läßt sich ihm gegenüber sogar eine gewisse hermeneutische Scheu beobachten. Unter den zahlreichen Beiträgen zu Kafka findet sich kaum eine zusammenhängende Analyse des *Landarztes*. Da es hier nicht um einen Forschungsbericht gehen kann, möchte ich mich auf einige wenige, mir wichtig erscheinende Lesarten beschränken, ihre Einsichten beerben, ihre blinden Stellen benennen und – wenn möglich – beschriften.

Heinz Politzer hat in seiner Monographie aus dem Jahre 1962 Kafkas poetologische Option für die k l e i n e Form als paradoxe Entstellung der Parabel beschrieben. Im Hinblick auf die bei Kafka zahlreichen Tierkonfigurationen schreibt Politzer die Rhetorik des Paradoxen in seiner Analyse fort:

---

5 Als Überblick vgl. Beicken, S. 293f.; Binder (1975) S. 208f.; KHB II, S. 344ff.

unter dem paradoxen Etikett »entmenschte Menschlichkeit« versucht er, die *Landarzt*-Erzählungen im Zusammenhang zu verstehen. Kafkas Imaginationen des Schneegestöbers und des Frostes bezieht Politzer dabei ebenso auf einen metaphysischen Index des 20. Jahrhunderts wie den »Schrei der Dohlen«, der nicht nur die Erzählung *Ein altes Blatt* durchzieht. Wenngleich er allerdings die Figur des Landarztes als »Urbild einer entmenschten Menschlichkeit«[6] sieht, liegt es auf der Hand, daß sein Interesse sich sofort auf den Affen Rotpeter aus dem *Bericht für eine Akademie* und natürlich auf Odradek konzentriert. Für die titelgebende Erzählung versäumt Politzer es, die Struktur des Paradoxes in der konkreten Erzählführung des Textes aufzuweisen, und begnügt sich statt dessen mit rhapsodischen Nachbildern wie »schauerliche Intensität der einzelnen Bilder« oder »Strudel der Zusammenhanglosigkeit«.[7]

Zu differenzierteren Analysen gelangen Gerhard Kurz 1980 in *Traum-Schrecken* und Hans Helmut Hiebel 1983 in *Die Zeichen des Gesetzes*. Beide machen den Kreuzungspunkt von Schrift und Begehren als paradoxe semiotische Verschiebung des Dienstmädchens Rosa zur »rosa Wunde« einsichtig, die Arzt und Patient im Bett vereint.[8] Ausgehend von der sprachlichen Struktur des Unbewußten lesen beide die Wunde als metaphorisches Zeichen, das dem Körper eingeschrieben ist. Ihre paradoxe Bildqualität besteht im Zusammenfallen von erotischem Wunsch und Verletzung, was Hiebel in Richtung auf Lacans Terminologie festschreibt. Der Zugewinn an psychoanalytischer Differenzierung bezeichnet andererseits die Grenze von Hiebels Lektüre: in dem Maße wie der *Landarzt* als Bestätigung des Lacan'schen Zentralsignifikanten »Phallus« gelesen wird, stellt sich eine mangelnde Sensibilität für die literarische Dimension und vor allem Selbstreferenz von Kafkas Erzählung

---

6 Politzer, S. 143.
7 Ebd., S. 141.
8 Vgl. Kurz, S. 119 ff.; Hiebel, S. 153 ff.

ein. Zum Teil gründet dieses Manko einfach auch in dem Umstand, daß Hiebel den *Landarzt* zu wenig im Zusammenhang mit den übrigen Erzählungen der Sammlung sieht. Anstatt eine psychoanalytische Reduktion vorzunehmen, kommt es darauf an, die Selbstreferenz der Schrift als bevorzugte Möglichkeit einer narzißtischen Erotik (des Schreibens) zu skizzieren, einer Erotik, die vorgibt, den Anderen zu begehren, tatsächlich aber immer wieder nur sich selbst sucht und zelebriert.

Unter einer editionskritischen Perspektive konnten Wolf Kittler und Gerhard Neumann die Schwächen einer psychoanalytischen Reduktion vermeiden. Weder Kafkas Widmung an den Vater noch die Rekurrenz von verstellten Vaterfiguren in den Erzählungen haben Kittler und Neumann dazu verleitet, den *Landarzt* auf den psychoanalytischen Zweiklang von Ödipus- und Kastrationskomplex zu reduzieren. Alle Erzählungen des Bandes zeichnen sich durch eine Reflexion über die Möglichkeit und Unmöglichkeit von Nachrichtenverkehr aus, den Fluß von Botschaften durch die medialen Kanäle schriftlicher Informationsverarbeitung: »Nicht mehr Zusammenhänge von Geschichten, für die die Person des Vaters einsteht, sondern Schicksale von Botschaften werden erzählt, die im Namen des Vaters abgesendet werden, ankommen oder verloren gehen.«[9] Hieran gilt es anzuknüpfen und die mediale Reflexion auf die Bedingungen von Informationsflüssen als Selbstreferenz der Schrift und narzißtische Selbstspiegelung von Schreiber und Schreiben verständlich zu machen.

3. Zu Beginn der Erzählung tritt der Landarzt, »Ich«, der zu einem dringenden Krankenbesuch bei einem Schwerkranken, »Ihm«, gerufen wurde, ebenso ratlos auf die Stelle wie der Text insgesamt. Der zu beschreitende und zu be-

---

[9] Wolf Kittler/Gerhard Neumann, Kafkas Drucke zu Lebzeiten. Editorische Technik und hermeneutische Entscheidung, in: *Franz Kafka. Schriftverkehr*, hrsg. von W. K. und G. N., Freiburg 1990, S. 68.

schreibende Raum ist abgesteckt: der »weite Raum zwischen mir und ihm« (E 124), der zudem mit dichtem Schneegestöber »gefüllt« ist, der Raum zwischen Ich und dem Anderen. Am Anfang der Erzählung sieht man den Landarzt zwar in gewohnter Manier »reisefertig« für die zehn Meilen lange »dringende Reise« von Ich zum schwerkranken Anderen. Um den weiten, schneegefüllten Raum zwischen sich und dem Patienten zu überwinden, bedürfte es jedoch eines »Pferdes«, weil das eigene Pferd auf den letzten Ausritten »in diesem eisigen Winter« verendet ist. Und genau daran mangelt es: »aber das Pferd fehlte, das Pferd«. Die zweimalige Nennung von »Reise« und der Akzent auf »Fahrt« gleich in den ersten Sätzen des Textes stellen, nebenbei bemerkt, einen subtilen etymologischen Bezug zum Wort »Sinn« her. Laut Grimmschem Wörterbuch läßt es sich auf das ahd. Verb *sinnan* und mhd. *sinnen* zurückführen, womit u. a. ›reisen‹ oder allgemein ›eine Ortsveränderung machen‹, also Bewegung, Fahrt gemeint war.[10] Und wenn man die Rekurrenz von Reisen in Kafkas Texten mit seiner erwähnten Phantasie von der »leeren fröhlichen Fahrt« zusammendenkt, so wird klar, daß das Ziel seiner literarischen Fahrten immer wieder nur dementierter Sinn sein kann, der durchgestrichene Signifikant, der Sinn nur als Spur und Bewegung legitimiert. In diesem Sinne ist die endlose Fahrt des Landarztes, die den Schluß der Erzählung bezeichnet, identisch mit dem unendlichen Schrift-Verkehr Kafkas.

Zu Beginn des Textes scheint das fehlende Pferd den Landarzt jedoch zur Unbeweglichkeit zu verurteilen. Das unbeschriebene Weiß des Schnees droht, ihn zu begraben: »[...] aber es war aussichtslos, ich wußte es, und immer mehr vom Schnee überhäuft, immer unbeweglicher werdend, stand ich zwecklos da. [...] Ich durchmaß noch ein-

---

10 *Deutsches Wörterbuch*, [begr.] von Jacob und Wilhelm Grimm, Bd. 13, Leipzig 1905, Sp. 1103.

mal den Hof; ich fand keine Möglichkeit [...]« (E 124). Zerstreut und – da, wie bereits Novalis wußte, der Dichter den Zufall anbetet[11] – zufällig tritt der Landarzt gegen die Tür eines seit Jahren unbenutzten Schweinestalls und zusammen mit dem zunächst noch namenlosen Dienstmädchen muß er sich lächelnd wundern, »was für Dinge man im eigenen Hause vorrätig hat«. Vielleicht in Anspielung auf die kraftstrotzenden Rappen, die in Kleists *Michael Kohlhaas* in einem Schweinekoben buchstäblich zur Sau gemacht wurden, läßt Kafka seine »hochbeinigen« Pferde gemeinsam mit einem Pferdeknecht in einer phantastischen Inszenierung einem niedrigen Schweinestall entsteigen. Kafkas Vorliebe für Kleists Erzählung, die er nach eigenem Bekunden wohl zehnmal gelesen und sogar auszugsweise öffentlich vorgelesen hat, macht eine solche verspätete literargeschichtliche Befreiung der Kohlhaas'schen Objekte der Begierde mehr als wahrscheinlich (vgl. F 291 f.).

In Anspielung auf die Topographie und die verdrängt erotische Funktion des Unbewußten bezieht Kafka den Motor und die Dynamik seiner Erzählung aus einer offen phallischen Imagination der Pferde, die sich, kaum dem Schweinestall entkommen, kraftvoll »aufrichten«. Vor allem rückt Kafka sie sofort in unmittelbare semiotische Nähe zum Dienstmädchen, das im Klartext als »williges Mädchen« figuriert. Anders als der Kübelreiter braucht der Landarzt nicht auf einem schwächlichen Kübel zu reiten, er kann sich mit zwei vor Kraft strotzenden Pferden ins parataktische Auf und Ab des Textes stürzen. Er kann es jedoch nicht ohne ein vorausgehendes Damenopfer, und er kann es nicht, ohne sich in ein Fremdes und ein Eigenes aufgespalten zu

---

11 Novalis, *Werke*, Bd. 2, hrsg. von H.-J. Mähl, München 1978, S. 691. In einer Tagebucheintragung vom 27. Januar 1922 erwähnt Kafka die Zufallsproduktion aus dem Nichts erneut in direkter Konnotation mit Schweinestall und Pferden: »[...], es kann erfahrungsgemäß aus Nichts etwas kommen, aus dem verfallenen Schweinestall der Kutscher mit den Pferden kriechen« (KKAT 892).

haben. Der Bewohner des Unbewußten, der auf allen Vieren aus dem Stall kriecht, der Pferdeknecht muß dem Landarzt notwendig als »Fremder« und mehr noch als »Vieh« erscheinen, ein Fremder jedoch, der erstens um die Gedanken des Arztes weiß – »Als wisse er von meinen Gedanken [...]« (E 125) – und zweitens seine Verwandtschaft explizit anmeldet: »Hollah, Bruder, hollah, Schwester!« (E 124) Daß Landarzt und Pferdeknecht als zwei verschobene Fragmente einer personalen Konfiguration zu lesen sind, unterstreicht noch einmal der identische Befehl, mit dem beide die Pferde in Bewegung bringen: »›Munter!‹ sagte er [...]« (E 125). Es folgt der Augenblick der Reise. Nach dem Abschluß seines Krankenbesuchs wiederholt der Landarzt und macht sich zum Echo des Pferdeknechts: »›Munter!‹ sagte ich, aber munter ging's nicht!« (E 128) Hier folgt anstatt des initialen Augenblicks die abschließende Dauer und endlose Wiederholung, die die charakteristische Zeitstruktur in Kafkas Texten formuliert: »Der entscheidende Augenblick [...] ist immerwährend« (KKAN II,114). Ich werde darauf zurückkommen.

Die Erzählung vom *Landarzt* beginnt, als die berichtende Ich-Figur einen unbewußten aggressiv-männlichen, wie es heißt: viehischen Teil von sich abspaltet, der ihm in einem symbolischen Austausch von Pferden gegen Dienstmädchen endlich die »Fahrt« ermöglicht. Die antizipierte Vergewaltigung, jedenfalls Verwundung der Frau inszeniert der Text als gleichermaßen sexuelle Initiation und Benennung. Hierzu wechselt der Text aus dem Präteritum in die Vergegenwärtigungsform des historischen Präsens. Der Pferdeknecht bringt dem Mädchen eine blutendrote Bißwunde im Gesicht bei – »rot eingedrückt sind zwei Zahnreihen in des Mädchens Wange« (E 125) – und erreicht damit zweierlei: erstens führt er die rote/rosa Wunde als Zeichen in den Text ein, und zwar in Anspielung auf die alte, ewig junge Obsession der mit Kastration drohenden »vagina dentata«. Zweitens vollzieht er eben einen Akt der Benennung im strikten

Sinne. Mit seiner Bißwunde verwandelt er das namenlose Neutrum »Es«, als das das Dienstmädchen bisher firmierte und als das es »jahrelang, von [ihm] kaum beachtet« (E 126) im Haus des Landarztes existierte, in eine »Sie«, die erst nach diesem sadistischen Übergriff schön und für den Landarzt begehrenswert wird und von jetzt an Rosa heißt, um sich für den weiteren Verlauf in die rosa Wunde des Patienten verwandeln zu können: Symbolische Initiation zu einer endlosen semiotischen Metamorphose, deren grundlegender Signifikant nicht nur in diesem Text eine Wunde ist, eine rosa Wunde, die Wunde Rosa. Kurz hat erkannt, daß Kafka die metonymische Relation von Wunde und Frau gewichtet, indem er das Farbepitheton »rosa« zur Beschreibung der Wunde an einen Satzanfang rückt, also als Kapitale setzt und mithin als graphische Identität: Rosa/Rosa.[12] Der Text läßt den ›realen‹ Körper der Frau unter den gewalttätigen Fingern des »eklen Pferdeknechts« zurück und verwandelt ihn in das spiritualisierte Bild der nunmehr abwesenden Frau. Er transformiert den präsenten Körper der Frau in eine ästhetische Chiffre, die erst als Simulation begehrenswert erscheint, in der sich allerdings auch das Begehren als Wunde und Verwundung artikuliert. Die Spiritualisierung der Frau kreuzt sich mit der Kastration des Mannes, beides zusammen bezeichnet die Möglichkeit von Schrift, den Ritt jetzt auf der Feder: die Reise kann beginnen. Als literarische Erzählung handelt sie natürlich nur von einer imaginären Reise, die eigentlich »im eigenen Hause« verläuft. Kaum hat die Reise begonnen, ist sie schon beendet: »Aber auch das nur einen Augenblick, denn, als öffne sich unmittelbar vor meinem Hoftor der Hof meines Kranken, bin ich schon dort [...]« (E 125). Der Weg ist so kurz, weil der Landarzt nicht nur der verschrobene Pferdeknecht, sondern auch der verdrehte Patient ist, der in dem Augenblick in den Text aufgenommen wird, wo der Pfer-

---

12 Vgl. Kurz, S. 126.

deknecht die Wunde Rosa erzeugt, die sich zur rosa Wunde in der Hüfte des Kranken verschiebt: »an dieser Blume in deiner Seite gehst du zugrunde« (E 127; Hervorhebung D. K.).

Zu dieser Transformation kann es erst kommen, nachdem die im Krankenzimmer versammelte Familie ein blutiges Handtuch präsentiert und damit den Arzt zwingt, die Existenz der blutenden Wunde anzuerkennen. Anders als die rote, ausrasierte Narbe aus dem *Bericht für eine Akademie*, die den Stachel im Fleisch des domestizierten Affen Rotpeter markiert, klafft im Zentrum des *Landarztes*, in der Hüfte des Patienten, eine offene Wunde, die als Bergwerk beschrieben wird: »Rosa, in vielen Schattierungen, dunkel in der Tiefe, hellwerdend zu den Rändern, zartkörnig, mit ungleichmäßig sich aufsammelndem Blut, offen wie ein Bergwerk obertags« (E 127). Ohne Zweifel meint Kafka das gleiche oberirdische Bergwerk, das etwa E. T. A. Hoffmann seinem Helden Elis Fröbom in der Erzählung *Die Bergwerke zu Falun* zum Verhängnis werden läßt: die dunkel lockende Vagina als abgründiger Schoß der großen Mutter Natur. Schon Hoffmanns »ungeheurer Schlund« war von »abscheulichen Untieren« mit »häßlichen Polypenarmen« bewohnt.[13] In Kafkas blutender Wunde finden sich rosafarbene, fingerdicke Würmer »mit weißen Köpfchen« am Werk. Die obszöne Phallus-Anspielung – »Wer kann das ansehen ohne leise zu pfeifen?« – verdichtet sich in einer Chiffrierung der Kastration. Die Wunde wurde dem Jungen – wie es heißt – im »spitzen Winkel mit zwei Hieben der Hacke« (E 128) beigebracht, einer Hacke, die auf die Kastrationssichel der synkretistischen Gottheit Saturn/Kronos anspielt. In der rosa Wunde kreuzen sich in einer paradoxen Bildführung zwei Akzente einer schwelenden Wunde des

---

13 E. T. A. Hoffmann, *Die Serapionsbrüder*, Bd. 1, hrsg. von H.-J. Kruse, Berlin/Weimar ²1985, S. 219. Vgl. auch Detlef Kremer, *Romantische Metamorphosen. E. T. A. Hoffmanns Erzählungen*, Stuttgart 1993, S. 190ff.

sexuellen Begehrens: das offene weibliche Genital und das kastrierte männliche Geschlechtsteil. Sie kann als semiotische Engführung der paradoxen Aussagestruktur und Semantik im *Landarzt* gelesen werden, derzufolge etwas ist und gleichzeitig nicht ist, derzufolge eine Wunde auf der Ebene der einfachen Referenz real und auf einer vermittelten ersten Ebene der Beobachtung gleichermaßen symbolisch ist, Verletzung und Begehren zugleich. Am Ende der Erzählung spielt der Landarzt seine symbolische Kastration als endlos wiederholte Farce nach. Sein »Pelz«, eines von Kafkas zentralen Zeichen mit deutlich sexueller Konnotation, das immer auch seine Lektüre und Vorliebe für Sacher-Masochs *Venus im Pelz* in Erinnerung ruft,[14] sein »Pelz« hängt am Schluß an einem »Haken« am hinteren Ende des Wagens, ohne daß er, alter Mann, der er ist, und nackt dem Frost ausgesetzt, diesen seinen »Pelz« erreichen kann. Und das bezeichnet keineswegs nur in klimatischer Hinsicht eine Katastrophe.

4. Die Anerkennung der Wunde durch den Landarzt funktioniert als chiastische Gelenkstelle des Textes, die die Referenzen kreuzt. Der vielleicht etwas schlecht durchblutete, von zuviel Kaffee geschwächte, ansonsten aber völlig gesunde Junge verwandelt sich plötzlich wieder in den Schwerkranken, als der er angekündigt war, und der nächtliche Besuch des Landarztes scheint sich, zumindest von hier aus, keineswegs einem »Fehlläuten der Nachtglocke« zu verdanken. Der anfängliche Todeswunsch des Patienten – »Doktor, laß mich sterben« (E 125) – verkehrt sich in seine Bitte um Rettung: »Wirst du mich retten?« (E 127) Vor allem aber verschiebt sich in einem parodierten Schamanen-Ritual[15] die Relation von Arzt und Patient. Der Landarzt verwandelt sich zu einem totemistischen Medizinmann,

---

14 Vgl. Kremer, *Kafka. Die Erotik des Schreibens*, S. 96 ff.
15 Vgl. Hiebel, S. 154.

der mit seiner »zarten chirurgischen Hand« die »heiligen Zwecke« (ebd.) des Pfarrers wahrnimmt, und identifiziert sich in einer homoerotischen Inversion zugleich mit dem Patienten. Genauer noch handelt es sich um eine androgyne oder hermaphroditische Inversion, denn der verwundete Knabe ist die Metonymie des Dienstmädchens Rosa, gleichzeitig männliches und weibliches Objekt. In einer grotesken Inszenierung marschieren die Familie und die Dorfältesten auf, um den Landarzt zu entkleiden, begleitet von einem Lied des Schulchores unter der Leitung des Dorflehrers. Sie legen den Arzt nackt ins Bett des Patienten. Um keine Unklarheit aufkommen zu lassen, worüber sich die Identifikation von Arzt und Patient regelt, legen sie ihn direkt neben die Wunde.

Im Wundbett von Arzt und Patient verdichtet sich die erotische Atmosphäre, die die gesamte Erzählung von Anfang an durchzieht. Im Krankenzimmer ist die Luft genau wie in den Gerichtsräumen des *Proceß*-Romans »kaum atembar« (E 125).[16] Hier wie dort herrschen eine außerordentliche Schwüle und äußerst trübe Lichtverhältnisse, die den Landarzt wie Josef K. in ihrer Sinneswahrnehmung einschränken. Es scheint, als wiederhole sich im Krankenzimmer des *Landarztes* der gleiche trübselige ›Prozeß‹ des Begehrens, dem der Bankprokurist K. nur durch seinen Tod entkommen kann, allerdings in dem Bewußtsein, daß die »Scham ihn überleben« (KKAP 312) würde, die Scham als in den Körper eingeschriebene Gedächtnisspur des Sündenfalls. Die beiden »unbeherrschbaren Pferde« (E 126) des Landarztes stellen einen gestisch-gespenstischen Hintergrund für die groteske Szenerie im Krankenzimmer dar. Sie beobachten Arzt und Kranken durch zwei Fenster, die sie selbst geöffnet haben und wiehern »laut zur Zimmerdecke«, während der Arzt den Patienten unter seinem »nassen Bart« (ebd.),

---

16 Vgl. KKAP 99: »Aber was die Luft betrifft, so ist sie an Tagen großen Parteienverkehrs, und das ist fast jeder Tag, kaum mehr atembar.«

einer weiteren zentralen sexuellen Chiffre in Kafkas Erzählungen, erschauern läßt. Als der Arzt entkleidet und ins Wundbett getragen wird, zu dem ihn die Mutter lockt – »Die Mutter steht am Bett und lockt mich hin« –, spielen seine Finger ebenfalls vielsagend im Bart. Die gestische Präsenz der Pferde wird wiederum dokumentiert: »schattenhaft schwanken die Pferdeköpfe in den Fensterlöchern« (ebd.).

Auch im *Proceß* nimmt das Bett eine Schaltstelle ein. Im Gerichtsgebäude befinden sich die »Betten noch in Benützung« (KKAP 56). Im Bett überraschte anfangs den Bankangestellten K. sein Prozeß, sein erstes Zusammentreffen mit Fräulein Bürstner findet zwischen Bett und Ottomane statt, sein Anwalt, der Advokat Huld, empfängt ihn im Bett. Der Maler muß seine berühmte Serie von identischen Heidelandschaften, die mit ihren beiden Bäumen – dem Baum der Erkenntnis und dem Baum des Lebens – den biblischen Sündenfall zitieren, unter dem Bett hervorziehen, um sie K. zu zeigen. Schließlich führt der Weg in die Gerichtskanzleien ausgerechnet durch das Bett des Malers: »›Steigen Sie ohne Scheu auf das Bett‹, sagte der Maler, ›das tut jeder der hier hereinkommt.‹« (KKAP 221)

Im Bett, begleitet vom schattenhaften Schwanken der Pferdeköpfe in den Fensterlöchern, vollzieht sich der symbolische Austausch von Arzt und Patient. Nach der imaginären Reise des Arztes durch die nächtliche Schneelandschaft hatte sich das Dienstmädchen Rosa zum Zeichen einer Wunde verdichtet, die nun die Konfiguration von Arzt und Patient regelt. Der Amtsarzt legt sich zu seinem kastrierten alter ego ins Bett und übernimmt seine Position, nachdem er sich zu Beginn des Textes von seinem triebhaften alter ego, dem »viehischen« Pferdeknecht, losgelöst hatte. Der verwundete Junge wird »still«, das heißt, er verschwindet als eigenständige Figur aus dem Text, als ihm der Arzt das »Ehrenwort« gibt, daß seine »schöne Wunde« auf eine ganz normale Kastration zurückgehe, also »so übel nicht« sei:

»Und er nahm's und wurde still« (E 128). Die symbolische Präsenz der Kastration ist mehrfach konturiert. Neben der erwähnten Anspielung auf die Sichel des Saturn findet sich im Gespräch des Arztes mit seinem Patienten das Motiv der Augenverletzung – »Am liebsten kratzte ich dir die Augen aus« (ebd.) –, das als Blendung seit den Tagen des Königs Ödipus ein Bild der geschlechtlichen Verletzung festhält. Nach dem Verstummen des Jungen begibt sich der Arzt wieder auf seine Reise durch den Schnee, nackt und getrennt von seinem »Pelz«, der unerreichbar an einem Haken hängt, im Klartext: verstümmelt. Hier treibt er sich fortan mit der Langsamkeit »alter Männer«, das heißt kastriert, sinn- und ziellos herum, während sein geschlechtliches alter ego nach wie vor sein Unwesen mit Rosa treibt, und zwar im Haus des Landarztes. Das erzählende Ich hat sich in die verschiedenen Figuren ›seiner‹ Erzählung aufgespalten und nimmt sie am Schluß wieder zurück, um sein Alleinsein in der einsamen »Schneewüste« des Schreibens zu beklagen.

Die sexuelle Chiffrierung der *Landarzt*-Erzählung, die sich auf der Ebene der Referenz in zahlreichen semiotischen Splittern präsentiert und auf einer ersten vermittelten Ebene des beobachtenden Kommentars als symbolisches Begehren der Kastration zu lesen ist, rundet sich in einem zweiten beobachtenden Schritt als selbstreferenter Kommentar des Schreibens ab, der Schrift als ein erotisches Begehren thematisiert, das sich einer Kastration verdankt und das Bild der begehrten Frau nur symbolisch pflegen kann. Nach der Abspaltung des männlichen Teils wird der Weg frei für das weibliche, besser noch: androgyne Begehren der Schrift. Die erotische Signatur des Textes simuliert ein Begehren des Anderen, das sich jedoch narzißtisch in sich selbst zurückzieht. Quer zum simulierten Begehren des weiblichen Objektes Rosa und der männlichen rosa Wunde setzt sich ein autoerotischer Wunsch durch, der sich selbst in Schrift zelebriert. Er läßt Objekte nur zu, sofern sie Schrift, sofern sie Zeichen geworden sind. Daß sich dieser

Wunsch einer initialen Kastration verdankt, bezeichnet die eigentliche Katastrophe des Landarztes. Ein einmaliges »Fehlläuten der Nachtglocke«, ein einmaliger unnützer »Telephonanruf«[17] würde einen dauernden Lebensbetrug sicherlich nicht legitimieren, wenn er nicht permanent in der Schrift wiederholt würde. Genau dieses Bild zeichnet aber der Schluß der Erzählung: der ›kastrierte‹ Landarzt schwingt sich auf eines seiner »unirdischen«, phantastischen, aber müde gewordenen Pferde der Begeisterung und kreist fortan ziel- und sinnlos in einer »Schneewüste«, die den symbolischen Hintergrund für eine immer wieder neu und immer wieder vergeblich ansetzende Schrift-Bewegung stellt. Es geht dem Landarzt wie seinem gleichzeitig als Schrift-Figur entworfenen Jäger Grachus: auch er befindet sich auf einer unendlichen Reise, der Weg nach Hause ist versperrt. Nicht nur der Lebenswagen des Landarztes, auch die Todesbarke des Jägers hat in einem entscheidenden Augenblick der Unaufmerksamkeit den Weg zur Ruhe verpaßt und irrt steuerlos durch die »untersten Regionen des Todes« (E 288), die Kafka synonym mit den »Regionen der Eisgebirge« (E 196) vom Schluß des *Kübelreiters* und der »Schneewüste« des *Landarztes* verwendet.

Die Stellen, an denen Kafka sein Schreiben als Totenpraktik versteht, sind zahlreich und überdies bestens bekannt.[18] Als Imagination des Todes muß der katastrophische Grundton der ärztlichen Schluß-Klage ernst genommen werden: »Betrogen! Betrogen! Einmal dem Fehlläuten der Nachtglocke gefolgt – es ist niemals gutzumachen« (E 128). Sie bleibt allerdings nicht frei von der paradoxen Relation, die den ganzen Text strukturiert und ihn insgesamt als groteske Verschränkung von Katastrophe und Komik, als Tragikomödie erscheinen läßt. Zum Schluß meldet sich nämlich auch der Schulchor noch einmal zu Wort und verkehrt die Trauer-

---

17 Kittler/Neumann (Anm. 9) S. 68.
18 Vgl. Detlef Kremer, *Die Identität der Schrift*, S. 547–573; hier bes. S. 566 ff.

klage des Arztes zur Farce. Sein Lied lautet: »Freuet Euch, Ihr Patienten, der Arzt ist Euch ins Bett gelegt!« (Ebd.) Der Klage darüber, »betrogen« zu sein oder »betrogen« zu haben (grammatisch läßt sich das hier nicht entscheiden), wohnt zudem erneut eine selbstreferente Anspielung auf das fiktive Geschäft des Schriftstellers inne. Kafka charakterisierte sein Schreiben als betrügen, aber ohne Betrug,[19] und alles im Wissen darum, daß es leicht sei, »Rezepte (zu) schreiben«, aber schwer »sich mit den Leuten (zu) verständigen [...]« (E 126). Ein Fehlläuten der Nachtglocke oder fehllaufende Botschaften, die sich verselbständigt haben, sind unter diesen Umständen weitaus wahrscheinlicher als Verstehen. Hinter Kafkas Bild eines vollendet selbstreferenten Nachrichtenverkehrs, in dem alle »nach Art der Kinder« Kuriere sein wollen und alle senden, aber keiner empfängt, können wohl auch die literaturwissenschaftlichen Kommentare und Interpretationen nicht zurück, selbst Botschaften der zweiten, dritten usw. Ordnung: »Deshalb gibt es lauter Kuriere, sie jagen durch die Welt und rufen da es keine Könige gibt, einander selbst die sinnlos gewordenen Meldungen zu« (KKAN II,56). Die Paradoxie einer sinnlosen Sinnübermittlung bedeutet allerdings auch in hermeneutischer Hinsicht keine Katastrophe, denn sie bezeichnet nur eine Paradoxie, die durch einen Zeitindex entzerrt werden kann, also dadurch, daß die paradoxe Struktur eines durchgestrichenen Sinns in den Prozeß einer gleitenden Signifikation bzw. in den Prozeß einer Lektüre überführt wird.

---

19 Vgl. Turk (1977). Das Zitat findet sich KKAT 840.

Literaturhinweise

Ein Landarzt. In: Die neue Dichtung. Ein Almanach. Leipzig: Kurt Wolff, 1918 [1917]. S. 17–26.

Ein Landarzt. In: F. K.: Ein Landarzt. Kleine Erzählungen. München/Leipzig: Kurt Wolff, 1919. S. 6–33.

Beicken, Peter U.: Franz Kafka. Eine kritische Einführung in die Forschung. Frankfurt a. M. 1974.

Binder, Hartmut: Kafka-Kommentar zu sämtlichen Erzählungen, München 1975.

Deleuze, Gilles / Guattari, Félix: Kafka. Für eine kleine Literatur. Frankfurt a. M. 1976.

Hiebel, Hans H.: Die Zeichen des Gesetzes: Recht und Macht bei Franz Kafka. München 1983.

Kauf, Robert: Verantwortung. The Theme of Kafka's »Landarzt«-Cycle. In: Modern Language Quarterly 33 (1972) S. 420–432.

Kittler, Wolf / Neumann, Gerhard: Franz Kafka. Schriftverkehr. Freiburg 1990.

Kremer, Detlef: Kafka. Die Erotik des Schreibens. Frankfurt a. M. 1989.

– Die Identität der Schrift. Flaubert und Kafka. In: Deutsche Vierteljahrsschrift für Literaturwissenschaft und Geistesgeschichte 63 (1989) S. 547–573.

Kurz, Gerhard: Traum-Schrecken. Kafkas literarische Existenzanalyse. Stuttgart 1980.

Lehmann, Hans Thies: Der buchstäbliche Körper. Zur Selbstinszenierung der Literatur bei Franz Kafka. In: Der junge Kafka. Hrsg. von G. Kurz. Frankfurt a. M. 1984. S. 213–241.

Neumann, Gerhard: Schrift und Druck. Erwägungen zur Edition von Kafkas »Landarzt«-Band. In: Zeitschrift für deutsche Philologie 101 (1982) Sonder-Bd. S. 115–139.

Politzer, Heinz: Franz Kafka, der Künstler. Frankfurt a. M. 1965.

Rösch, Ewald: Getrübte Erkenntnis. Bemerkungen zu Franz Kafkas Erzählung »Ein Landarzt«. In: Dialog. Festgabe für J. Kunz. Hrsg. von R. Schönhaar. Berlin 1973. S. 205–243.

Turk, Horst: »betrügen ... ohne Betrug«. Das Problem der literarischen Legitimation am Beispiel Kafkas. In: Urszenen. Hrsg. von H. T. und F. A. Kittler, Frankfurt a. M. 1977. S. 381–407.

Auf der Galerie

Von Roger Hermes

Als der Kurt Wolff Verlag 1920 Franz Kafkas Sammelband *Ein Landarzt*[1] herausbringt, kommen 14 kürzere Erzählungen zur Veröffentlichung, die größtenteils bereits im Winter 1916/17 entstanden sind. *Auf der Galerie* (von diesem Stück ist keine Handschrift erhalten) kann auf den Entstehungszeitraum zwischen etwa Ende November 1916 und Ende Februar 1917 datiert werden.

Kafka strebte nach der Fertigstellung eine für ihn ungewöhnlich rasche Veröffentlichung des Textes an. Im Juli 1917 schickt er an den Verleger Kurt Wolff dreizehn Prosastücke, die allerdings seiner Ansicht nach weit entfernt von dem sind, was er »wirklich will«.[2] Wolff bietet zwar noch im Juli die »verlegerische Verwertung« an,[3] doch dauert es aufgrund verschiedener Umstände schließlich bis Mai 1920, ehe der *Landarzt*-Band zur Veröffentlichung gelangt.

Die kritische Auseinandersetzung mit dem Band war nach dessen Erscheinen äußerst gering. Die Prosa wurde als Ausdruck eines »spezifisch modernen jüdischen Desorientierungsgefühls«[4] gesehen oder als »Stilproben, in denen kein Wort entfallen, keines hinzugesetzt werden dürfte, wenn nicht der Bau zusammenstürzen soll, von allen Ismen freigebliebene, peinlich saubere deutsche Prosa: das äußere Gewand. Gebändigte Phantasie, dahinter tausendfache Bedeutung, die man nur ahnen darf.«[5] Beide Rezensionen (die ein-

---

1 Franz Kafka, *Ein Landarzt*, München 1919 [1920].
2 Kurt Wolff, *Briefwechsel eines Verlegers 1911–1963*, hrsg. von B. Zeller und E. Otten, Frankfurt a. M. 1966, S. 42.
3 Ebd., S. 43.
4 [Felix Weltsch,] »Bedeutende literarische Neuerscheinungen«, in: *Selbstwehr*, 19. Dezember 1919, S. 6.
5 R[udolph] Th[omas], »Drei Prager Autoren«, in: *Prager Tagblatt*, Nr. 45, 31. Oktober 1920, S. 1 der Unterhaltungsbeilage.

zigen zeitgenössischen zu dem Band) lösen keines der Stücke aus dem Kontext der Sammlung. Auch ein Einzelabdruck von *Auf der Galerie* beschert der Erzählung kein besonderes Publikumsinteresse.

Erst nach dem Tode Kafkas, im Rahmen der Rezeption der sukzessive erscheinenden Einzelwerke und der *Gesammelten Werke* finden sich Deutungen zu *Auf der Galerie*. In einer Würdigung des Prager Schriftstellers schreibt Hugo Friedrich: »Franz Kafkas Sprache ist unlyrisch, unromantisch, hart im magisch Wirklichen und für eine Aufgabe erregt, die jenseits dichterischer Schönheit liegt. [...] In seiner unerhörten Meisterschaft kann dieser Stil selbst spielen und eine spielerische Manier zu Kunst und Bedeutung erheben. (*Auf der Galerie* im *Landarzt*)«.[6] Cajetan Freund bezeichnet 1935 die Erzählungen des *Landarzt*-Bandes als »Höhepunkt im Schaffen Kafkas«.[7]

Auch wenn sich das öffentliche Interesse nun in immer größerem Maße Kafkas Werken zuwendet, bleibt doch das Echo auf die *Galerie* sehr gering. Um so erstaunlicher, daß ein Rezensent in seiner Kritik über einen Vortragsabend des bekannten Rezitators Ludwig Hardt schreibt, daß dieses Stück Kafkas bekanntestes sei.[8] (Hardt hatte einen Teil seines Programmes mit ausgewählten Stücken des Prager Dichters bestritten.)

Die Rezeption des Kafkaschen Werkes stellte in den Anfangsjahren andere Werke in den Mittelpunkt.

Die Erzählung umfaßt etwa eine Druckseite (E 129) und zerfällt in zwei komplexe Satzgefüge. Das erste wird durch die subordinierende Konjunktion »wenn« mit konditionaler Bedeutung eingeleitet. Der hierauf folgende Sachverhalt

---

6 Hugo Friedrich, »Franz Kafka«, in: *Neue Schweizer Rundschau* 23 (1930), H. 4, S. 265–269, hier S. 269.
7 Cajetan Freund, »Seltsame Welt«, in: *Schweinfurter Tagblatt*, Nr. 80, 31. Mai 1935, S. 10.
8 Vgl. Hugo Lachmanski, in: *Centralvereinigte Zeitung*, Nr. 13, 7. Juni 1934, 2. Beiblatt.

ist somit Bedingung für einen weiteren, noch darzustellenden. Als Modus wird der Konjunktiv I gewählt; es handelt sich also um einen irrealen Konditionalsatz mit (prinzipiell) erfüllbarem Sachverhalt, wobei im Unterschied zum indikativischen Konditionalsatz eine gewisse Unsicherheit hinsichtlich der Erfüllbarkeit der hier formulierten Bedingung zum Ausdruck kommt. Der Gebrauch des Konjunktivs wird an einer Stelle durch den des Indikativs unterbrochen. Da der Nebensatz vorangestellt wird, ist ein Anschluß des Hauptsatzes mit dem Korrelat »denn« vorgenommen worden. Das Satzgefüge wird nach einer Reihe von Partizipialkonstruktionen, die durch Kommata voneinander abgetrennt werden, durch einen Gedankenstrich unterbrochen; erst hier schließt sich das Korrelat »dann« an. Vorangestellt wird das Adverb »vielleicht«, das den hypothetischen Charakter der Aussage noch verstärkt. Für den Hauptsatz ist ebenfalls der Konjunktiv als Modus gewählt worden. Auch die hier geschilderten Vorgänge sind somit potentiell möglich, aber doch unsicher. Diese Unsicherheit wird durch das vorangestellte Modaladverb noch verstärkt. Auf den Hauptsatz folgt ein Absatz. Das zweite Satzgefüge wird durch die kausale Konjunktion »da« eingeleitet. Es wird ein negierter Nebensatz vorangestellt und durch die Verwendung des Demonstrativpronomens »dies« ein Rückbezug zu dem ersten Satzgefüge hergestellt. Dieser Nebensatz wird durch ein Semikolon vom folgenden Hauptsatz getrennt. Für Neben- und Hauptsatz ist der Indikativ als Modus gewählt worden. Den geschilderten Vorgängen wird also eine gewisse Faktizität zugemessen. An einer Stelle wechselt der Modus zum Konjunktiv II. Die Bestandteile des Satzgefüges werden durch Semikola voneinander getrennt. Auch dieses Satzgefüge wird durch einen Gedankenstrich beendet. Hiernach wird die eingangs verwendete Kausalkonjunktion »da« in affirmativer Weise wiederaufgenommen. Das sich daran anschließende Satzgefüge steht wiederum im Indikativ.

Unter Berücksichtigung gewisser semantischer Aspekte kann die Struktur der Erzählung folgendermaßen dargestellt werden:

Absatz 1

   a) Schilderung eines möglichen Geschehens
   b) mögliche Reaktion darauf (spontan, unbewußt)
   c) herleitbarer Kausalzusammenhang
   d) Reaktion extrovertiert
   e) Konsequenzen nicht geschildert, nicht ableitbar

Absatz 2

   a) tatsächliches Geschehen
   b) tatsächliche Reaktion (spontan, unbewußt)
   c) Kausalkette nicht herleitbar
   d) Einflußnahme introvertiert
   e) Konsequenzen nicht geschildert, nicht ableitbar

Festzuhalten bleibt folgendes: Beide Sätze sind in ihrer Struktur gleich angelegt; sie werden aus komplexen Satzgefügen gebildet; beiden liegt der Gebrauch eines bestimmten Grundmodus zugrunde, der an einer Stelle unterbrochen wird. Auf der semantischen Ebene sind die beiden Sätze allerdings äußerst unterschiedlich. Im ersten Satz kann eine inhaltliche Verbindung zwischen den geschilderten Ereignissen vorgenommen werden; im zweiten Satz ist diese kausale Verknüpfung nicht möglich.

Das Prosastück *Auf der Galerie* fand im Zug der nach dem Ende des Zweiten Weltkrieges einsetzenden Kafka-Rezeption immer größere Beachtung. So kurz das Stück auch ist, galt und gilt es doch nahezu als beispielhaft für das literarische Schaffen Franz Kafkas. Die Interpreten näherten sich dem Text unter verschiedensten Ansätzen, was zu einer Fülle von Deutungen führte, und auch dies kann als paradigmatisch für die Kafka-Forschung seit den fünfziger Jahren angesehen werden.

Als erster Schritt zur Annäherung an das Stück muß der Titel Berücksichtigung finden, denn er legt gleichsam den Blickwinkel des Rezipienten fest. Der Titel lautet nicht »In der Manege« oder »Die Kunstreiterin« oder »Im Zirkus«, sondern *Auf der Galerie*. Der Bezugspunkt im Rahmen der Rezeption wird somit auf die Vorgänge oder Geschehnisse oben in der Galerie gelenkt. Die Ereignisse unten in der Manege scheinen zunächst von untergeordneter Bedeutung zu sein, oder aber in einer größeren Abhängigkeit zu denen auf der Galerie zu stehen, als man zunächst von der strengen Trennung zwischen Manege und Zuschauerraum her annehmen könnte. Über die Schaffung eines Bezugspunktes innerhalb der Erzählung hinaus baut dieser Titel auch eine gewisse Erwartungshaltung im Leser auf, der eine Schilderung der Handlungen oder Zustände eben auf dieser Galerie erwartet. Die darauf einsetzende Schilderung rückt dann allerdings die Manege und die in ihr stattfindenden Geschehnisse in den Mittelpunkt.

Wie die voranstehende kurze Analyse der Struktur aufgezeigt hat, wird diese Schilderung im Konjunktiv gegeben. Dies (und die sprachliche Struktur »wenn – dann«) läßt vermuten, daß es sich hierbei um ein Spiel, eine Art gedankliches Experiment handelt. Für ein solches gedankliches Experiment ist nun allerdings ein schaffendes Bewußtsein notwendig. Dieses Bewußtsein steckt den Rahmen für dieses gedankliche Spiel, schafft gleichsam die Bedingungen, unter denen das Experiment stattfindet. Wie sieht nun dieser ›Versuchsaufbau‹ aus, wie können die Situation, die Personen sowie die sich ergebenden Beziehungen beschrieben werden?

Geschildert wird ein Vorgang, ein Zirkuskunststück, das dem Leser in der einen oder anderen Form bekannt sein dürfte. Die Besonderheit in der Schilderung liegt nun darin, daß die traditionelle Erwartungshaltung des Lesers enttäuscht wird: die glanzvolle, bunte Atmosphäre wird durch eine beklemmende und geradezu quälende Szenerie ersetzt. Die kranke Kunstreiterin wird von einem erbarmungslosen »Chef«, dem sogar der Titel ›Zirkusdirektor‹ versagt wird, ohne Unterlaß zu einem oder mehreren Kunststücken gezwungen, obwohl weder ihre körperliche Verfassung noch der Zustand ihres Pferdes, das sich nur schwankend durch die Manege bewegt, dies zulassen. Diese Darbietung entbehrt des glanzvollen Eindrucks vollkommen. Die offenbare Abhängigkeit der Artistin von ihrem Chef läßt sie als seelenlose Marionette erscheinen. Ebenso wie der Chef ist auch das Publikum unerbittlich. Ohne Beachtung des mitleiderregenden Zustandes der Artistin spendet es ohne Unterlaß Applaus, erzwingt somit eine Fortsetzung der Vorführung. Auch das Orchester gebietet diesem grausamen Spiel keinen Einhalt; unermüdlich begleitet es die Darbietung der Artistin. Die geschilderte Situation ist also geprägt von dem »erbarmungslosen Chef«, dem »nichtaussetzenden Orchester« und dem »vergehenden und neu anschwellenden Beifallsklatschen«. Das grausame Spiel scheint sich endlos fortsetzen zu wollen, denn die Kunstreiterin wird »ohne Unterbrechung im Kreise rundum getrieben« in eine »immerfort weiter sich öffnende graue Zukunft«. Dieser Leseeindruck wird durch die Struktur des Satzes unterstützt. Gerade der häufige Gebrauch des Partizip Präsens verleiht der Schilderung etwas Schwebendes, Fortdauerndes. Ebensolche Funktion kommt der Wiederholung dieser Struktur zu: Nahezu atemlos eilt der Leser von Teilsatz zu Teilsatz, ohne dabei aber eine lineare Entwicklung zu durchlaufen. Vielmehr wird aus unterschiedlichen Blickwinkeln ein und derselbe Aspekt beleuchtet: die unausgesetzte Qual der Artistin. Wie die Kunstreiterin irrt der Leser im Kreis und erfährt immer wieder die gleiche monotone Szene. Die Kreisstruktur bildet den Ausdruck für das Ununterbrochene. Die entworfene Szene ist dabei nicht singulär oder außergewöhnlich, denn es ist »irgendeine« Kunstreiterin, die ihre

Kunststücke vorführen muß. Durch den Gebrauch des unbestimmten Pronomens, der mit dem Gebrauch des unbestimmten Artikels (»einem unermüdlichen Publikum«) korrespondiert, scheint die Schilderung allgemeingültig oder zumindest allgemein möglich zu sein. Auffällig ist hierbei die Verwendung des bestimmten Artikels für den Chef; ihm scheint in dieser Szene etwas Besonderes, Einzigartiges zuzukommen.

Das Verhältnis der Personen, bzw. der Personengruppen, ist durch einen grundsätzlichen Antagonismus zwischen der Kunstreiterin einerseits und dem Chef, dem Publikum und dem Orchester andererseits geprägt. Die Artistin ist dem »peitschenschwingenden erbarmungslosen Chef« scheinbar ausgeliefert, und auch das entindividualisierte Publikum, von dem nur die Hände wahrgenommen werden, die »eigentlich Dampfhämmer sind«, drängt unerbittlich auf die Fortsetzung des furchtbaren Schauspiels. Ebenso entmenschlicht erfüllt das Orchester seine Aufgabe. In der Beschreibung des Publikums findet sich nun der Bruch im Gebrauch des Modus. Bei der Entlarvung der Hände als Dampfhämmer wird die Ebene des Hypothetischen verlassen, die ›wahre‹ Natur der Dinge erkannt und dem Leser mitgeteilt. Das Bewußtsein, das die geschilderte Situation entwirft, deutet hier also in seinem Sinne; hierdurch wird der Rezeptionsprozeß in eine bestimmte Richtung gelenkt. Die Kunstreiterin erscheint in allen Beziehungen als Opfer entmenschlichter Personen oder Personengruppen, die automatenhaft ein grausames Spiel fordern und gleichzeitig auf die endlose Fortsetzung drängen.

Diese quälende Schilderung löst im Leser eine bestimmte Reaktion aus. Es wird ein Fluchtpunkt gesucht, der es dem Rezipienten ermöglicht, sich dieser Szene zu entziehen und hierdurch die nahezu unerträgliche Anspannung aufzulösen. Innerhalb des Satzgefüges wird dieser Fluchtpunkt durch den Gedankenstrich markiert. Er signalisiert ein (vorläufiges) Ende der Schilderung. Das darauf folgende »vielleicht« wird, trotz der eingeschränkten Wahrscheinlichkeit, als erleichternd aufgefaßt, da es den Abschluß der bisherigen Schilderung andeutet. Ein Ende des grausamen Spieles scheint durch das »Halt« des jungen Galeriebesuchers herbeigerufen; allerdings nur »vielleicht«, denn das schöpferische Bewußtsein schildert das Eingreifen des Galeriebesuchers weiterhin nur als Möglichkeit und schränkt die Wahrscheinlichkeit dieser Handlung durch den Gebrauch des Modaladverbs weiter ein. Hierdurch wird deutlich, daß das schöpferische Bewußtsein eine übergeordnete Einsicht besitzt, die außerhalb der Grenzen der entworfenen Situation liegt, und aus dieser Erkenntnis heraus die wünschenswerte Reaktion für zweifelhaft hält. Diese Reaktion könnte auf der Galerie erfolgen. Hier wird der ›Fluchtpunkt‹, der bereits in dem Titel des Stückes genannt wird, wieder in das Bewußtsein des Lesers gerückt. Hilfe, so scheint es, kann nur von hier kommen, doch die Wahrscheinlichkeit ist äußerst eingeschränkt. Der geschilderte Vorgang scheint sich bis »in die immerfort weiter sich öffnende graue Zukunft« fortzusetzen.

Auch im zweiten Absatz ist ein schöpferisches Bewußtsein auszumachen. Es erkennt die Schilderung im ersten Absatz als hypothetisch und verweist sie in den Bereich des Spekulativen. Die nun folgende Darstellung nimmt den bereits beschriebenen Sachverhalt wieder auf, vermittelt aber nun die – scheinbar – realere Sicht (»Da es aber nicht so ist«). Hier wird eine Erwartungshaltung aufgebaut, wie es denn nun ist. Sprachlich wird diese Erwartung enttäuscht, da nach dem Semikolon das notwendige »da« nicht wiederaufgenommen wird. Nach diesem scheinbar sehr harten Übergang setzt die Schilderung der bereits bekannten Szene ein, diesmal allerdings mit umgekehrten Vorzeichen.

Die Kunstreiterin ist »eine schöne Dame«, die kraftvoll in die Manege »hereinfliegt« und selbstbewußt vor den Zirkusdirektor tritt. Dieser wird in den Bereich des Dienenden verwiesen, denn in »Tierhaltung« atmet er der Artistin entgegen und »sucht hingebungsvoll ihre Augen«. Die Manege und der Zuschauerraum sind Schauplatz für ein glanzvolles Schauspiel; die »stolzen Livrierten« erhöhen diesen Eindruck noch. Am Ende ist die Impression so überwältigend, daß die Kunstreiterin »ihr Glück mit dem ganzen Zirkus teilen will«.

Die geschilderte Szenerie entspricht dem Bild, das man sich gemeinhin von der Zirkuswelt macht: Glanz, Flitter und stolze Artisten werden hier beschrieben. In einem komplexen Satzgefüge werden die Wahrnehmungen aneinandergereiht. Im Gegensatz zum Satzgefüge des ersten Absatzes entsteht hierbei aber nicht der Effekt des immer Gleichen, des Monotonen. Durch den sparsameren Gebrauch des Partizip Präsens und die stärkere Trennung der einzelnen Teile durch Semikola wirkt die Schilderung mosaikhaft, facettenreich und scheint immer etwas Neues darzustellen. Es ergibt sich also kein kreisförmiger Leseprozeß, der den Leser wieder an den Ausgangspunkt zurückführt, sondern ein linearer, der fortdrängt von einem Ausgangspunkt.

Das Verhältnis der Personen ist wiederum vom Antagonismus zwischen Artistin und Zirkusdirektor bzw. Publikum und Orchester geprägt. Scheinbar ist die Kunstreiterin in allen Wechselbeziehungen die stärkere. Der Direktor wird in den Bereich des Animalischen verwiesen, »vor dem großen Salto mortale« wird das Orchester beschworen, »es möge schweigen«, und es wird »keine Huldigung des Publikums für genügend erachtet«. Die Kunstreiterin selbst will »ihr Glück mit dem ganzen Zirkus teilen«. Es ist unübersehbar die Artistin, die den triumphalen Mittelpunkt des Geschehens bildet. Sie ist nicht das Opfer des Publikums, des Direktors oder des Orchesters; vielmehr ist sie die Person, die es vermag, den gesteigerten Eindruck hervorzurufen, die gesamte Manege und den Zuschauerraum zu verzaubern. Und dennoch, ähnlich wie im ersten Absatz ist hier ein Bruch im Gebrauch des Modus zu verzeichnen (und damit eng verbunden eine gewisse Wortwahl), der die scheinbar triumphale Vorstellung der Kunstreiterin in ihrer Fragwürdigkeit entlarvt. Der Zirkusdirektor hebt sie »vorsorglich« (Hervorhebung R. H.) auf den Apfelschimmel, »als wäre sie seine über alles geliebte Enkelin«. Offenbar muß Vorsorge für etwas getroffen werden, denn ist es nicht Fürsorge, die den Direktor bewegt. Wofür muß aber Vorsorge getroffen werden? Droht der Reiterin bei dem Kunststück Gefahr? Könnte sie, im Bewußtsein dieser Bedrohung, versuchen, die Manege zu verlassen? Trifft der Zirkusdirektor Vorkehrungen mit dem Ziel, daß die Artistin ihre Kunststücke auch tatsächlich zeigt? Diese Fragen irritieren den Leser, das glanzvolle Bild erhält einen Makel, die Widersprüche scheinen nicht auflösbar. Ebenso irritierend wirkt die Reaktion des jungen Galeriebesuchers. Nach einem affirmativen »da dies so ist«, das nach einem Gedankenstrich noch einmal die Faktizität des Geschilderten bestätigt, wird die Reaktion des Besuchers geschildert. Angesichts der triumphalen Szene und des Glückes der Kunstreiterin bricht er in Tränen aus, ohne sich dessen allerdings bewußt zu sein. Er befindet sich »wie in einem schweren Traum«. Wird dieser Traum als alptraumhaft angesehen, sind es Tränen der Verzweiflung. Doch diese Reaktion ist verwirrend. Sie würde zu der quälenden Schilderung des ersten Absatzes passen, nicht aber zu der des zweiten, die doch eindeutig als real bezeichnet wird und die grausame irreale Darstellung ersetzt. Der Leser befindet sich hier in einer Art von *vicious circle*; die Reaktion des jungen Galeriebesuchers scheint wieder auf den Anfang zurückzuverweisen, erst hier finden die Tränen eine Erklärung, somit führt jeder Erklärungsversuch wieder an den Beginn der Erzählung.

Eine Auflösung dieses Dilemmas bietet eine Betrachtungsweise, die nicht von der Ausschließlichkeit der einen oder der anderen Schilderung ausgeht. Erst die Klassifizierung der Schilderungen als ›real‹ und ›irreal‹ (und die darin enthaltene Antithese) führt zu dem scheinbar unauflösbaren Widerspruch. Versucht man aber, die beiden Geschehen als

Facetten eines Vorganges zu begreifen, erkennt man ihre Abhängigkeit voneinander. Es wird deutlich, daß die erste quälende Darstellung eine Vorstufe zur zweiten triumphalen ist. Der Triumph ist ohne die Qual nicht vorstellbar, die Qual der ersten Szene ist in der zweiten spürbar. Die Vorsorge des Direktors entspringt der Kenntnis der grausamen ersten Szene. Eine Erklärungsmöglichkeit für die Tränen des Galeriebesuchers könnte die Erkenntnis bieten, daß den Dingen eine weitere Natur als die oberflächlich erkennbare innewohnt. Der Besucher durchschaut gleichsam die glanzvolle Oberfläche und hat oder gewinnt die Einsicht in den tieferliegenden Sinn. Auf der Galerie werden die Bilder zur Deckung gebracht; hier liegt auch für den Leser der Fluchtpunkt, der es ihm ermöglicht, das Paradoxon aufzulösen.

Alle Interpreten von *Auf der Galerie* sind sich hinsichtlich der parabolischen Struktur des Prosastückes einig. Die angeführte Deutung erhellt eine Achse der Parabel; wie sieht aber demgegenüber der Vorstellungsbereich aus, der durch den Analogieschluß erhellt werden soll? Sind die Tränen des jungen Galeriebesuchers Ausdruck für die Verzweiflung am Menschen, Ausdruck für die Erkenntnis, »daß es eine höchste Instanz, ein untrügliches Gesetz, ein Unzerstörbares im Menschen gibt, vor dem der empirische Mensch nicht zu bestehen vermag«?[9] Formuliert Kafka in dieser Parabel seine Gesellschaftskritik, indem er hinter der Maske des rein oberflächlich Wahrgenommenen die »Lüge der Gesellschaft erkennt«?[10] Spiegelt die zweigeteilte Struktur wider, daß »(1) die Legitimität der Realität (in Teil 1) nur noch in ihrer Fassade (Teil 2) besteht, und daß (2) der Galeriebesucher seine Intentionen wesenhaft zur Erscheinung bringen könnte, wenn die Illegitimität der Realität auch offen zu Tage läge«?[11] Ist die Schilderung der Ausbeutung der Kunstreiterin durch den Zirkusdirektor, das Orchester, das

---

9 Mast, S. 246.
10 KHB II, S. 92f.
11 Böhme, S. 66f.

Publikum und letztendlich auch durch den Leser die Darstellung eines ödipalen Verhältnisses, »Darstellung der Erfahrung der Gewalt des Vaters und vergebliche Identifikation mit der Mutter«?[12] Führt die Analyse des Rezeptionsprozesses zu der Erkenntnis, daß erst eine feministische Leserin / ein feministischer Leser die spezifisch feministischen Inhalte von *Auf der Galerie* ausmachen kann?[13] Ist die Schilderung der Zirkuswelt die Beschreibung Kafkas und seiner Lebenssituation? »Das Umgetriebenwerden und Kreisen als Existenzbewegung [...], die abwertende Zuordnung der künstlerischen Existenz zur Sphäre von Zirkus und Varieté«?[14]

Kann die Parabel als Kafkas Reflexion über seine Kierkegaard-Lektüre angesehen werden[15] oder wurde Kafka von Wedekind und Prévert sowohl in der Wahl seines Motivs als auch in der Darstellungsweise beeinflußt?[16]

Schon diese kleine Auswahl an Deutungen zeigt, wie breit das Spektrum der Ansätze ist, unter denen sich die Interpreten dieser Parabel näherten. Es reicht von religionsphilosophischen bis zu feministischen, von biographischen bis zu literaturästhetischen Ansätzen. Die vorliegende Interpretation versucht eine Deutung unter Berücksichtigung der lebensgeschichtlichen Situation Kafkas zur Zeit der Entstehung von *Auf der Galerie*.

Kafka nahm im Winter 1916/17 seine literarische Arbeit wieder auf und beendete damit eine fast zweijährige Zeit des Nichtschreibens. Durch die Vermittlung seines Freundes Max Brod hatte er am 10. November 1916 in der Münchner Galerie Goltz im Rahmen der »Abende für neue Literatur« *In der Strafkolonie* vorgelesen. Trotz schroffer Ablehnung sowohl des Stoffes als auch der Vortragsweise

---

12 Ebd., S. 65.
13 Vgl. Boa (1991).
14 Meurer, S. 96.
15 Muenzer (1990).
16 Vgl. Ritter (1975; 1981).

durch die meisten Rezensenten muß dies seinen literarischen Ambitionen neue Impulse verliehen haben. Kurz nach seiner Rückkehr nach Prag (am 12. November 1916) bezog Kafka ein kleines Haus in der Alchimistengasse, in dem er spätestens ab dem 26. November täglich mehrere Stunden arbeitete. Die Schreibphase dieses Winters ist sowohl durch die Menge als auch durch die Vielfältigkeit des von Kafka Geschaffenen gekennzeichnet. Solche Phasen literarischer Produktivität waren zugleich durch das Auftreten von Schreibstockungen gekennzeichnet, die Kafka durch seine Doppelbelastung als Versicherungsangestellter und Schriftsteller ausgelöst sah. In den Briefen und Tagebüchern findet sich eine Reihe von Passagen, in denen Kafka seiner Verzweiflung über diesen Zustand Ausdruck verleiht, aber auch Lösungen für dieses Dilemma formuliert: Eine disziplinierte Lebensweise, die Raum für den Beruf und für seine Berufung schafft. Es ist anzunehmen, daß die Arbeiten des Winters 1916/17 immer wieder ins Stocken gerieten; einige Ansätze verwarf Kafka sehr rasch, die Arbeit an anderen, weiter fortgeschrittenen, setzte er nicht fort. Seiner späteren Arbeitsweise entsprechend hat er sicherlich an mehreren Texten gleichzeitig gearbeitet. Über eine ähnliche Situation schreibt Kafka 1915: »Nun stehen vor mir 4 oder 5 Geschichten aufgerichtet, wie die Pferde vor dem Cirkusdirektor Schumann bei Beginn der Produktion« (KKAT 718). Es ist dieser Vergleich zwischen Pferde-Dressur und Schreibakt, der *Auf der Galerie* als Parabel auf Kafkas literarisches Schaffen und seine Existenz als Schriftsteller erscheinen läßt.

Kafka wählte das Bild der Dressur des Pferdes offenbar aus der Überlegung heraus, daß die Bändigung der vitalen Energien des Pferdes gleichzusetzen sein könnte mit der schriftlichen Fixierung eines literarischen Einfalls. Die »hinfällige, lungensüchtige Kunstreiterin in der Manege auf schwankendem Pferd« ist Kafkas Metapher für die von ihm angenommene und häufig beklagte »Schwächlichkeit« und literarische Wertlosigkeit vieler seiner Erzählungen und verworfenen erzählerischen Ansätze, über die er im Tagebuch urteilt: »Es hat Sinn, ist aber matt, das Blut fließt dünn, zu weit vom Herzen« (KKAT 520). Die Kraftlosigkeit des Niedergeschriebenen wird zur Hinfälligkeit der Kunstreiterin. Und dennoch ist sich Kafka nur zu deutlich bewußt, daß die Aufgabe des Schreibens auch das Ende seiner Existenz bedeuten würde: »Von der Literatur aus gesehen ist mein Schicksal sehr einfach. Der Sinn für die Darstellung meines traumhaft innern Lebens hat alles andere ins Nebensächliche gerückt. [...] Nichts anderes kann mich jemals zufrieden stellen« (KKAT 546). Folglich appelliert Kafka an sich selbst: »Regelmäßig schreiben! Sich nicht aufgeben!« (KKAT 376) Mit geradezu militärischer Strenge versucht er, seinen Visionen literarische Form zu geben, da ihm dies als eigentliche Rechtfertigung seiner Existenz erscheint: »Die ungeheuere Welt, die ich im Kopfe habe. Aber wie mich befreien und sie befreien ohne zu zerreißen. Und tausendmal lieber zerreißen, als sie in mir zurückhalten oder begraben. Dazu bin ich ja hier, das ist mir ganz klar« (KKAT 562). Um dies zu erreichen, entwirft Kafka streng geregelte Tagesabläufe, nimmt »endlose Quälereien« in Kauf (KKAT 725), ermuntert sich: »Unbedingt weiterarbeiten, es muß möglich sein, trotz Schlaflosigkeit und Bureau« (KKAT 704). Er erkennt, daß nur unausgesetzte Arbeit ihm Befriedigung bringen kann, denn kann er »die Geschichten nicht durch die Nächte jagen, brechen sie aus und verlaufen sich« (KKAT 715). In dieser Unerbittlichkeit wird Kafka zum »peitschenschwingenden erbarmungslosen Chef«. So wie dieser die Kunstreiterin »monatelang, ohne Unterbrechung im Kreise herumtreibt«, so verfolgt Kafka seine literarischen Ideen und versucht, sie niederzuschreiben. Obwohl er sich des damit verbundenen quälenden Prozesses bewußt ist, läßt er in seinen Bestrebungen nicht nach: »Mißlungene Arbeiten angefangen. Ich gebe aber nicht nach, trotz Schlaflosigkeit, Kopfschmerzen, allgemeiner

Unfähigkeit« (KKAT 542). Im Bewußtsein der Qual, die für ihn mit dem schriftstellerischen Schaffensprozeß verbunden ist, potenziert Kafka in der parabolischen Darstellung der *Galerie* diese Aspekte, indem er sowohl das Orchester als auch das Publikum geradezu mechanisch auf die Fortsetzung des grausamen Spieles drängen läßt. Beide Personengruppen werden in ihrer Unerbittlichkeit mit dem »Chef« gleichgesetzt; Zuschauer und Orchester sind nur Variationen des Grundthemas der nicht nachlassenden Unerbittlichkeit (in der literarischen Produktion). Doch die Kunstreiterin bewegt sich unter den Augen der Zuschauer in nahezu unerträglicher Monotonie ausschließlich im Kreis, führt seelenlos-puppenhaft die geforderten Bewegungen aus. Die Szenerie zeichnet sich durch das Fehlen des schöpferisch Neuen aus, sie ist nur Wiederholung des bereits Bekannten. Gerade dies ist es, was Kafka an seinen literarischen Arbeiten beklagt: »Das, was geschrieben wird, scheint nichts selbständiges, sondern der Widerschein guter früherer Arbeit« (KKAT 681). Die scheinbare Hoffnungslosigkeit auf das genuin Neue ist es, die das »Halt!« des jungen Galeriebesuchers ersehnen läßt. So wie dieser dem grausamen Zirkusspiel ein Ende setzen könnte, so sucht Kafka nach der Lösung für das Dilemma seiner zwischen Literatur und Beruf geteilten Existenz und notiert in seinem Tagebuch: »Wer erlöst mich?« (KKAT 514)

Der erste Teil von *Auf der Galerie* ist die Darstellung der Phasen der Qual, der Ergebnis- und Hoffnungslosigkeit in Kafkas schriftstellerischer Existenz. Mit klarem Blick erkennt er die Monotonie in diesen Zeiten des schöpferischen Ringens. Und setzt dennoch sein »Aber« dagegen. Der von vielen Interpreten als wenig organisch empfundene Übergang zum zweiten Absatz ist als deutliche Zäsur notwendig. Hiernach beginnt Kafkas glanzvoller Gegenentwurf zu der im ersten Absatz dargestellten Szene. Es ist nicht mehr die »lungensüchtige Kunstreiterin«, sondern eine kraftvolle Artistin, die in die Manege »hereinfliegt«. Im übertragenen

Sinne handelt es sich um einen literarischen Ansatz, der für Kafka potentiell die Möglichkeit zu einer befriedigenden literarischen Arbeit in sich trägt. Diesen Ansatz erwartet der Zirkusdirektor/Schriftsteller in »Tierhaltung«, lauernd, aufmerksam. »Hingebungsvoll« wird der Augenkontakt gesucht, die Sinne sind angestrengt, die Bereitschaft zur großen Leistung ist gegeben. Dennoch besteht die Möglichkeit, daß das Kunststück mißlingt, der literarische Ansatz scheitert (»Mit solchen Hoffnungen angefangen und von allen drei Geschichten zurückgeworfen« notiert Kafka einmal im Tagebuch, KKAT 675). Aus diesem Grunde hebt der Direktor die Kunstreiterin »vorsorglich« auf das Pferd, aus diesem Grunde ist es eine »gefährliche Fahrt«, die nur mit »peinlichster Achtsamkeit« unternommen werden darf. Der Dressurakt / die schriftliche Fixierung eines literarischen Einfalls kann zu jeder Zeit scheitern. Gelingt aber das Kunststück, ist der Abschluß vom »großen Salto Mortale« gekrönt, ist der literarische Text unter erheblichen Anstrengungen (»vom zitternden Pferde«) vollendet, ist das Glücksgefühl allumfassend. Die Kunstreiterin will es »mit dem ganzen Zirkus teilen«, das fertige Stück Literatur soll der Öffentlichkeit vorgestellt werden. So überwältigend ist der Triumph, daß weder Zirkusdirektor noch Autor die »Huldigung des Publikums für genügend erachtet«. Doch angesichts dieser großartigen Szene »legt der Galeriebesucher das Gesicht auf die Brüstung, und [...] weint [...], ohne es zu wissen«. Diese Reaktion scheint keine Verknüpfung mit der beschriebenen Situation zuzulassen. Die Tränen sind unbewußt und eher Ausdruck für eine innerliche Befindlichkeit, die sich nur vermuten läßt. Sie könnten als emotionaler Reflex auf die dumpfe Ahnung verstanden werden, daß beide geschilderten Szenen gleichberechtigt nebeneinander stehen. Auf Kafkas schriftstellerische Existenz übertragen, würde die Reaktion des Galeriebesuchers für die Erkenntnis stehen, daß das Dilemma seiner schriftstellerischen Existenz (die verzweifelten Phasen literarischer Unproduktivität neben solchen literarisch erfolgreichen Schaffens) nicht auflösbar ist.

Zum Abschluß sei noch auf eine Kommentierung Kafkas zu *Auf der Galerie* hingewiesen. Malcolm Pasley legt dar, daß es sich bei der Erzählung *Elf Söhne* um die absichtliche Mystifikation von literarischen Gegenständen handelt.[17] Schon Max Brod erwähnte in seiner Kafka-Biographie, daß Kafka ihm einmal sagte: »Die elf Söhne sind einfach elf Geschichten an denen ich jetzt gerade arbeite.«[18] Pasley identifiziert den siebenten Sohn in *Elf Söhne* als die Parabel *Auf der Galerie*. Kafkas Kommentar zu diesem Text, der ihm »vielleicht mehr als alle andern« gehört: »Sowohl Unruhe bringt er als auch Ehrfurcht vor der Überlieferung, und beides fügt er, wenigstens für sein Gefühl, zu einem unanfechtbaren Ganzen« (E 142). Hierin sind die zwei konträren Bestandteile der Parabel wiederzuerkennen. Ebenso kommt Kafkas Zufriedenheit mit seinem Werk zum Ausdruck, denn er hält das Stück für »makellos« (ebd.). Mit dieser Erzählung ist für Kafka auch die Hoffnung auf weiteres literarisches Schaffen verbunden, denn dieser literarische Sohn »ist so aufmunternd, so hoffnungsreich« (ebd.), daß Kafka den Wunsch formuliert: »ich wollte, er hätte Kinder und diese wieder Kinder. Leider scheint sich dieser Wunsch nicht erfüllen zu wollen« (ebd.). Ahnungsvoll sieht Kafka sein zukünftiges Schreiben in einem pessimistischen Licht. Hier nimmt er die Reflexion über seine Existenz als Schriftsteller, die er in *Auf der Galerie* in literarischer Umformung niedergeschrieben hat, wieder auf. Es ist diese »Mystifikation«, die den Zugang zu der Parabel erschwert. Dieser Tatsache ist sich Kafka durchaus bewußt, denn über die Rezeption dieses literarischen Sohnes urteilt er: »Die Welt versteht ihn nicht zu würdigen; seine besondere Art von Witz versteht sie nicht« (ebd.).

---

17 Malcolm Pasley, »Drei literarische Mystifikationen Kafkas«, in: Jürgen Born [u. a.], *Kafka-Symposion*, Berlin 1965, S. 21–37.
18 Max Brod, *Über Franz Kafka*, Frankfurt a. M. 1986, S. 122.

Literaturhinweise

Auf der Galerie. In: F. K.: Ein Landarzt. München: Kurt Wolff, 1919 [1920]. S. 34–38.

Boa, Elizabeth: Kafka's »Auf der Galerie«. A Resistent Reading. In: Deutsche Vierteljahrsschrift für Literaturwissenschaft und Geistesgeschichte 65 (1991) S. 486–501.

Böhme, Hartmut: »Mutter Milena«. Zum Narzißmus-Problem bei Kafka. In: Germanisch-Romanische Monatsschrift 28 (1978) S. 50–69.

Kobs, Jörgen: Kafka. Untersuchungen zu Bewußtsein und Sprache seiner Gestalten. Bad Homburg 1970.

Mast, Günther: Ein Beispiel moderner Erzählkunst in Mißdeutung und Erhellung. In: Neue Sammlung 2 (1962) S. 237–247.

Mayo, Bruce: Interpreting Kafka's Hidden Laughter. In: The Germanic Review 53 (1978) S. 166–173.

Meurer, Reinhard: Franz Kafka. Erzählungen. Interpretationen für Schule und Studium. München 1984.

Muenzer, Clark S.: A Kafkan Reflection on Kierkegaard: »Auf der Galerie« und »Kritik der Gegenwart«. In: Wegbereiter der Moderne. Hrsg. von H. Koopmann und C. Muenzer. Tübingen 1990. S. 144–162.

Reschke, Claus: The Problem of Reality in Kafka's »Auf der Galerie«. In: The Germanic Review 51 (1976) S. 41–51.

Ritter, Naomi: Kafka, Wedekind and the Circus. In: Germanic Notes 6 (1975) S. 55–59.

– Up in the Gallery: Kafka and Prévert. In: Modern Language Notes 96 (1981) S. 632–637.

Der Kübelreiter

Von Sabine Schindler

Ende 1916 begann für Franz Kafka eine der wohl fruchtbarsten Schaffensperioden seines Lebens. Er wohnte zu der Zeit in dem von seiner Schwester Ottla angemieteten Häuschen in der Alchimistengasse 22 in Prag. Dort entstand, während eines ungewöhnlich strengen Winters, gut die Hälfte der Erzählungen, die 1919/20 im *Landarzt*-Band zusammengestellt wurden. Max Brod meinte später, daß das einzig Positive, das sich aus den Wohnverhältnissen in der Alchimistengasse ergab, die Entstehung des *Kübelreiters* gewesen sei:

> Über diese Wohnung, in der, einzig schönes Ergebnis der damaligen Kohlennot, der wehmütig lustige, alle Menschenschwäche wie von einem himmlischen Punkt aus isolierende, gesanghafte Kübelreiter entstand [...].[1]

Kafka selbst berichtet über diese Zeit, in der sein Schreiben nicht durch die familiäre Wohnsituation gestört wurde, in einem Brief an seinen Verleger Kurt Wolff: »Mir war in diesem Winter, der allerdings schon wieder vorüber ist, ein wenig leichter. Etwas von dem Brauchbaren aus dieser Zeit schicke ich, dreizehn Prosastücke« (Br 156). Der größte Teil dieser Geschichten aus dem Winter 1916/17 wurde in acht kleinformatigen Oktavheften niedergeschrieben, die von Malcolm Pasley der besseren Übersicht halber mit den Buchstaben A bis H gekennzeichnet wurden.[2] *Der Kübelreiter* steht am Anfang des Oktavheftes B, wo sich auch ein Paralipomenon der Geschichte findet.[3] Nach der maßgeb-

---
1 Max Brod, *Über Franz Kafka*, Frankfurt a. M. 1974, S. 140.
2 Vgl. Jürgen Born [u. a.], *Kafka-Symposion*, 2., veränd. Aufl., Berlin 1966, S. 76 ff.
3 Das Paralipomenon »Ist wärmer hier [...]« wurde von Kafka bei den Vorbereitungen des Drucks der Erzählung gestrichen. Es ist abgedruckt in H, S. 41.

lichen Datierung von Pasley und Wagenbach ist der Text im Januar 1917 entstanden und sollte, nach Kafkas Wunsch, mit in den Band *Ein Landarzt* eingehen. Dies belegen die beiden Titellisten, die Kafka in den Oktavheften B und C zusammenstellte, um einen Überblick über vorhandene Geschichten, die für den Sammelband in Frage kamen, zu erhalten.[4] Die mehrfach angelegten Titellisten bezeugen, wie intensiv sich Kafka mit der Gruppierung der Texte beschäftigte; er sortierte die Geschichten, verwarf sie für den Band oder suchte nach neuen Titeln, die sich im Gesamtgefüge besser lesen ließen. Doch bei allen Umstellungen, die er bei der Konzeption vornahm, hatte die Erzählung *Der Kübelreiter* ihren Platz immer vor oder hinter der Titelerzählung *Ein Landarzt*. Erst während der Drucklegung nahm Kafka die Erzählung *Der Kübelreiter* heraus; er strich sie aus dem Umbruch. Briefe an den Verlag, in dem er seine Gründe dafür darlegte, haben sich nicht erhalten. Schon vor der Drucklegung, Ende Dezember 1917, plante Kafka, die Erzählungen *Der Kübelreiter* und *Ein altes Blatt* in der Monatsschrift für Theater und Literatur *Das junge Deutschland* zu veröffentlichen, die der Dramaturg und Schriftsteller Paul Kornfeld redigierte.[5] Eine Veröffentlichung kam auch dort nicht zustande, und so erschien *Der Kübelreiter* schließlich erst am 25. Dezember 1921 in der Weihnachtsbeilage der *Prager Presse*, zusammen mit Beiträgen von Franz Blei, Albert Ehrenstein, Paul Kornfeld, Robert Mu-

---

4 Januar/Februar 1917, erste Liste zum *Landarzt*-Band (die von Kafka gestrichenen Titel sind in eckige Klammern gesetzt): Auf der Galerie; [Kastengeist]; Kübelreiter; [Ein Reiter]; [Ein Kaufmann]; Ein Landarzt; Traum; Vor dem Gesetz; Ein Brudermord; Schakale und Araber; Der neue Advokat. März/April 1917, zweite Liste: Ein Traum; Vor dem Gesetz; Eine kaiserliche Botschaft; Schakale und Araber; Auf der Galerie; Der Kübelreiter; Ein Landarzt; Der neue Advokat; Ein Brudermord; Elf Söhne.

5 Den nie ausgeführten Plan belegt ein Brief an Max Brod vom Januar 1918: »[...] hier die Manuscripte (meine einzigen) für Deine Frau, zeig sie niemandem. Von dem Kübelreiter und dem ›Alten Blatt‹ laß bitte eine Abschrift auf meine Kosten machen und schicke sie mir, ich brauche sie für Kornfeld« (BKB 219).

sil, Franz Werfel, Alfred Wolfenstein und anderen.[6] Die Streichung des *Kübelreiters* aus dem *Landarzt*-Band regte viele Kafka-Interpreten zu Spekulationen über die Gründe an; vertraten die einen wie Ludwig Dietz[7] die Ansicht, daß die Erzählung vom Verlag schlichtweg vergessen wurde, was von der Tatsache, daß Kafka die Geschichte selbst aus dem Umbruch gestrichen hat, widerlegt wird, gingen andere wie Paul Raabe davon aus, daß die Geschichte aufgrund ihres Zeitbezugs aus dem Band eliminiert wurde.[8]

Tatsächlich zeigt die Rezeptionsgeschichte, daß *Der Kübelreiter* wie kaum eine andere Erzählung Kafkas als Hinweis auf zeitgeschichtliche Vorkommnisse gesehen wurde. Über Jahre galt sie als Geschichte über die Kohlennot in Prag während des Krieges und damit gleichsam als politisch ambitioniert. Interpretationen, die in diese Richtung gehen, legten 1957 Paul Reimann vor, 1962 Helmut Richter und noch 1983 Herbert Kraft. Nach Paul Reimann vermittelt die Konfrontation zwischen Kübelreiter und Kohlenhändlerin erstrangig einen sozialen Konflikt. »Die Frau vertritt den Standpunkt der Bourgeoisie: der Mann, der nicht bezahlen kann, ist keine Kundschaft, er ist niemand. Nach allen Gesetzen der kapitalistischen Ordnung ist die Gasse leer.«[9] Helmut Richter vertritt die These, Kafka wolle die gesellschaftliche Konstellation in einer endenden kapitalistischen Ära ins Bild bringen. »Die Erzählung wird damit zur anklagend-satirischen Widerspiegelung einer unausgereiften Frontenstel-

---

6 Franz Kafka, »Der Kübelreiter«, in: *Prager Presse* 1 (1921), Nr. 270 (25. Dezember 1921), Morgenausgabe (Weihnachtsbeilage), S. 22.
7 Vgl. Ludwig Dietz, *Franz Kafka. Die Veröffentlichungen zu seinen Lebzeiten (1908–1924). Eine textkritische und kommentierte Bibliographie*, Heidelberg 1982, S. 119.
8 Vgl. Paul Raabe »Nachwort« in: E 402. Die Auffassung Raabes wurde auch von Paul Reimann geteilt, der mutmaßte, Kafka habe die Erzählung aus dem Zyklus genommen, »weil er unter dem Eindruck der realen Kohlennot des Winters 1917/18 ihren fragwürdigen Charakter gespürt hat« (»Die gesellschaftliche Problematik in Kafkas Romanen«, in: *Weimarer Beiträge* 4, 1957, S. 609).
9 Ebd., S. 609.

lung, in der die Verschärfung der gesellschaftlichen Widersprüche noch nicht zum offenen Klassenkampf geführt hat.«[10] Herbert Kraft zieht parallel zu den beiden eindeutig der marxistischen Kafka-Interpretation verschriebenen Germanisten folgendes Resümee: »Die Geschichte vom *Kübelreiter*, dem es, weil er nicht bezahlen kann, nicht gelingt, Kohlen zu beschaffen, deckt die soziale (inhaltlich: antisoziale) Struktur der bestehenden Gesellschaft auf [...]«[11].
Will man aber die Herausnahme des Textes aus dem *Landarzt*-Band lediglich mit dem »Zuviel« an Zeitkolorit begründen, bleibt die Frage offen, warum dann die Geschichte *Ein Landarzt* nicht ebenfalls gestrichen wurde? Denn auch in dieser wird die vermeintliche Aussage der *Kübelreiter*-Erzählung auf den Punkt gebracht: »Nackt, dem Froste dieses unglückseligsten Zeitalters ausgesetzt, mit irdischem Wagen und unirdischen Pferden, treibe ich mich alter Mann umher« (E 128). In dieser abschließenden Bemerkung des Landarztes drückt sich, ähnlich wie im *Kübelreiter* (»und verliere mich auf Nimmerwiedersehen«, E 196) die stille Entrüstung des erzählenden Ich über die Nutzlosigkeit der Existenz überhaupt aus. Im Bewußtsein stets seinen Pflichten nachgekommen zu sein, empfindet der Landarzt sein Geschick als ein Unrecht (»Betrogen! Betrogen!«, E 128), das nicht durch ein persönliches Fehlverhalten, sondern durch äußere (gesellschaftliche) Verhältnisse bestimmt ist. Und auch in der Erzählung *Der Kübelreiter* wird ein Mensch, von dem nur mitgeteilt wird, daß er so arm sei, daß er sich keine Kohlen mehr leisten könne, auf rätselhafte und in der Konsequenz nicht nachvollziehbare Art und Weise aus dem Leben verstoßen. In beiden Erzählungen werden die ›Helden‹ der Kälte überantwortet, in beiden scheinen die äußeren Umstände am Elend der Menschen ein großes Verschulden zu haben, so daß die Erklärung, *Der Kübelreiter* sei für Kafka mit zuviel Zeitkolorit behaftet und damit

---

10 Helmut Richter, *Franz Kafka*, Berlin 1962, S. 135.
11 Herbert Kraft, *Wirklichkeit und Perspektive*, Bern 1983, S. 74.

nicht in den *Landarzt*-Band integrierbar gewesen, nicht überzeugend ist.
Es scheint, will man bei den Spekulationen bleiben, viel eher möglich, daß die beiden Erzählungen so viele Parallelen aufweisen, in ihrer Aussage aber so konträr sind, daß sie sich gegenseitig in ihrer Wirkung hätten beeinträchtigen können. Einen solchen Effekt konnte Kafka, der für die Wechselwirkungen seiner Geschichten zueinander ein feines Gespür hatte, nicht erzielen wollen. So wehrte er sich zum Beispiel in einem Brief an Kurt Wolff nachdrücklich dagegen, daß die Erzählungen *Das Urteil* und *In der Strafkolonie* zusammen in einem Bändchen erscheinen sollten.

> Hinzufügen möchte ich nur, daß »Urteil« und »Strafkolonie« nach meinem Gefühl eine abscheuliche Verbindung ergeben würden; »Verwandlung« könnte immerhin zwischen ihnen vermitteln, ohne sie hieße es aber wirklich zwei fremde Köpfe mit Gewalt gegeneinander schlagen. Insbesondere für den Sonderabdruck des »Urteils« spricht bei mir folgendes: Die Erzählung ist mehr gedichtmäßig als episch, deshalb braucht sie ganz freien Raum um sich, wenn sie sich auswirken soll.[12]

Geht man also davon aus, daß Kafka beim *Landarzt*-Band ebenso kritisch die Wirkungen seiner Geschichten zueinander geprüft hat, liegt die Vermutung nahe, daß er *Den Kübelreiter* herausnahm, um dessen Wirkung in Verbindung

---

12 Kafka sandte diesen Brief am 19. August 1916 an seinen Verleger Kurt Wolff (Kurt Wolff, *Briefwechsel eines Verlegers 1911–1963*, hrsg. von B. Zeller und E. Otten, Frankfurt a. M. 1966, S. 39).
Wolf Kittler und Gerhard Neumann beurteilen Kafkas kritisches Verhältnis zu seinen in Druck gegebenen Werken folgendermaßen: »Was in der Handschrift also noch einem einzigen Redestrom angehört, wird nun bei der Drucklegung als Text definitiv benannt, isoliert, tituliert und als Werk der Öffentlichkeit überantwortet: als ein ästhetischen Normen sich unterwerfendes Kunstwerk schließlich, dem nun nicht mehr die graphische Form des fortlaufenden Tagebuchs, sondern die Dimension des Buchformats zukommt« (*Franz Kafka. Schriftverkehr*, hrsg. von W. K. und G. N., Freiburg 1990, S. 36).

mit *Ein Landarzt* nicht zu verfälschen. Um diese Annahme im folgenden argumentativ stützen zu können, sei hier eine knappe Inhaltsskizze der Erzählung gegeben. An diese wird sich ein Vergleich der beiden Erzählungen *Der Kübelreiter* und *Ein Landarzt* anschließen, um zu zeigen, welche Parallelen vorhanden sind und wie sich diese in das Gesamtwerk Kafkas integrieren lassen.

Um den Aufbau der Geschichte nachzuzeichnen, scheint es sinnvoll, diese, wie Reinhard Meurer[13] es vorschlägt, in vier Phasen einzuteilen.
Vom Erzähler, der im Verlauf der Geschichte zum Kübelreiter ›aufsteigt‹, wird im ersten Abschnitt ohne weitere Erklärung mitgeteilt, daß er arm sei und keine Kohlen mehr besitze, um die herrschende Kälte des Winters abwehren zu können. Die Einleitung der Geschichte erfolgt als Ablauf mehrerer, parataktisch nicht verbundener Bilder (»Verbraucht alle Kohle; leer der Kübel; sinnlos die Schaufel« E 195), die verdeutlichen, wie sehr die Existenz des Erzählers davon abhängt, Kohlen zu beschaffen: »[...] ich darf doch nicht erfrieren« (ebd.). An diese einleitende Situationsbeschreibung knüpfen sich scheinbar logische Betrachtungen des Kübelreiters zur Bewältigung der Lage an. Der Kohlenhändler stellt, so die Überlegung des Erzählers, seine letzte Rettung dar, doch dieser hatte sich bislang gegen alle Bitten verschlossen: »[...] ich muß ihm genau nachweisen, daß ich kein einziges Kohlenstäubchen mehr habe und daß er daher für mich geradezu die Sonne am Firmament bedeutet« (ebd.).
Die zweite Phase der Erzählung hat, nach Meurer, die – wörtlich zu verstehende – »aufsteigende Handlung«[14] zum Inhalt. Sie zeigt den letzten Versuch des Kübelreiters, an die Barmherzigkeit des Kohlenhändlers zu appellieren, und

---

13 Reinhard Meurer, *Franz Kafka, Erzählungen*, München 1988, S. 75 ff.
14 Ebd., S. 76.

zwar auf eine Art, die deutlich zeigt, daß der Bittsteller tatsächlich keine Kohlen mehr hat und sein Leben von der Großmütigkeit des Besitzenden abhängt. Um seinen Argumenten Gewicht zu verleihen, will der Kübelreiter den Händler durch einen ungewöhnlichen Auftritt die ihm so mißliche Lage vor Augen führen: »Meine Auffahrt schon muß es entscheiden; ich reite deshalb auf dem Kübel hin« (E 195). Die Methode bietet sich förmlich an: der Kübel ist so leicht und leer, daß er sich vorzüglich als Reittier verwenden läßt. Doch die Fähigkeit des Erzählers, als Kübelreiter die höchste Not sinnbildlich darzustellen, wird ihm, wie sich im Verlauf der Geschichte herausstellt, zum Verhängnis. Denn dort, wo er die nötige Erdenschwere, sprich reale, irdische Existenz preisgibt, gerät er in die Lage, von anderen (dem Kohlenhändlerpaar) nicht mehr wahrgenommen zu werden. So hoch trägt der Kübel seinen Reiter, »außergewöhnlich hoch schwebe ich vor dem Kellergewölbe des Händlers« (ebd.), daß der Kohlenhändler zwar noch die Stimme des Bittstellers zu hören vermeint, seine Kundschaft jedoch nicht mehr sehen kann.

Der dritte Erzählabschnitt hat das Scheitern des Kübelreiters, mit dem Händler Kontakt aufzunehmen, zum Inhalt. Der Kohlenhändler glaubt zwar, die Stimme seiner ehemaligen Kundschaft zu vernehmen: »es ist, es ist jemand; so sehr kann ich mich doch nicht täuschen; eine alte, eine sehr alte Kundschaft muß es sein, die mir so zum Herzen zu sprechen weiß« (E 196), doch zu einer direkten Kommunikation zwischen ihnen kommt es nicht, da die Frau des Kohlenhändlers taub gegenüber den Hilferufen ist. Sie schaltet sich in das Geschehen in dem Moment ein, in dem ein wirklicher Kontakt zwischen Kohlenhändler und Kübelreiter bevorsteht. Um dies zu verhindern, verläßt sie den Keller, um nach der vermeintlichen Kundschaft Ausschau zu halten. Doch sie kann, wie sie schon vermutet hatte und entgegen der Ansicht des Kübelreiters (»Natürlich sieht sie mich gleich«, ebd.) niemanden sehen, der um Kohlen nachfragt:

»es ist ja nichts; ich sehe nichts; ich höre nichts; nur sechs Uhr läutet es und wir schließen« (ebd.). Die Rettung, die sich der Kübelreiter erhofft hat, kommt nicht zustande, sein weltliches Schicksal ist besiegelt.
Der letzte, kürzeste Abschnitt thematisiert die Vertreibung des Kübelreiters in die »Regionen der Eisgebirge« (ebd.). Der Widerstand gegenüber der Bedrohung der Kälte ist gebrochen und er verliert sich, von einer Frauenschürze fortgeweht, »auf Nimmerwiedersehen« (ebd.). Im Anschluß an diesen Satz finden wir im Oktavheft einen Epilog, den Kafka nicht zum Druck gegeben hat. In diesem führt der Autor die Visionen des ins Eisgebirge Vertriebenen weiter aus:

> Ist hier wärmer als unten auf der winterlichen Erde? Weiß ragt es rings, mein Kübel das einzig Dunkle. War ich früher hoch, bin ich jetzt tief, der Blick zu den Bergen renkt mir den Hals aus. Weißgefrorene Eisfläche, strichweise durchschnitten von den Bahnen verschwundener Schlittschuhläufer. Auf dem hohen, keinen Zoll breit einsinkenden Schnee, folge ich der Fußspur der kleinen arktischen Hunde. Mein Reiten hat den Sinn verloren, ich bin abgestiegen und trage den Kübel auf der Achsel.   (H 41)

In diesem Epilog arbeitet Kafka das ihn auch in anderen Erzählungen beschäftigende Bild der Einsamkeit in (Eis-)Gebirgen aus. Die im Gesamtwerk früh anzusiedelnde Geschichte *Der Ausflug ins Gebirge* thematisiert ebenfalls das Scheitern des Individuums, das in einer Gemeinschaft Hilfe und Sicherheit sucht.

> »Ich weiß nicht«, rief ich ohne Klang »ich weiß ja nicht. Wenn niemand kommt, dann kommt eben niemand. Ich habe niemanden etwas Böses getan, niemand hat mir etwas Böses getan, niemand aber will mir helfen. Lauter niemand.«   (E 12)[15]

---

15 Die Entstehungszeit wird von Pasley und Wagenbach mit 1903/04 angegeben.

Ähnlich wie im *Kübelreiter* wird dem nach Hilfe Ausschauhaltenden aus ungeklärten Gründen die Hilfe verwehrt. Aus dem intensiven Gefühl der Einsamkeit entsteht beim Erzähler die Vision eines gemeinschaftlichen Ausflugs (»Lauter niemand«) ins Gebirge, »wohin denn sonst?« (Ebd.) Das Gebirge, Sinnbild für die absolute und unwiderrufliche Isolation des Einzelnen von der Gemeinschaft, kann als Raum ohne Raum für Hoffnung verstanden werden, und das Entschwinden in diesen gilt in Kafkas Werk gleichsam als Erlösung. In einem Aphorismus wird dieser Kafkasche Gedankengang deutlich.

> Nur hier ist Leiden Leiden. Nicht so, als ob die, welche hier leiden, anderswo wegen dieses Leidens erhöht werden sollen, sondern so, daß das, was in dieser Welt leiden heißt, in einer andern Welt unverändert und nur befreit von seinem Gegensatz, Seligkeit ist. (H 39)

Angesichts der absoluten Einsamkeit im Gebirge begreift das Individuum seine durch keine unerfüllbaren Hoffnungen mehr getrübte Freiheit, die so überwältigend scheint, daß sie eigentlich in einem Lied besungen werden müßte: »Es ist ein Wunder, daß wir nicht singen« (E 12). Und auch im Epilog des *Kübelreiters* scheint die Kälte, die den Kübelreiter auf der winterlichen Erde schreckte, in der Eiswüste nicht mehr empfunden zu werden: »Ist hier wärmer als unten auf der winterlichen Erde?« (H 41) Das Fragezeichen drückt aus, daß der Vergleich eigentlich nicht möglich ist, da hier zwei verschiedene Qualitäten in Verbindung gesetzt werden. Die Kälte auf der Erde ist eine zwischen Menschen aufkommende Befindlichkeit, die dem Einzelnen als Gefühlskälte deutlich wird; die Kälte in den Gebirgen ist von natürlicher und nicht beeinflußbarer Qualität. Das, was auf der Erde Hoffnung und Leid in einem war, nämlich die Chance in der Gemeinschaft die Kälte abzuwehren, ist im Gebirge eine nicht einmal mehr denkbare Möglichkeit. Die Kälte im Gebirge hat die Qualität der Freiheit, sie ist durch

Hoffnung und Phantasie nicht zu verändern und bleibt damit über die menschliche Existenz erhaben.

Auch wenn man der zu Beginn aufgestellten These der überdeutlichen Parallelität der Geschichten nicht folgen mag, für das Verständnis der *Kübelreiter*-Geschichte ist ein Vergleich mit *Ein Landarzt* auf jeden Fall fruchtbar. Dieser Vergleich konzentriert sich auf die Gegenüberstellung von drei Motiven, die sich in Abwandlungen durch das gesamte Kafkasche Werk ziehen.

Winterzeit. Die erste, fast offensichtliche Gemeinsamkeit ist die Jahreszeit, in der beide Geschichten spielen. Der Winter bildet nicht nur den zeitlichen Rahmen der Geschichten, er greift auch in das Geschehen ein, gibt Bedingungen vor, aus denen sich die Geschichten entwickeln. Ein »eisiger Winter« mit »starkem Schneegestöber« (E 124), eine Landschaft, vergleichbar mit einer »Schneewüste« (E 128), bildet den Rahmen für die Erzählung *Ein Landarzt*. Ähnliches gilt für die Erzählung *Der Kübelreiter*, die, wie Josef Hermann Mense herausstellt, »aus dem Bild der ›Kälte‹ heraus entwickelt [...] wurde.«[16] Schon die Einleitung liefert die Zustandsschilderung eines ungeheuren kalten Winters, deren sprachliche Auffälligkeit in der Aneinanderreihung von sieben Bildern in satzlosen Kola liegt:

> Verbraucht alle Kohle; leer der Kübel; sinnlos die Schaufel; Kälte atmend der Ofen; das Zimmer vollgeblasen von Frost; vor dem Fenster Bäume starr im Reif; der Himmel ein silberner Schild gegen den, der von ihm Hilfe will. (E 125)

Ohne Einführung und Erklärung werden die einzelnen Eindrücke/Bilder zu dem letztlich umfassenden Bild eines realen, unbarmherzigen Winters zusammengefügt. Drin-

---

16 Josef Hermann Mense, *Die Bedeutung des Todes im Werk von Franz Kafka*, Frankfurt a. M. 1978, S. 94.

nen, durch den Kälte atmenden Ofen, wie draußen, durch die starr gefrorene Natur, scheint kein Lebensraum mehr für ein wärmebedürftiges Individuum zu sein. Wie die Kohlennot den *Kübelreiter* zu einer ungewöhnlichen Bittstelleraktion (Kübelritt) zwingt, so ist auch der eisige Winter im *Landarzt* an dem Verlust des Pferdes und dem Aufkommen der unirdischen Pferde beteiligt. Die beiden Geschichtsanfänge ähneln sich durch die scheinbar realen Naturbeschreibungen, die den Handlungsverlauf jedoch derart beeinflussen, daß Landarzt und Kübelreiter auf irreale Räume ausweichen müssen. Der Kübelreiter wird in die Sphäre der Lüfte getrieben, der Landarzt hebt mit seinen unirdischen Pferden Raum- und Zeitverbindungen auf:

> [...] der Wagen wird fortgerissen, wie Holz in die Strömung; [...] dann sind mir Augen und Ohren von einem zu allen Sinnen gleichmäßig dringenden Sausen erfüllt. Aber auch das nur einen Augenblick, denn, als öffne sich unmittelbar vor meinem Hoftor der Hof meines Kranken, bin ich schon dort. (E 125)

So wie sich die Anfänge der beiden Geschichten in den Naturbeschreibungen und fast traumhaften Episoden der Helden gleichen, so weisen auch deren Schlüsse Parallelen auf. Verliert sich der Kübelreiter nach der gescheiterten Kontaktaufnahme mit dem Kohlenhändler in die »Regionen der Eisgebirge« (E 196), so ist der Landarzt dazu verurteilt, nackt, also ungeschützt vor Kälte, mit seinen unirdischen Pferden in der Schneewüste umherzutreiben. Die Gleichartigkeit der beiden Erzählschlüsse läßt sich auch sprachlich herausarbeiten. Heißt es im *Landarzt*: »Betrogen! Betrogen! Einmal dem Fehlleuten der Nachtglocke gefolgt – es ist niemals gutzumachen« (E 128), so steht dem der Abschlußsatz im *Kübelreiter* gegenüber: »Du Böse [...] du Böse! Um eine Schaufel von der schlechtesten habe ich gebeten und du hast sie mir nicht gegeben« (E 196). Die entrüsteten Ausrufe (»Betrogen!«, »Du Böse!«) deuten an, mit welcher

Enttäuschung sich die Individuen vom normalen Leben abwenden, in dem sie nichts als Abweisungen erfahren haben. Eisige Kälte – das scheint für diese beiden Geschichten, wohl aber auch für den *Schloß*-Roman zu gelten – begleitet atmosphärisch die Aufhebung einer alten Weltordnung, die von einer Krise und anschließenden Orientierungslosigkeit der erzählenden Figuren abgelöst wird. Einziger, aber wesentlicher Unterschied ist die positive Nuancierung der *Kübelreiter*-Erzählung durch den allerdings im Druck weggelassenen Epilog »Ist wärmer hier [...]«, der ja den Anschein erweckt, als habe das isolierte Ich des Kübelreiters seine ›Erlösung‹ gefunden.

Religion. Eine sehr versteckte Übereinstimmung der beiden Geschichten läßt sich auch in den Aussagen über den Wert des Glaubens im Zeitalter der Wissenschaften finden. Im *Kübelreiter* wird der Himmel als transzendentaler Raum zu Beginn der Erzählung erwähnt und wieder verworfen. Wo von Natur, »Bäume starr im Reif« (E 195), und von menschlicher Technik (der Ofen wird in seiner extremsten Entfremdung geschildert; durch das aktiv-Partizip »atmend« wird er belebt, doch nicht etwa in seiner ursprünglichen Funktion als ›Wärmespender‹, sondern als sein Gegenteil) nichts mehr zu erwarten ist, wird der Glaube als letzte Heilsmöglichkeit angesprochen, »der Himmel, ein silberner Schild gegen den, der von ihm Hilfe will« (ebd.). Auch der Himmel, so mutmaßt der Kübelreiter, würde, falls man sich an ihn wendete, die Hilfe versagen; ja, noch weitergehend, er würde die Hoffnungen, die sich an ihn richten mit Hilfe des silbernen (reflektierenden) Schildes auf das Individuum zurücklenken.

Auch im *Landarzt* wird davon berichtet, daß der Pfarrer zu Hause sitzt und sich sein Meßgewand zerzupft. Der Arzt wertet dies als Beleg für den Verlust des religiösen Glaubens, der im modernen Zeitalter durch den Glauben an den Arzt als Repräsentant der Naturwissenschaften ersetzt wird. Doch weder vom Pfarrer noch vom Arzt gibt es die Hilfe, die sich die Menschen erhoffen, und zwar, weil es sie nicht geben kann: »So sind die Leute in meiner Gegend. Immer das Unmögliche vom Arzt verlangen« (E 127). In beiden Geschichten kommt die Auffassung Kafkas, daß es Erlösung und Gnade vom Himmel (von der Religion) nicht geben kann, zum Ausdruck.

> Der Messias wird erst kommen, wenn er nicht mehr nötig sein wird, er wird erst einen Tag nach seiner Ankunft kommen, er wird nicht am letzten Tag kommen, sondern am allerletzten. (H 67)

Der Messias, das besagt dieser Aphorismus, wird erst kommen, wenn sich alle Menschen selbst erlöst haben. Das Leben liegt einzig in der Verantwortung des Menschen, und jede Hoffnung auf Erlösung ist eine Flucht vor der Verantwortung. Diese Einschätzung erklärt, warum der Himmel im *Kübelreiter* ein silberner Schild ist. Die Hoffnung, die sich an das Übernatürliche und Göttliche richtet, wird durch den Schild als Aufgabe an das Ich zurückgegeben.

Die Familie – Abweisung oder gewollter Abschied? Eine weitere Parallele zwischen diesen beiden Geschichten läßt sich beim Vergleich der Bedeutung von Ehe/Familie erkennen. Kafka selbst bringt in seinen Geschichten immer wieder die eigene Position innerhalb der Familie ins Bild; im *Landarzt* wie im *Kübelreiter* thematisiert er die Abgrenzung des Künstlers gegenüber der Gemeinschaft.

Das, was beim Lesen der Kübelreitergeschichte erschauern läßt, ist nicht etwa der Kälte atmende Ofen, die frostige Natur, sondern das Ausmaß der Isolation des Einzelnen gegenüber der Gemeinschaft. Was der Kübelreiter zum Überleben braucht, ein bißchen Wärme, »von der schlechtesten habe ich gebeten« (E 196), hat der Kohlenhändler in einem solchen Überfluß, daß er es sich leisten kann, Wärme abzulassen. Nicht allein das Material Kohle gibt es im Kohlenkeller in unvergleichlicher Menge, dort gibt es auch menschliche Beziehungen, über die der Kübelreiter aus ungeklärten Gründen nicht verfügt. Es lohnt sich an dieser Stelle der Theorie, daß Kübelreiter und Kohlenhändler zwei Seiten von Kafkas Persönlichkeit widerspiegeln, nachzugehen. Der Kübelreiter symbolisiert die kreative, aber von den Mitmenschen isolierte Künstlerpersönlichkeit, die an dem Verlust der Beziehungen krankt; der Kohlenhändler repräsentiert die von Kafka immer wieder angestrebte, aber nie verwirklichte Figur des Ehemanns. Kafkas Leben scheint im Licht seiner Biographie eine ewige Suche nach der Vereinbarkeit von Künstlertum und Bürgertum zu sein. Dokumentieren die Briefe an Felice sein Gedankenspiel mit der Ehe, so belegen vielzählige Tagebuch- und Briefstellen, daß Kafka nie wirklich beabsichtigte, sein Junggesellenleben gegen ein Familienleben einzutauschen: »Ich muß viel allein sein. Was ich geleistet habe, ist nur ein Erfolg des Alleinseins« (KKAT 569).[17]

Die Unvereinbarkeit zwischen Berufung und normalem Familienleben hat Kafka in unzähligen Bildern literarisch verarbeitet.[18] So lautet eine Eintragung aus dem fünften Oktavheft: »Die Welt – F. ist ihr Repräsentant – und mein Ich zerreißen in unlösbarem Widerstreit meinen Körper« (H 97). Der unlösbare Widerstreit, die Entscheidung zwischen dem reinen Künstlertum und dem Leben in der Gemeinschaft nimmt im *Kübelreiter* in den Figuren des Kübelreiters und des Kohlenhändlers Gestalt an. Der Kohlenhändler bekommt einzelne Merkmale des Autors zugesprochen, er »schreibt«, leidet an einem »schweren Husten« und lebt in einem Keller, den sich Kafka selbst, wie er in einem Brief an Felice äußert, als ideale Schreibwerkstatt vorstellte:

---

17 Vgl. den Brief an Felice Bauer vom 14./15. Januar 1913 (F 250).
18 »Daß zwei in mir kämpfen, weißt Du. Daß der bessere der zwei Dir gehört, daran zweifle ich gerade in den letzten Tagen am wenigsten« (F 755).

Oft dachte ich schon daran, daß es die beste Lebensweise für mich wäre, mit Schreibzeug und einer Lampe im innersten Raume eines ausgedehnten, abgesperrten Kellers zu sein. [...] Was ich dann schreiben würde!« (F 250)

Der Kohlenhändler lebt also im warmen Raum (auffällig der starke Kontrast zur einleitenden Beschreibung des Winters), hat soviel materielle Güter angesammelt, daß er eine Stadt versorgen kann und verkörpert für den Kübelreiter, der nichts als ein paar leichtgewichtige Argumente hat, die Sonne am Firmament. Überraschend ist deshalb das Bild, welches Kafka wählt, um die beiden unterschiedlichen Figuren zusammenzuführen. Hoch schwebt der Kübelreiter über dem Keller des Kohlenhändlers ein, so hoch, daß man ihn der Sonne näher vermuten könnte, als den im Keller kauernden Kohlenhändler. Die Positionen »außergewöhnlich hoch« – »tief unten« (E 195) scheinen auf den ersten Blick das Kräfteverhältnis der beiden Figuren umzudrehen. Bleibt man zum Beispiel bei der Theorie, daß es sich hier um die zwei Facetten einer Persönlichkeit handelt, so scheint sich in diesem Bild die Überlegenheit des künstlerischen Ichs gegenüber der weltlichen, geschäftüchtigen Person auszudrücken. Doch trotz dieser scheinbaren – nur in diesem Bild angedeuteten – Überlegenheit des Kübelreiters, wird dieser als dem realen Leben gegenüber untaugliche Figur geschildert. Zwar kommt der Kohlenhändler nie in den Genuß eines »außerordentlichen Gedankenfluges« (und nichts anderes ist die Kübelreitergeschichte ihrer äußeren Form nach), stößt nicht an überirdische Grenzen, sieht die Welt niemals aus einem erhöhten Blickwinkel, erlebt nicht das literarische Pathos beim Verfassen von Texten, wie einem das Bild der aufsteigenden Kamele glauben machen will,[19] aber er bewältigt ohne Frage

---

19 Vgl. hierzu die sprachliche Parallele zum Landarzt, der seine unirdischen Pferde ebenfalls mit Kamelen in Verbindung bringt: »zwei Pferde, mächtig flankenstarke Tiere schoben sich hintereinander, die Beine eng am Leib, die wohlgeformten Köpfe wie Kamele senkend [...]« (E 124).

sein Leben in der realen Welt und versorgt zudem noch
Frau und Kinder. Der Kohlenhändler hat verwirklicht, was
Kafka sich selbst für sein Leben erhofft und als Aufgabe
formuliert hat.

> Die Frau, noch schärfer ausgedrückt vielleicht, die Ehe ist
> der Repräsentant des Lebens, mit dem du dich auseinandersetzen sollst. (H 87)

Der Reichtum des Kohlenhändlers besteht in dem warmen Idyll des Kellers, in dem seine Frau auf der Ofenbank sitzt und strickt, er selbst nach getaner Arbeit
»schreibt«. Daß dieses Idyll auch trügerisch ist, scheint
das Wörtchen »kauert« auszudrücken, welches auch die
Persönlichkeit des Kohlenhändlers charakterisiert. Als der
Kübelreiter hoch über dem Kellergewölbe schwebend
Kontakt zu ihm aufnimmt, ist er sich seiner Sinne so unsicher, daß er sich erst mit seiner Frau bespricht, sich hier
und auch weiterhin ihren Entscheidungen beugt. Er hat
sich, um im Bild zu bleiben, räumlich und geistig soweit
von seinem künstlerischen Ich entfernt, daß er die ehemalige »Kundschaft« (hier wird die synonyme Bedeutung
des Wortes ›Kundschaft‹ ausgenutzt), nämlich dem Ruf
der Literatur zu folgen, nur noch vage mit dem Herzen
vernimmt. Die Frau, die er an seinen Vermutungen teilhaben läßt, ist hingegen von Anfang an sicher, daß es sich
um einen eingebildeten Ruf handelt, der letztendlich von
der Aufgabe ablenkt, Frau und Kinder zu versorgen. Sie
verhindert vehement den Kontakt zwischen den beiden
Persönlichkeiten und damit letztlich die mögliche Verbindung von Künstlertum und weltlichem Leben. Ihr Argument ist einfach, rational und unwiderlegbar:

> Erinnere dich an deinen schweren Husten heute nacht.
> Aber für ein Geschäft und sei es auch nur ein eingebildetes, vergißt du Frau und Kind und opferst deine Lungen.
> Ich gehe [...]. (E 196)

Der Kübelreiter 249

Die Entscheidung über die weitere Existenz des Kübelreiters wird von der Frau getroffen, welche die Tür zwischen beiden Sphären – Künstlertum und Bürgertum – schließt und somit die letzte Chance des Kübelreiters, am wirklichen Leben teilzuhaben, zunichte macht. Dieser Moment der Entscheidung wird mit dem Abendläuten der nahen Kirche unterlegt und kann mit dem »Fehlläuten der Nachtglocke« im *Landarzt* als endgültiges Signal zum Aufbruch in unirdische Sphären gedeutet werden. Das künstlerische Ich wird somit ins Nichts verbannt, doch wird dieser Zustand, wie schon beim Paralipomenon gedeutet, als wünschenswert und als Akt der Befreiung vom Zwang sozialer Verhältnisse angesehen.

Eine parallele Entscheidungssituation begegnet uns auch in der Geschichte *Ein Landarzt*, für die Hartmut Binder folgendes Grundmuster aufgedeckt hat:

> Die Erzählung entwirft ein Entscheidungsfeld der »Verantwortung« mit zwei Zentren: dem der möglichen familialen Konstellation, wie sie der Hausstand des Doktors mit Rosa als Partnerin denkbar werden läßt, und dem der sozialen Tätigkeit, wie sie sich in der Konfrontation mit dem schwerkranken Jungen und den Dorfbewohnern andeutet.[20]

Auch im *Landarzt* entscheidet sich die erzählende Figur für die Berufung, die selbst gewählte Aufgabe erhält mehr Gewicht als die in Aussicht stehende Zweisamkeit mit Rosa. Rosa bleibt aber während des ganzen Hausbesuches dem Landarzt als schlechtes Gewissen präsent und beeinflußt seine Handlungen. Weil er sie aufgegeben hat, sich andererseits ihr verpflichtet fühlt, bewältigt er seine Aufgabe nicht, die Wunde seines Patienten, die auch »Rosa« ist, zu heilen. Hier liegt ebenfalls die Vermutung nahe, daß Patient und Arzt ein und dieselbe Figur sind, deren Verfehlungen nur auf verschiedenen Ebenen liegen.

---

20 KHB II, S. 345.

Das Mädchen und die Wunde, der Junge, bei dem sie aufbricht, und der Arzt, der sie eben in dieser Weise sieht, geben damit ihre Abgegrenztheit auf, ihre unterschiedlichen Positionen in der Wirklichkeit.[21]

Hier, wie im *Kübelreiter*, verschlüsselt Kafka seinen eigenen Konflikt mit den Frauen in der Art, daß er verschiedene Personen (Junge – Arzt – Knecht) als Träger des ursprünglichen Konflikts einsetzt, und diesen dadurch unauflösbar in der Geschichte installiert. Der Landarzt kann weder mit Rosa noch ohne sie sinnvoll leben, er scheitert an seiner Aufgabe, eine Wunde zu heilen, die seine eigene ist und fühlt sich betrogen, da er am Ende das Grundmuster des Konflikts nicht mehr durchschauen kann:

> Ich gehöre hinunter, ich finde keinen anderen Ausgleich, F. ist zufällig die, an der sich meine Bestimmung erweist, ich bin nicht fähig, ohne sie zu leben, und muß hinunterspringen, ich wäre aber – und F. ahnt dies – auch nicht fähig mit ihr zu leben. (H 263)

Die stark biographische Interpretation rechtfertigt sich durch Kafkas Einschätzung der Geschichte bezüglich seines eigenen Lebens:

> Aber ich klage ja nicht, heute weniger als sonst. Auch habe ich es selbst vorausgesagt. Erinnerst Du Dich an die Blutwunde im »Landarzt?« (BKB 160)[22]

Konflikt und Perspektive. Die zwei Erzählungen, die in ihrem Aufbau viele Parallelen aufweisen, unterscheiden sich in ihrer abschließenden Perspektive. Während der Kübelreiter auf Nimmerwiedersehen verschwindet, die reale Welt für immer verläßt, ist der Landarzt dazu verurteilt, sein

---

21 Gert Kleinschmidt, »Ein Landarzt«, in: *Interpretationen zu Franz Kafka*, hrsg. von Albrecht Weber [u. a.], München 1968, S. 119.
22 Brief Kafkas an Max Brod, nachdem ihm 1917 Tuberkulose diagnostiziert wurde (Br 160).

Heim nie mehr zu erreichen und in der Schneewüste umherzuirren. Die im *Kübelreiter* vollzogene Loslösung vom wirklichen Leben ist eine Erlösung, die dem Landarzt nicht zuteil wird. Doch eine Lösung, wie sie die *Kübelreiter*-Geschichte bereithält, in dem das reine künstlerische Sein als mögliche Existenzform anerkannt wird, kann es nur im Traum, nicht aber im wirklichen Leben geben. In der Geschichte *Ein Landarzt* verschärft Kafka den *Kübelreiter*-Konflikt ›Einsamkeit und Gemeinschaft‹, indem er ihn als unlösbare Lebensaufgabe setzt und seinen Helden daran scheitern läßt. In der Erzählung *Ein Landarzt* nimmt Kafka seine eigene (Kranken-)Geschichte vorweg, und so erlangt diese auch im Druck Priorität vor der »wehmütig lustigen«[23] *Kübelreiter*-Geschichte.

---

23 Vgl. Brod (Anm. 1) S. 140.

Literaturhinweise

Der Kübelreiter. In: Prager Presse 1 (1921). Nr. 270, 25. Dezember 1925. Morgenausgabe (Weihnachtsbeilage). S. 22.

Das Schloß

Von Michael Müller

> *Was willst Du denn eigentlich Barnabas?*

Kafkas Romanfragment *Das Schloß* erschien erstmals zwei Jahre nach dem Tod des Autors im Leipziger Kurt Wolff Verlag. Wie schon bei dem 1925 veröffentlichten *Der Proceß* zeichnete Max Brod für die Herausgabe verantwortlich. In seinem Nachwort zur *Schloß*-Ausgabe stellte Brod die beiden Texte einander gegenüber. Er schrieb:

> Wesentlich ist, daß der Held im »Prozeß« von einer unsichtbaren geheimnisvollen Behörde **verfolgt**, vor Gericht **geladen**, im »Schloß« von einer ebensolchen Instanz **abgewehrt** wird. »Josef K.« verbirgt sich, flieht – »K.« drängt sich auf, greift an. Trotz der entgegengesetzten Richtung aber ist das Grundgefühl identisch. Denn was bedeutet das »Schloß« mit seinen seltsamen Akten, seiner unerforschlichen Hierarchie von Beamten, mit seinen Launen und Tücken, seinem Anspruch (und durchaus gerechtfertigten Anspruch) auf unbedingte Achtung, unbedingten Gehorsam? [...] – dieses ›Schloß‹, zu dem K. keinen Zutritt erlangt, dem er sich unbegreiflicherweise nicht einmal richtig nähern kann, ist genau das, was die Theologen »Gnade« nennen, die göttliche Lenkung menschlichen Schicksals (des Dorfes), die Wirksamkeit der Zufälle, geheimnisvollen Ratschlüsse, Begabungen und Schädigungen, das Unverdiente und Unerwerbliche, das »Non liquet« über dem Leben aller. Somit wären im »Prozeß« und im »Schloß« die beiden Erscheinungsformen der Gottheit (im Sinne der Kabbala) – Gericht und Gnade – dargestellt.[1] (Hervorhebungen M. M.)

---

1 Franz Kafka, *Das Schloss*, Roman, München 1926, Nachw. S. 495f.

Für Brod ist das Schloß, von dem es im ersten Kapitel des Romans heißt, daß es einsam hoch oben auf einem Berg liegt, der Sitz einer das Leben der Menschen beeinflussenden, transzendentalen Macht, und K. verfolgt mit seinem ›Angriff‹ das Ziel, in diesen Bereich aufgenommen, der Gnade zuteil zu werden. Als Stätte, in der eine numinose, übernatürliche Macht zu Hause ist, begegnet ein derartiges Gebäude häufig in der europäischen Erzählliteratur des 18. und 19. Jahrhunderts, und zwar vor allem in Texten, die im weitesten Sinne dem Genre der phantastischen Literatur zuzuordnen sind, in Spukgeschichten etwa, aber auch in Märchen. Horace Walpole hat vielleicht mit seinem 1765 erschienenen *The Castle of Otranto* dazu beigetragen, daß lange Zeit kaum ein trivialer Schauerroman ohne ein Schloß mit dunklen und verwinkelten Gängen, unterirdischen Verliesen, geheimen Gemächern als Handlungsort auskommen konnte. Ein solches Ausnutzen des schon in der Architektur angelegten Unheimlichen findet man aber zum Beispiel auch in E. T. A. Hoffmanns *Die Elixiere des Teufels*: »Lichter schweiften hin und her, und die Tritte der Herbeieilenden schallten durch die langen Gänge, die Angst verwirrte mich, ich war auf entlegene Seitentreppen geraten. – Immer lauter, immer heller wurde es im Schlosse, immer näher und näher erscholl es gräßlich: ›Mord, Mord!‹«[2]

Nun ist aber in solchen Texten das Schloß keineswegs der Sitz einer positiven oder gar wohlwollenden göttlichen Macht, sondern im Gegenteil: in ihm residiert das Böse. Und der Angriff von außen erfolgt nicht mit dem Ziel, Aufnahme zu finden, sondern in der Absicht, dieses Böse zu zerstören.

Das Böse tritt in verschiedenen Inkarnationsformen auf. Im fernen Transsylvanien, in einer schroffen, von Schnee bedeckten Gebirgslandschaft ragt das Schloß auf, in dem Bram Stokers Graf Dracula auf seine Opfer lauert. Nachts nähert

---

2 E. T. A. Hoffmann, *Die Elixiere des Teufels*, München 1983, S. 124.

sich der junge Jonathan Harker diesem Gemäuer; Wolken schieben sich immer wieder vor den Mond, alles ist in Dunkelheit getaucht, und plötzlich merkt er:

> daß mein Fahrer die Rosse auf den Hof eines weiten, verfallenen Schlosses lenkte, aus dessen hohen schwarzen Fenstern kein Lichtstrahl drang und dessen zerfallene Zinnen sich als gezackte Linie vor das Mondlicht schoben.[3]

> Es war einmal ein altes Schloß mitten in einem großen, dicken Wald, darinnen wohnte eine alte Frau ganz allein, das war eine Erzzauberin.

So fängt das Märchen von *Jorinde und Joringel* an; ähnlich beginnen viele andere.

Für den bürgerlichen Schriftsteller oder Erzähler und für sein Publikum repräsentiert ›das Schloß‹ bis ins frühe 20. Jahrhundert hinein einen Bereich, von dem er zwar unter Umständen abhängig ist, zu dem er aber keinen Zugang hat, über den er nur in seiner Phantasie Spekulationen anstellen kann. Es ist eine Welt für sich, ein Konglomerat von Sälen, Gewölben und Grüften, in der sich Rätselhaftes abspielt, in das Außenstehende keinen Einblick erhalten, dessen Auswirkungen sie aber oft genug zu spüren bekommen. So ist das Schloß in der europäischen Literatur nicht nur Sitz von grausamen und gefährlichen weltlichen Machthabern, von despotischen Fürsten und tyrannischen Lehnsherren, es avanciert auch zum unheimlichen Ort schlechthin, es ist das Reich von blutgierigen Vampiren, bösen Hexen und mächtigen Zauberern, Gefängnis für geraubte Jungfrauen oder unliebsame Rivalen.

Der erste Absatz von Kafkas Roman würde sich ohne weiteres als Einleitung zu einem Schauerroman eignen:

> Es war spät abend als K. ankam. Das Dorf lag in tiefem Schnee. Vom Schloßberg war nichts zu sehn, Nebel und

---

3 Bram Stoker, *Dracula*, Frankfurt a. M. 1988, S. 28.

Finsternis umgaben ihn, auch nicht der schwächste Lichtschein deutete das große Schloß an. (KKAT 7)

Hier herrschen ›Nacht, Nebel und Dunkelheit‹, die klassischen Elemente, die in einem Schauerroman eingesetzt werden, um eine unheimliche Stimmung zu schaffen – siehe die zitierte Passage aus *Dracula*. Hinzu kommt noch die abweisende Landschaft, die vom Schnee wie mit einem Leichentuch bedeckt ist und dadurch beinahe konturlos wird. Es ist überdies eine archaische Landschaft. Während Kafka in seinem Roman *Der Verschollene* »das allermodernste New York« (Br 117) darstellen wollte, und die Handlung von *Der Proceß* in einer modernen Großstadt spielt, hat man in *Das Schloß* den Eindruck, in eine manchmal beängstigend primitive frühere Entwicklungsstufe der Menschheit zurückgeführt zu werden.[4] Das klassische Spukschloß liegt fernab jeder Zivilisation in einer kargen, lebensfeindlichen Gegend, in der es ewig Winter zu sein scheint:

> Dem Gestade der Ostsee unfern liegt das Stammschloß der Freiherrlich von R...schen Familie, R...sitten genannt. Die Gegend ist rauh und öde, kaum entsprießt hin und wieder ein Grashalm dem bodenlosen Triebsande, und statt des Gartens, wie er sonst das Herrenhaus zu zieren pflegt, schließt sich an die nackten Mauern nach der Landseite hin ein dürftiger Föhrenwald, dessen ewige, düstre Trauer den bunten Schmuck des Frühlings verschmäht [...].[5]

---

4 Eine gewisse Archaisierung geht auch schon von dem Titel des Romans aus. Wichtig scheint in diesem Zusammenhang, daß drei Jahre, bevor *Das Schloß* entstand, das Habsburger Imperium aufgelöst worden war und in den neuen Republiken Österreich und Tschechei alle Adelsprädikate, Titel und Orden abgeschafft worden waren. Einen »Grafen Westwest«, wie er im Roman genannt wird, gab es also nicht mehr, und der Hradschin, die Prager Burg, war der Amtssitz des ersten Präsidenten der tschechischen Republik.
5 E. T. A. Hoffmann, *Das Majorat*, Frankfurt a. M. 1987, S. 9.

So lautet die Einleitung zu E. T. A. Hoffmanns *Das Majorat*. In dem »alten, einsam liegenden Schlosse« spielen sich gräßliche Dinge ab, einer der Majoratsherren wird auf Veranlassung seines Bruders von dem Verwalter ermordet, und der ruhelose Geist des Übeltäters zieht Jahre später zu nächtlicher Stunde durch die Gemächer, bis er von einem Beherzten gebannt wird.

An zahlreichen Stellen seines Romans setzt Kafka wohl ganz bewußt, beinahe zitathaft, gewisse in Schauerromanen gebräuchliche Topoi ein. Die dämonische Natur gehört dazu. In vielen Spukgeschichten scheint die Natur im Einklang mit den feindlichen Mächten zu stehen: oft kündigt eine Verschlechterung des Wetters eine Manifestation des Bösen an. E. T. A. Hoffmann beispielsweise läßt in *Das Majorat* um Mitternacht einen Sturm aufkommen, der »in wildem Tosen das Schloß durchsauste«: »Als endlich nach einem Windstoß, vor dem der ganze Bau erdröhnte, plötzlich der ganze Saal im düstern Feuer des Vollmonds stand, rief V.: ›Ein böses Wetter!‹«[6]

In Kafkas Roman wird die Verbindung zwischen den Naturgewalten und jener – von K. als feindlich empfundenen – unsichtbaren Macht, die im Schloß residiert, von dem Protagonisten explizit hergestellt:

> K. trat auf die wild umwehte Freitreppe hinaus und blickte in die Finsternis. Ein böses, böses Wetter. Irgendwie im Zusammenhang damit fiel ihm ein, wie sich die Wirtin bemüht hatte ihn dem Protokoll gefügig zu machen, wie er aber standgehalten hatte. [...] Eine intrigante Natur, scheinbar sinnlos arbeitend wie der Wind, nach fernen fremden Aufträgen, in die man nie Einsicht bekam. (KKAT 186)

Daß in diesem Schloß etwas Böses zu Hause ist, scheint auch aus dem Aussehen und Verhalten der Bauern, also der un-

---

6 Ebd., S. 134.

mittelbar vom Schloß Abhängigen, hervorzugehen. Als in *Dracula* Jonathan Harker in dem Wirtshaus, in dem er abgestiegen ist, Erkundigungen nach dem Grafen einzuziehen versucht, verstummt der Wirt plötzlich: »Er und seine Frau, das heißt jene ältere Frau, die mich empfangen hatte, sahen mich auf meine Fragen furchtsam an.«[7] Ganz ähnlich heißt es im *Schloß*: »Zuerst hatte er [der Wirt] sich an K. herangedrängt und nun schien es, als wolle er am liebsten weglaufen. Fürchtete er über den Grafen ausgefragt zu werden?« (KKAS 14) Die meisten Dorfbewohner, mit denen K. zusammentrifft, die Bauern, wirken merkwürdig unfrei und scheu (vgl. KKAS 10), was sich unter anderem darin äußert, daß sie kaum reden, sondern das Geschehen schweigend mitverfolgen, aber auch dies in einer stumpfen, fast gleichgültigen Weise; sie treten meist im Kollektiv auf, haben kaum individuelle Züge (vgl. KKAS 59). Diese Menschen wirken auf K., wie von einer »unverständlichen Angst« besessen, unter deren Einfluß sie auf den Status von Tieren herabsinken. Er wird Zeuge, wie Frieda sie mit einer Peitsche aus dem Ausschank treibt:

> »Im Namen Klamms«, rief sie, »in den Stall, alle in den Stall«, nun sahen sie, daß es ernst war, in einer für K. unverständlichen Angst begannen sie in den Hintergrund zu drängen, unter dem Stoß der ersten gieng dort eine Türe auf, Nachtluft wehte herein, alle verschwanden mit Frieda, die sie offenbar über den Hof bis in den Stall trieb. (KKAS 66)

Die Gesichter dieser Menschen machen auf K. einen gequälten Eindruck, sie scheinen ihre Form durch körperliche Mißhandlung erhalten zu haben, »der Schädel sah aus als sei er oben platt geschlagen worden und die Gesichtszüge hätten sich im Schmerz des Geschlagenwerdens gebildet« (KKAS 39). Dieses Motiv begegnet in der Szene wieder, in

---

[7] Stoker (Anm. 3) S. 13.

der K. dem Fuhrmann Gerstäcker begegnet; dieser Mann ist »nicht alt aber schwach, gebückt, hinkend« (KKAS 28); K. sieht ihn als »gewissermaßen mißhandelte Gestalt« und empfindet Mitleid mit ihm (KKAS 30). So treten die Dorfbewohner in der Mehrheit als äußerlich deformierte und innerliche eingeschüchterte Wesen in Erscheinung, und ohne daß es explizit gesagt wird, führt man dies als Leser auf den Einfluß des Schlosses zurück – jedenfalls, wenn man sich der Deutung K.s anschließt: »der Schädel sah aus als sei er oben platt geschlagen worden [...]« (Hervorhebung M. M.). An vielen Stellen des Romans wird durch solche Formulierungen signalisiert, daß K. sich ein bestimmtes Bild macht, daß er das, was ihm im Dorf begegnet und was er dort erfährt, interpretiert. Seiner ständigen gedanklichen Beschäftigung mit der Schloß-Welt, von der das Dorf ein Teil ist, liegt aber kein Erkenntnisdrang zugrunde, sondern der Wunsch, Bestätigungen dafür zu erhalten, daß das Schloß so ist, wie es seiner höchst subjektiven Ansicht nach zu sein hat. K.'s Blick ist verstellt: er projiziert das Böse in das Schloß hinein. Die besondere Erzählweise Kafkas lädt den Leser dazu ein, sich die Sichtweise K.s und seine Meinungen über das Schloß zu eigen zu machen. Friedrich Beißner hat diese Erzählhaltung als erster zu bestimmen versucht:

> Kafka erzählt, was anscheinend bisher nicht bemerkt worden ist, stets einsinnig, nicht nur in der Ich-Form, sondern auch in der dritten Person. Alles, was in dem Roman »Der Verschollene« [...] erzählt wird, ist von Karl Roßmann gesehen und empfunden; nichts wird ohne ihn oder gegen ihn, nicht in seiner Abwesenheit erzählt, nur seine Gedanken, ganz ausschließlich Karls Gedanken und keines anderen, weiß der Erzähler mitzuteilen. Und ebenso ist es im »Prozeß« und im »Schloß«. [...] Ist nun die innere Welt mit all ihren Erfahrungen, Einsichten, Wünschen, Träumen, Gedanken, Freuden

und Kränkungen der Gegenstand Kafkaischen Erzählens und steht der Erzähler nicht als kalt beobachtender Psychologe draußen, so bleibt ihm kein anderer Platz als in der Seele seiner Hauptgestalt: er erzählt sich selbst, er verwandelt sich in Josef K. und in den Landvermesser K.[8]

Beißners Erkenntnis trifft in der Ausschließlichkeit, mit der sie formuliert wird, nicht zu. Zwar wiegt die »einsinnige« Erzählhaltung vor, es gibt aber zahlreiche Stellen in dem Roman, an denen sich ein distanzierter Erzähler bemerkbar macht, und dem Leser damit eine Perspektive auf K. und eine Beurteilung von dessen Ansichten und Aktionen ermöglicht.[9] Außerdem werden keineswegs nur die »Gedanken« K.s mitgeteilt. Kafka läßt den Leser immer wieder daran teilhaben, wie K. den Schritt von der Beobachtung zur Interpretation vollzieht, zeigt also, wie die empirisch wahrgenommene Welt von K. transformiert wird. Der Leser erhält auch von K. unabhängig Informationen über das Schloß und kann feststellen, daß äußere und innere Realität sich nicht decken bzw. wie die Wirklichkeit und K.s Bewußtsein von ihr nicht übereinstimmen. Zwar entdeckt er die Schloßwelt meistens gleichzeitig mit K., das bedeutet aber nicht, daß er zu denselben Schlußfolgerungen gelangen, diese Welt in derselben Weise interpretieren muß wie

---

8 Friedrich Beißner, *Der Erzähler Franz Kafka und andere Vorträge*, mit einer Einf. von W. Keller, Frankfurt a. M. 1983, S. 38.

9 Siehe hierzu vor allem Kudzus (1975). Unter Bezugnahme auf die »Bürgelepisode« (KKAS 405 ff.) schreibt Kudzus beispielsweise: »Während der Begegnung mit Bürgel schläft K. eine Zeitlang ›abgeschlossen gegen alles [...]‹, was geschieht. Der Leser aber vernimmt währenddessen mit dem Erzähler die Ausführungen Bürgels und erfährt so, daß ein wacher K. sein Ziel erreicht hätte; denn K. hätte ›nichts anderes zu tun‹ brauchen, als seine ›Bitte irgendwie vorzubringen, für welche die Erfüllung schon bereit‹ war. Durch die Distanzierung des Erzählers ist es Kafka hier möglich, dem Leser das ganze Ausmaß des K.schen Versagens vor Augen zu führen. Diese ›negative‹ Wirkung der Begegnung mit Bürgel wird noch durch den ungewöhnlich langen Einsatz der Erzählerdistanz verstärkt: der vom schlafenden K. distanzierte Erzähler folgt den Ausführungen über mehrere Seiten hinweg« (ebd., S. 335 f.).

der Protagonist. Immer wieder wird betont, daß K. sich in einem Bereich der Mutmaßungen bewegt: er hält unablässig seine Augen auf den Schloßberg gerichtet – im wörtlichen wie im übertragenen Sinne –, aber es bleibt ungewiß, ob das, was er zu erkennen meint, wirklich der Realität entspricht: »Übrigens schien oben auf dem Berg viel weniger Schnee zu sein« (KKAS 17), »oben auf dem Berg ragte alles frei und leicht empor, wenigstens schien es so von hier aus« (ebd.; Hervorhebungen M. M.).

An einigen Schlüsselstellen des Romans wird aber nun dem Leser ganz deutlich gemacht, daß K. sich ein recht fragwürdiges Bild vom Schloß macht, bzw. daß er schon mit bestimmten Erwartungen, einer vorgefaßten Meinung in das Dorf gekommen ist, und die Realität nun diese Meinung zu bestätigen hat. Man könnte sagen, daß diese Realität sich unter anderem auch in ›Dokumenten‹ manifestiert, die in den Romantext eingeschoben sind, zum Beispiel in den Briefen Klamms an den Landvermesser, die in ihrem genauen Wortlaut wiedergegeben werden. Der Auslegung dieser Brieftexte durch K. kann man – wenn man dessen interpretatorischen Ansatz nicht voll und ganz übernommen hat – kaum zustimmen – zumindest sind andere Deutungen möglich. Es handelt sich um typische Amtsschreiben, in denen eine übergeordnete Behörde floskelhaft ihr Wohlwollen zum Ausdruck bringt und Lob ausspricht, damit der Untergebene seine Aufgaben so gut wie möglich erledigt: »Es liegt mir daran zufriedene Arbeiter zu haben« (KKAS 40); »Lassen Sie nicht nach in ihrem Eifer! Führen Sie die Arbeiten zu einem guten Ende!« (KKAS 187) Diese Botschaften nehmen kaum auf die konkrete Situation Bezug, besonders der zweite Brief, der eindeutig auf einem »Mißverständnis« (KKAS 187) beruht, scheint vor allem von der Inkompetenz und Indifferenz der Behörden zu künden, die zwar unaufhörlich arbeiten, unablässig Papier vollschreiben und ganze Aktenberge anhäufen, in denen dann aber die für eine bestimmte Person und einen bestimmten Fall relevante Akte nicht mehr gefunden wird. Es bedarf einer spitzfindigen Interpretation durch K., um diesen Briefen überhaupt eine Bedeutung zu geben, das heißt, um in sie das hineinzulesen, was er in ihnen zu finden wünscht. Im Falle des ersten Briefes ist dafür eine wiederholte Lektüre, eine Art von *close reading*, notwendig, für die K. zunächst einmal umständlich die äußeren Bedingungen schafft: er »wickelte sich in die Decke, setzte sich zum Tisch und begann bei einer Kerze den Brief nochmals zu lesen« (KKAS 41). Erst diese sorgfältige ›Analyse‹ offenbart ihm die »Uneinheitlichkeit« des Textes, die »Widersprüche« und läßt ihn zu dem Schluß kommen, daß sich hinter der Aufnahme eine Kampfansage verbirgt. Drei Worte sind es, die ihm dies bestätigen: »nur ein unruhiges Gewissen – ein unruhiges, kein schlechtes – konnte es merken, es waren die drei Worte ›wie Sie wissen‹ hinsichtlich seiner Aufnahme in den Dienst. K. hatte sich gemeldet und seither wußte er, wie sich der Brief ausdrückte, daß er aufgenommen war« (KKAS 43). Dem Leser, der sich diesen Gedankengängen K.s nicht anschließen möchte, bietet sich eine andere, viel prosaischere Erklärung für diese Worte: K. weiß tatsächlich schon seit dem zweiten Telefongespräch Schwarzers mit der Zentralkanzlei im ersten Kapitel, daß er aufgenommen ist: »Das Schloß hatte ihn also zum Landvermesser ernannt« (KKAS 12). Im 5. Kapitel wird der Brief Klamms überdies von dem Vorsteher zu einem bedeutungslosen »Privatbrief« erklärt, und die Worte »wie Sie wissen« dienen diesem als Beleg dafür, daß in dem Schreiben überhaupt nichts »bindend« ausgesprochen ist (vgl. KKAS 113f.). In ähnlicher Weise und mit demselben Ziel wie diesen Brief analysiert K. alle ›Botschaften‹, die ihn vom Schloß erreichen. Seiner Auslegung zufolge ist in ihnen immer »mit Feinheit« zum Ausdruck gebracht, »daß, wenn es zu Kämpfen kommen sollte, K. die Verwegenheit gehabt hatte, zu beginnen« (KKAS 43). Er sucht geradezu verzweifelt nach Beweisen dafür, daß ihm ein mächtiger Feind gegenübersteht, etwas ›Böses‹, das es zu bezwingen gilt. Es gibt zahlreiche Anzeichen für das Gegenteil: die Behörden machen ihm alles sehr leicht; sie nehmen ihn nicht nur als Landvermesser auf, sie weisen ihm auch ein Quartier zu, setzen ihm keinen Widerstand entgegen, als er einem der höheren Schloßbeamten die Geliebte abspenstig macht, sie loben ihn schließlich sogar für von ihm gar nicht geleistete Arbeit. Der heimatlose, einsame Wanderer hat binnen kürzester Zeit alles das erhalten, was eine bürgerliche Existenz ausmacht: Wohnung, Beruf und Familie. K. ertappt sich gleichsam dabei, daß ihm die Tatsache, daß hinsichtlich der Behandlung seiner Angelegenheiten »ein bestimmter, äußerlich ihm sehr günstiger Grundsatz ausgegeben worden war« (KKAS 92), sehr angenehm ist. Er stellt nun einen mentalen Kraftakt an, um sich selbst zu dokumentieren, dies alles sei eben nur »äußerlich« günstig, in Wirklichkeit sei auch die zuvorkommende Behandlung, die ihm zuteil wird, Teil der Strategie des Gegners:

> K. war, wenn er manchmal nur an diese Dinge dachte, nicht weit davon entfernt, seine Lage zufriedenstellend zu finden, trotzdem er sich immer nach solchen Anfällen des Behagens schnell sagte, daß gerade darin die Gefahr lag. Der direkte Verkehr mit den Behörden war ja nicht allzu schwer, denn die Behörden hatten, so gut sie auch organisiert sein mochten, immer nur im Namen entlegener unsichtbarer Herren entlegene unsichtbare Dinge zu verteidigen [...]. Dadurch nun aber, daß die Behörden K. von vornherein in unwesentlicheren Dingen – um mehr hatte es sich bisher nicht gehandelt – weit entgegenkamen, nahmen sie ihm die Möglichkeit kleiner leichter Siege und mit dieser Möglichkeit auch die zugehörige Genugtuung und die aus ihr sich ergebende Sicherheit für weitere größere Kämpfe. Statt dessen ließen sie K. allerdings nur innerhalb des Dorfes, überall durchgleiten, wo er wollte, verwöhnten und schwächten ihn dadurch, schalteten hier überhaupt jeden Kampf aus und verlegten

ihn dafür in das außeramtliche, völlig unübersichtliche, trübe fremdartige Leben. (KKAS 93)

Man könnte sagen, daß K., immer wenn sich »Behagen« einzustellen droht, sein »unruhiges Gewissen« aktiviert und sich in einem Zustand der Angespanntheit und Unzufriedenheit erhält. Dies wird in seinem Umgang mit den Menschen, die ihm im Dorf begegnen, deutlich. Im Verkehr mit diesen ist K. nie ›ruhig‹; in gewisser Weise ›sortiert‹ er sofort alle, mit denen er mittelbar oder unmittelbar bekannt wird. Da gibt es die Kategorie der Gegner, in die Klamm und die anderen Vertreter der Macht gehören, die Kategorie der Opfer, in die er die Bauern und alle anderen mißhandelt wirkenden Dorfbewohner einordnet, und schließlich die Kategorie der möglichen Verbündeten und Kampfesgefährten. Das sind alle die, die Zugang zum Schloß haben, ohne ihm aber wirklich anzugehören. Von solchen Menschen wird er angezogen, er findet sie schön, sie wirken kostbar, unterscheiden sich scheinbar durch ihre Kleidung von den anderen Dorfbewohnern. So fällt ihm zum Beispiel in der Badestube, in die er am ersten Tag seines Aufenthalts durch Zufall gerät, die offensichtlich kranke Frau auf, deren Kleid das einfallende Licht »einen Schein wie von Seide« (KKAS 23; Hervorhebung M. M.) gibt. Als sich der Schloßbote Barnabas zum erstenmal bei ihm präsentiert, glaubt K. auch an dessen Kleidung etwas Besonderes wahrzunehmen: »Er war fast weiß gekleidet, das Kleid war wohl nicht aus Seide, es war ein Winterkleid wie alle anderen, aber die Zartheit und Feierlichkeit eines Seidenkleids hatte es« (KKAS 38; Hervorhebung M. M.). Gerade im Fall des Barnabas wird aber ganz deutlich, daß K.s Interpretationen in die Irre gehen: der Bote führt ihn nicht ins Schloß, sondern in die armselige Behausung seiner Eltern. Und dies eine Mal gesteht K. sich selbst gegenüber ein, daß er sich vom äußeren Schein hat blenden lassen: »Ein Mißverständnis war es also gewesen, ein gemeines, niedriges Mißverständnis und

K. hatte sich ihm ganz hingegeben. Hatte sich bezaubern lassen von des Barnabas enger **seiden glänzender** Jacke, die dieser jetzt aufknöpfte und unter der ein grobes, grauschmutziges, viel geflicktes Hemd erschien [...]« (KKAS 52; Hervorhebung M. M.).

In K.s Umgang mit den anderen macht sich ein ausgeprägter Utilitarismus bemerkbar. Was einigen Personen in seinen Augen Wert verleiht – sie sozusagen ›seiden glänzen‹ läßt –, ist ihr vermeintliches Vermögen, ihm Zugang zum Schloß zu verschaffen. Als Frieda ihm offenbart, daß sie die Geliebte Klamms ist, sagt er: »Dann sind Sie [...] für mich eine sehr respektable Person« (KKAS 62). Er liebt und begehrt sie nicht um ihrer selbst willen, sondern weil er hofft, durch sie in den Bereich eindringen zu können, der ihm verschlossen ist. Sie verliert schließlich für ihn an Bedeutung, als sie sich ganz ihm zuwendet und Klamm aufgibt. K. beobachtet schon nach kurzer Zeit einen Verfall an Frieda und mutmaßt, daß ihre »Entfernung von Klamm« (KKAS 214) die Ursache dafür sei: »Die Nähe Klamms hatte sie so unsinnig verlockend gemacht, in dieser Verlockung hatte sie K. an sich gerissen und nun verwelkte sie in seinen Armen« (ebd.). Frieda erkennt später, daß K. sie nur aus einer zweckgebundenen Einstellung heraus zu seiner Geliebten gemacht hat; so erhebt sie gegen ihn den Vorwurf:

> Du hast keine Zärtlichkeit, ja nicht einmal Zeit mehr für mich, Du überläßt mich den Gehilfen, Eifersucht kennst Du nicht, mein einziger Wert für Dich ist, daß ich Klamms Geliebte war. (KKAS 245)

K.s Interesse für die Mutter von Hans erwächst ebenfalls aus solchen Beweggründen; die Kranke ist ja »ein Mädchen aus dem Schloß«. In dem Gespräch mit dem Jungen bemüht K. sich jedoch, echte Anteilnahme – Frieda würde es »Zärtlichkeit« nennen –, verspüren zu lassen; er gibt sich zudem als Heilkundiger aus. Die entscheidende Passage wird in indirekter Rede wiedergegeben, vom Erzähler referiert, so daß es für den Leser möglich ist, eine distanziertere Position K. gegenüber einzunehmen:

> [...] es tue ihm leid, daß Hansens Mutter kränkle und offenbar niemand hier das Leiden verstehe; in einem solchen vernachlässigten Falle kann oft eine schwere Verschlimmerung eines an sich leichten Leidens eintreten. Nun habe er, K., einige medicinische Kenntnisse und was noch mehr wert sei, Erfahrung in der Krankenbehandlung. Manches was Ärzten nicht gelungen sei, sei ihm geglückt. Zuhause habe man ihn wegen seiner Heilwirkung immer das bittere Kraut genannt. Jedenfalls würde er gern Hansens Mutter ansehn und mit ihr sprechen.
> (KKAS 229)

Das Ergebnis dieses Überredungsversuchs empfindet K. als »unbefriedigend«, da Hans sich weigert, den Kontakt herzustellen. Bezeichnenderweise argwöhnt der Protagonist nun, daß der Junge mit seinem Angebot, ihm zu helfen, nur eigensüchtige Motive verfolgt. Hans kommt ihm plötzlich »fast hinterhältig« vor: »es war bisher aus seiner Erscheinung und seinen Worten kaum zu entnehmen gewesen, erst aus den förmlich nachträglichen, durch Zufall und Absichten hervorgeholten Geständnissen merkte man es« (KKAS 233). K. hat den Jungen im Verdacht, sich zu verstellen, und dieser Verdacht kommt ihm wohl, weil er selber zu solchen Taktiken greift, um an sein Ziel zu gelangen.

In dem Roman wird nie von einem Erzähler etwas über K.s Herkunft, seinen Stand, seinen Beruf berichtet: diese Figur stellt sich immer in Gesprächen mit anderen selbst dar – und einige von den Gesprächspartnern äußern Zweifel hinsichtlich seiner Aufrichtigkeit. Frieda wirft K. vor, daß er bereit sei, »Komödie zu spielen«, wenn es für ihn vorteilhaft sei (KKAS 246). Sie hat in diesem Stadium der Handlung den Glauben an K. verloren. Es hängt vom Grad der Identifikation ab, wie man ihn beurteilt. Dies trifft nicht nur auf die Romanfiguren zu, sondern auch auf den Leser, der in dieser Beziehung eine Entwicklung durchmacht, sich in dem Maße, in dem sich die Widersprüche häufen,[10] von dem Protagonisten löst. Wenn man eine kritische Distanz zu K. gewinnt, erkennt man, daß er immer wieder in neue Rollen schlüpft – unter anderem in die Rolle des Landvermessers. Eine so entscheidende Frage wie die, ob K. wirklich Landvermesser sei, ist von verschiedenen Interpreten ganz unterschiedlich beantwortet worden. Es scheint jedoch im Text genügend Hinweise dafür zu geben, daß er sich eine falsche Identität zulegt. Seine Bereitschaft, zu List und Verstellung zu greifen, geht aus einer seiner Reflexionen hervor: »Durch Schwarzer war ganz unsinniger Weise gleich in der ersten Stunde die volle Aufmerksamkeit der Behörden auf K. gelenkt worden [...]. Nur eine Nacht später hätte schon alles anders, ruhig, halb im Verborgenen verlaufen können« (KKAS 260). Wenn Schwarzer ihn nicht sofort nach seiner Ankunft aufgefordert hätte, sich auszuweisen, hätte er auf andere, auf versteckte Weise versucht, Einlaß ins Schloß zu erlangen. Seine Behauptung, der vom Grafen bestellte Landvermesser zu sein, war eine aus der Not heraus geborene Lüge, mit der er den ersten Angriff abwehren wollte. Um glaubwürdiger zu erscheinen, kündigt er an, daß ihm seine Gehilfen mit den Geräten am nächsten Tag folgen werden – diese Gehilfen gibt es jedoch offenbar nicht, jedenfalls treffen sie nie ein. Die Tatsache, daß er die beiden Mitarbeiter erfunden hat, zwingt ihn jedoch dazu, die vom Schloß entsandten Männer als Gehilfen zu akzeptieren, so zu tun, als ob sie seine »alten Gehilfen« seien. Er muß die Fiktion aufrechterhalten, daß er Landvermesser ist.[11] Es gelingt ihm, die Dorfbewohner – und den Leser –

---

10 Widersprüchlich sind zum Beispiel auch die Angaben, die K. über seinen Familienstand macht. An einer Stelle insinuiert er, daß er »Weib und Kind« hat, an einer anderen Stelle ist von einer »Verlobten« die Rede.
11 Eine Frage wie »[...] versteht Ihr etwas von Landvermessung?« (KKAS 32) könnte also auch der Angst entspringen, durch diese neuen Gehilfen entlarvt zu werden.

zu täuschen, jedenfalls eine Zeitlang. In einem viel späteren Stadium der Handlung, kurz vor Abbruch des Romans, unterzieht ihn die Wirtin einem Verhör. Auf ihre unverblümte Aufforderung, zu sagen, ›was er eigentlich sei‹, antwortet er wieder »Landvermesser« und bekommt darauf zu hören: »Du sagst nicht die Wahrheit. Warum sagst Du denn nicht die Wahrheit.« Seine Erwiderung auf diesen Vorwurf ist ein indirektes Eingeständnis, daß er gelogen hat: »Auch Du sagst sie nicht« (KKAS 492).

Am Ende des 9. Kapitels hat Kafka ursprünglich das Protokoll, das der Sekretär Momus über K. aufgesetzt hat, im Wortlaut ›zitiert‹. K. liest folgendes:

Des Landvermessers K. Schuld zu beweisen, ist nicht leicht. Man kann nämlich auf seine Schliche nur kommen, wenn man sich, so peinlich das auch ist, ganz in seinen Gedankengang hineinzwingt. Hiebei muss man sich nicht beirren lassen, wenn man auf diesem Weg zu einer von aussen her unglaublichen Schlechtigkeit gelangt, im Gegenteil, wenn man so weit gekommen ist, dann ist man gewiss nicht irregegangen, dann erst ist man am richtigen Ort. Nehmen wir z. B. Friedas Fall. Es ist klar, dass der Landvermesser Frieda nicht liebt und nicht aus Liebe sie heiraten wird, er weiss recht wohl, dass sie ein unansehnliches, tyrannisches Mädchen überdies mit übler Vergangenheit ist, er behandelt sie auch demgemäss und treibt sich herum ohne sich um sie zu kümmern. Das ist der Tatbestand. Er könnte nun in verschiedener Weise gedeutet werden so dass K. als ein schwacher, oder ein dummer oder ein edelmütiger oder ein lumpiger Mensch erschiene. Das alles trifft aber nicht zu. Zur Wahrheit gelangt man erst, wenn man genau in seinen Spuren, die wir von der Ankunft angefangen, hier aufgezeigt haben, bis zu der Verbindung mit Frieda geht. Hat man dann die haarsträubende Wahrheit gefunden, muss man sich freilich auch noch gewöhnen sie zu glauben, aber es bleibt

nichts anderes übrig. Nur aus Berechnung schmutzigster Art hat K sich an Frieda herangemacht und wird nicht von ihr lassen, solange er noch irgendwelche Hoffnung hat, daß seine Rechnung stimmt. [...]
(KKAS, App.-Bd., 272f.)

In der Endfassung des Kapitels fehlt dieser Text, weder K. noch der Leser erhalten Einblick in das Protokoll. Wahrscheinlich ist Kafka diese Beurteilung K.s zu negativ und vor allem zu eindeutig gewesen. Die Möglichkeit, daß der »Tatbestand« auf verschiedene Weise gedeutet wird, sollte wohl offengehalten werden. So bleibt K. eine ambivalente Gestalt, die von den Interpreten sehr unterschiedlich bewertet wird. »Ist K. Held oder Ausbeuter?« so überschreibt Richard Sheppard einen Überblick über die verschiedenen Auslegungen und deutet damit die Bandbreite der Meinungen über den Protagonisten des Romans an.[12] Man könnte antworten, daß K. gerne ein Held sein möchte, und daß er, um zu diesem Ziel zu gelangen, auch nicht davor zurückschreckt, andere auszubeuten, womit er aber wiederum den landläufigen Begriff vom Helden in Frage stellt. K. ist – um Friedas Charakterisierung aufzugreifen – ein Komödiant, ein Schauspieler, der ständig andere Rollen annimmt. Ebenso weist er allen anderen Rollen zu, vor allem den unsichtbaren Machthabern im Schloß: sie müssen Feinde sein, damit er sich im Kampf gegen sie als Held erweisen kann. Aus demselben Grund müssen die Dorfbewohner Opfer sein, die er befreien oder erlösen kann. Er kann den Gedanken nicht ertragen, daß er für die Machthaber vielleicht ganz unbedeutend ist, daß sie ihm ganz indifferent gegenüberstehen. Er braucht sie als tyrannische, bösartige Gegenspieler, sein Ehrgeiz verlangt dies. K. besiedelt den Schloßberg mit Dämonen, wandelt das Schloß zum Spukschloß um.

Der Bote Barnabas und dessen Familienangehörige sind von Kafka als Parallelfiguren zu K. konzipiert. Der junge

---

12 Richard Sheppard, »Das Schloß«, in: KHB II, S. 441–470; hier S. 462.

Mann setzt im Verein mit seinen Eltern und seinen Schwestern ebenfalls alles daran, ins Schloß zu gelangen, und K. ist fasziniert davon, »daß aus dem Dorf selbst ein derart unglückliches Bestreben hervorgehen könnte, wie es das des Barnabas und seiner Schwester war« (KKAS 279). Im Bewußtsein dieser Menschen nimmt das Schloß eine ähnliche Stellung ein wie in dem K.s. ›Alles geht vom Schloß aus‹, ist ihr Credo. Sie glauben, von dort seien Strafmaßnahmen gegen sie eingeleitet worden, und sind überzeugt, nur von dort sei »Verzeihung« zu erlangen (vgl. KKAS 334f.). Alle Beweise für das Gegenteil, daß nämlich vom Schloß überhaupt nichts gegen diese Familie unternommen wird, werden von ihnen verdrängt, die verständnislosen Fragen, mit denen man in den Kanzleien auf die Bitten des Vaters reagiert, werden uminterpretiert; sie werden so gedeutet, daß sie in Wirklichkeit der Abwehr dienen, Teil eines großangelegten Planes sind, dessen Ziel die Vernichtung der schuldig gewordenen Familie ist. Olga berichtet:

> Es war auch allzu leicht ihm [dem Vater] zu antworten, das Schloß hat es immer so leicht. Was wollte er denn? Was war ihm geschehn? Wofür wollte er eine Verzeihung? [...] Aber was solle ihm denn verziehen werden? antwortete man ihm, eine Anzeige sei bisher nicht eingelaufen, wenigstens stehe sie noch nicht in den Protokollen, zumindest nicht in den der advokatorischen Öffentlichkeit zugänglichen Protokollen, infolgedessen sei auch, soweit es sich feststellen lasse, weder etwas gegen ihn unternommen worden, noch sei etwas im Zuge. Könne er vielleicht eine amtliche Verfügung nennen, die gegen ihn erlassen worden sei? Das konnte der Vater nicht.
> (KKAS 334–336)

Ebensowenig kann dieser Mann aber die Tatsache akzeptieren, daß nichts gegen seine Familie vorliegt. Er hat einen Feldzug angetreten, um für sich und die Seinen Verzeihung zu erwirken – groteskerweise muß er dabei »zunächst einmal die Schuld feststellen« (KKAS 336) –, und diese Kampagne gibt seinem Leben einen Sinn. Ähnlich wie der Kampf K's hebt ihn seine unablässige Auseinandersetzung mit dem Schloß aus der Sphäre der ›normalen‹ Dorfbewohner heraus. Für ihn ist es irrelevant, daß sein Ehrgeiz, dieses hartnäckige Verfolgen seines Ziels – Olga sagt einmal, daß ihr Vater »äußerst eigensinnig« (KKAS 347) geworden sei –, nach und nach das äußere Leben seiner Familie zerstört; sie werden zu Außenseitern, Vater und Mutter verfallen körperlich und müssen von ihren Kindern gepflegt werden; der Sohn vernachlässigt seinen Beruf; die eine Tochter prostituiert sich. Dabei wäre es so einfach gewesen, auch nach der Beleidigung des Schloß-Boten eine ganz normale Existenz in der Gemeinschaft weiterzuführen. Die anderen Dorfbewohner wären bereit gewesen, ihnen zu verzeihen, sie wieder in ihrer Mitte aufzunehmen: »Die anderen Leute im Dorf warteten ja nur darauf, daß wir zu ihnen kämen [...], es tat ja allen Leuten leid, was sie getan hatten [...]« (KKAS 327). Aber eben dieses Leben in der Normalität will der Vater nicht mehr, wie K. strebt er nach Höherem.

Wie K. beschäftigen sich auch die ›Barnabas'schen‹ unablässig mit dem Schloß; weil ihre vorgefaßte Meinung – nämlich, daß von dort Strafe kommen werde – nicht bestätigt wird, beobachten sie es ohne Pause und deuten es. Olga, die in gewisser Weise die Intellektuelle der Familie ist, bezweifelt jedoch mittlerweile, daß man sich wirklich ein klar umrissenes Bild von der Schloßbehörde machen kann. Alles was von ›oben‹ kommt, hat mehr als eine Bedeutung. So sagt sie im Verlauf ihres langen Gesprächs mit K.: »[Barnabas] hätte schon längst [...] einen Anzug vom Amt bekommen sollen, es ist ihm auch zugesichert worden, aber in dieser Hinsicht ist man im Schloß sehr langsam und das Schlimme ist daß man niemals weiß, was diese Langsamkeit bedeutet; sie kann bedeuten [...], sie kann aber auch bedeuten [...], sie kann aber schließlich auch bedeuten [...]. Genaueres kann man darüber nicht erfahren oder erst nach langer Zeit« (KKAS 272 f.).

Auch über die Schloßbeamten kann man nichts Genaues erfahren; diese verändern ständig ihr Aussehen, beziehungsweise sie selbst ändern sich nicht, aber die Dorfbewohner machen sich immer wieder ein anderes Bild von ihnen. Klamm beispielsweise wird von ihnen ganz unterschiedlich beschrieben, aber natürlich gehen »alle diese Unterschiede auf keine Zauberei zurück, sondern sind sehr begreiflich, entstehen durch die augenblickliche Stimmung, den Grad der Aufregung, die unzähligen Abstufungen der Hoffnung oder Verzweiflung, in welcher sich der Zuschauer, der überdies meist nur augenblicksweise Klamm sehen darf, befindet [...]« (KKAS 278). Ähnlich zwanghaft wie die Angehörigen des Barnabas hält auch K. seine Augen auf den Schloßberg gerichtet; auch er erkennt nie etwas Eindeutiges, wenn das Schloß einmal für kurze Zeit »deutlich umrissen in der klaren Luft« (KKAS 16) liegt, dann ist es kurze Zeit später schon wieder »merkwürdig dunkel« (KKAS 29). Aber er kann nicht davon ablassen, weiter seine Nachforschungen anzustellen: in einem späteren Stadium der Handlung wird er sich plötzlich bewußt, daß er noch nie »das geringste Zeichen von Leben« auf dem Berg gesehen hat; weiter heißt es: »vielleicht war es gar nicht möglich aus dieser Ferne etwas zu erkennen und doch verlangten es die Augen und wollten die Stille nicht dulden« (KKAS 156). Unablässig sucht auch der angebliche Landvermesser nach Beweisen, daß von dort oben etwas gegen ihn unternommen wird, das heißt, er sucht eigentlich nach Beweisen für seine eigene Bedeutung. Er will den Kampf, um sich aus dem Bereich der Normalität, der Belanglosigkeit herausheben zu können, er ist ebenso »eigensinnig« wie der Vater von Barnabas.

In dem Roman wird an keiner Stelle zum Ausdruck gebracht, daß das Schloß nur eine subjektive Projektion K.'s ist, nur in seiner Imagination existiert. Ebensowenig wird es eindeutig bestimmt. Das Wesen des Schlosses ist gerade seine begriffliche Unfaßbarkeit. Es ist eine Instanz, der je-

der eine andere Bedeutung gibt. Davon – wieviel und welche Bedeutung er ihr gibt – hängt aber ab, welchem Ziel er in seinem Leben nacheifert und welchen Weg seine Existenz nimmt.
In einem verworfenen ersten Ansatz zu dem Roman, dem sogenannten »Fürstenzimmerfragment«, sagt der soeben in dem Dorfgasthaus eingetroffene Fremde zu dem Stubenmädchen:

> Ich habe eine schwere Aufgabe vor mir und habe ihr mein ganzes Leben gewidmet. Ich tue es fröhlich und verlange niemandes Mitleid. (KKAS, App.-Bd., 116)

Und im Anschluß daran spricht er eine Warnung aus:

> [...] weil es alles ist was ich habe, diese Aufgabe nämlich unterdrücke ich alles was mich bei ihrer Ausführung stören könnte, rücksichtslos. Du, ich kann in dieser Rücksichtslosigkeit wahnsinnig werden. (Ebd.)

Auch K. ist rücksichtslos gegen andere und gegen sich selbst, er opfert alle und alles, um seine Vorstellungen zu verwirklichen. Es ist fraglich, ob sich mit dem Erreichen des Ziels wirklich eine Art von Erlösung oder Befreiung verbindet. Vielmehr scheint die »Aufgabe« an sich einen Sinn zu beinhalten. K. fällt, als er zu Füssen des unerreichbar wirkenden Schlosses steht, eine Episode aus seiner Jugend ein:

> Immer wieder tauchte die Heimat auf und Erinnerungen an sie erfüllten ihn. Auch dort stand auf dem Hauptplatz eine Kirche, zum Teil war sie von einem alten Friedhof und dieser von einer hohen Mauer umgeben. Nur sehr wenige Jungen hatten diese Mauer schon erklettert, auch K. war es noch nicht gelungen. Nicht Neugier trieb sie dazu, der Friedhof hatte vor ihnen kein Geheimnis mehr, durch seine kleine Gittertür waren sie schon oft hineingekommen, nur die glatte hohe Mauer wollten sie bezwin-

gen. An einem Vormittag [...] gelang es ihm überraschend leicht; an einer Stelle wo er schon oft abgewiesen worden war, erkletterte er, eine kleine Fahne zwischen den Zähnen, die Mauer im ersten Anlauf. (KKAS 49)

Das Gefühl des Sieges, das er damals empfunden hat, ist noch in ihm, »jetzt nach vielen Jahren [...] kam es ihm zuhilfe« (KKAS 50). K. stellt eine Verbindung zwischen den beiden Aufgaben, dem Erklettern der Mauer und dem Erklettern des Schloßbergs, her und enthüllt so – unbewußt –, daß ihn am Bezwingen des Schloßbergs vor allem die Schwierigkeit des Unterfangens reizt: gelingt es ihm, nimmt er eine Ausnahmeposition unter den Menschen ein.

In den klassischen »Schloß-Geschichten« sind die Rollen klar verteilt: der, der im Schloß residiert, ist der Böse; der, der in es einzudringen versucht, ist der Gute, der Hexentöter oder Vampirjäger. Jorinde verschafft sich Einlaß in das Schloß der Erzzauberin und befreit seine Joringel. In der ersten Zeit nach seiner Ankunft gelingt es K. tatsächlich, bei einigen Dorfbewohnern den Anschein zu erwecken, daß er ein *Held* von diesem Typus ist.

»Warum ich? Warum bin ich gerade dazu ausersehn?« (KKAS 77) fragt Frieda, als K. bekannt gibt, daß er sich mit ihr verbinden wird. Hans verkündet, »er wolle ein Mann werden wie K« (KKAS 236), weil er überzeugt ist, »in einer allerdings fast unvorstellbar fernen Zukunft werde er [K.] doch alle übertreffen« (KKAS 237). Und Pepi berichtet, welche Hoffnung nach der Ankunft des Fremden in ihr entstand:

> [...] sie war monatelang unten in ihrer winzigen dunklen Kammer gesessen und war vorbereitet, dort Jahre und im ungünstigsten Fall ihr ganzes Leben unbeachtet zu verbringen und nun war plötzlich K. erschienen, ein Held, ein Mädchenbefreier und hatte ihr den Weg nach oben freigemacht. (KKAS 453)

Merkwürdig ist, daß K. selbst das »Bestreben« des Barnabas als »unglücklich« empfindet (KKAS 279). Da es dem seinen entspricht, bedeutet dies, daß er ahnt, seine Suche werde ihn nicht zu einem irgendwie gearteten Glück führen. In der Tat zerstört K. sich selbst, indem er nicht von seinem Vorhaben abläßt. Auffallend oft blickt er auf seine Heimat zurück, die er um seines Kampfes willen verlassen hat; er erklärt mehrfach, daß er entschlossen sei, sich in der Fremde des Dorfes eine neue Heimat zu schaffen: »ich bin hierhergekommen, um hier zu bleiben. Ich werde hier bleiben« (KKAS 215). Doch verspielt er die ihm angebotenen Möglichkeiten, sich in diesem neuen Lebensbereich zu integrieren. Er gerät immer mehr in Isolation und erleidet eine Art von sozialem Abstieg, der dadurch augenfällig gemacht wird, daß die Quartiere, in denen er nächtigt, progressiv armseliger werden. Manchmal überkommt ihn das Gefühl, sich zu weit in die Fremde vorgewagt, sich verirrt zu haben, zum Beispiel als er neben Frieda auf dem schmutzigen Boden der Wirtsstube liegt:

> Dort vergiengen Stunden, Stunden gemeinsamen Atems, gemeinsamen Herzschlags, Stunden, in denen K. immerfort das Gefühl hatte, er verirre sich oder er sei soweit in der Fremde, wie vor ihm noch kein Mensch, eine Fremde, in der selbst die Luft keinen Bestandteil der Heimatluft habe, in der man vor Fremdheit ersticken müsse und in deren unsinnigen Verlockungen man doch nichts tun könne als weiter gehn, weiter sich verirren.   (KKAS 68 f.)

In gewisser Weise bringt Kafka hier das Lebensgefühl zum Ausdruck, das er selbst empfand, als er mit dem Roman *Das Schloß* begann. Von einer solchen Ahnung, »zu weit« in die Fremde gegangen zu sein, ist in einer Tagebucheintragung vom 29. Januar 1922 die Rede:

> [...] ich bin zu weit, bin ausgewiesen, habe da ich doch Mensch bin und die Wurzeln Nahrung wollen, auch dort

»unten« (oder oben) meine Vertreter, klägliche ungenügende Komödianten, die mir nur deshalb genügen können [...] weil meine Hauptnahrung von andern Wurzeln in anderer Luft kommt, auch diese Wurzeln kläglich, aber doch lebensfähiger. (KKAT 895f.)

Die »Hauptnahrung« liefert ihm sein Schreiben, aber dieses Schreiben hat im Lauf der Jahrzehnte dazu geführt, daß er sich immer mehr vom gewöhnlichen Leben entfernt hat. In einer anderen Tagebuchaufzeichnung aus der Zeit heißt es:

[...] jetzt bin ich schon Bürger in dieser andern Welt, die sich zur gewöhnlichen Welt verhält wie die Wüste zum ackerbauenden Land (ich bin 40 Jahre aus Kanaan hinausgewandert), sehe als Ausländer zurück [...].

(KKAT 893)

Kafka begann die Niederschrift des Romans Ende Januar 1922 in Spindlermühle im Riesengebirge, wo er sich zu einer Kur aufhielt. Ähnlich wie im Sommer 1914, als er den *Proceß* in Angriff nahm, sollte ihn die Arbeit an dem Roman aus einer Lebenskrise herausführen; allerdings waren die Vorzeichen hier ganz anders. Während sich mit der Arbeit am *Proceß* Hoffnungen verknüpften, zu einer ihm gemäßen Existenzform – eben dem ›Schreiben‹ – durchdringen zu können, dieser Roman also den Beginn von etwas Neuem ermöglichen sollte, sollte *Das Schloß* ein Ende herbeiführen, womit eindeutig auch das Lebensende gemeint war. Aus Spindlermühle schrieb Kafka Anfang Februar eine Karte an Brod, mit der er den Freund einlud, ihn ein paar Tage zu besuchen. Man könne dann gemeinsam: »bergsteigen, rodeln [...] und schreiben und besonders durch das letztere das Ende, das wartende Ende, ein friedliches Ende herbeirufen, beschleunigen, oder willst Du das nicht?« (BKB 369)

Einige Zeit später gab er in einem Brief an Robert Klopstock an, daß er nun wieder mit dem Schreiben angefangen habe, um sich »vor dem, was man Nerven nennt, zu retten« (Br 374). Die Arbeit an dem Roman hatte also auch therapeutischen Wert; man wird an den 1919 entstandenen *Brief an den Vater* erinnert, den Kafka seinen eigenen Schlußworten zufolge verfaßte, um sich und den Adressaten »ein wenig [zu] beruhigen und Leben und Sterben leichter [zu] machen« (KKAN II,217).

Zu der als final empfundenen Lebenskrise[13] trugen verschiedene Faktoren bei; zum einen wirkte die schon 1920 erfolgte Lösung der Beziehung zu der tschechischen Journalistin Milena Jesenská noch nach, zum anderen ließ die unaufhaltsam fortschreitende Krankheit in Kafka das Bewußtsein entstehen, bald sterben zu müssen. Zahlreiche Tagebuchaufzeichnungen aus dieser Zeit haben den Charakter von Rückblicken, und das Fazit lautet fast immer, daß er sein Leben nicht gelebt habe, daß er selbst dazu beigetragen habe, daß seine Existenz in Isolation und Krankheit mündete. In einem Brief an Brod vom 5. Juli 1922 meint er, daß ein Schriftsteller wie er »schreckliche Angst zu sterben« haben müsse, »weil er noch nicht gelebt hat« (BKB 378). In einer Tagebucheintragung vom 18. Januar 1922 heißt es:

> Ein Augenblick Denken: Gib Dich zufrieden, lerne (lerne 40 jähriger) im Augenblick zu ruhn (doch, einmal konntest Du es). Ja im Augenblick, dem schrecklichen. Er ist nicht schrecklich, nur die Furcht vor der Zukunft macht ihn schrecklich. Und der Rückblick freilich auch. Was hast Du mit dem Geschenk des Geschlechtes getan? Es ist mißlungen, wird man schließlich sagen, das wird alles sein. (KKAT 879)

13 Vgl. zum Beispiel die Tagebucheintragung vom 16. Januar 1922: »Es war in der letzten Woche wie ein Zusammenbruch, so vollständig wie nur etwa in der einen Nacht vor 2 Jahren, ein anderes Beispiel habe ich nicht erlebt. Alles schien zuende und scheint auch heute durchaus noch nicht ganz anders zu sein« (KKAT 877).

Kafka spürte in jenen Monaten den Gründen nach, die zu diesem Mißlingen geführt hatten, und das Schreiben schien ihm eine Möglichkeit zu sein, zu einer Übersicht über sein Leben zu gelangen.[14] Ein wesentlicher Faktor, der seiner Meinung nach zerstörerisch gewirkt hat, war seine ›Unzufriedenheit‹:

> Die Entwicklung war einfach. Als ich noch zufrieden war, wollte ich unzufrieden sein und stieß mich mit allen Mitteln der Zeit und der Tradition, die mir zugänglich waren, in die Unzufriedenheit, nun wollte ich zurückkehren können. Ich war also immer unzufrieden, auch mit meiner Zufriedenheit.   (KKAT 889)

Dies erinnert an die Stelle im Roman, wo K., wenn er in Gefahr ist, seine Lage zufriedenstellend zu finden, seine

---

[14] Vermutlich war der 27. Januar 1922 der Tag des Arbeitsbeginns. In seinem Tagebuch schrieb Kafka an diesem Tag: »Merkwürdiger, geheimnisvoller, vielleicht gefährlicher, vielleicht erlösender Trost des Schreibens: das Hinausspringen aus der Totschlägerreihe Tat – Beobachtung, Tat – Beobachtung, indem eine höhere Art der Beobachtung geschaffen wird, eine höhere, keine schärfere, und je höher sie ist, je unerreichbarer von der ›Reihe‹ aus, desto unabhängiger wird sie, desto mehr eigenen Gesetzen der Bewegung folgend, desto unberechenbarer, freudiger, steigender ihr Weg« (KKAT 892). Aus dieser Eintragung geht auch hervor, daß der Arbeit kein festumrissenes Konzept zugrundelag, daß sich das Schreiben, einmal begonnen, gewissermaßen verselbständigte; »unberechenbar« ist es in dem Sinne, daß der Autor selbst nicht wußte, welche Wendung der Handlungsverlauf nehmen würde und daher auch das ›Ende‹ nicht kannte. Die Handschrift des Romans bestätigt, daß der »Entschluß«, eine neue größere Arbeit zu beginnen, sehr spontan kam, daß es keinen Plan gab – eine Stichwortliste auf dem Vorsatzblatt des sogenannten »Schloßheftes II« diente nicht der Organisation des Handlungsablaufes, sondern sollte einen Überblick über das bereits Niedergeschriebene ermöglichen –, und daß auch im weiteren Verlauf der Niederschrift kaum ›Vorarbeiten‹ erfolgten, das heißt einzelne Partien des Textes skizziert oder auch schon teilweise ausformuliert wurden.
Kafka arbeitete offenbar mit einigen kurzen Unterbrechungen bis Anfang September 1922 an dem Roman. Zur Entstehung und Arbeitsweise siehe die entsprechenden Abschnitte im App.-Bd. zu KKAS, S. 61–80.

Anfälle des Behagens immer wieder unterdrückt. Walter Sokel hat festgestellt, daß in vielen Texten Kafkas aus der Spätzeit »faustische Gestalten« vorkommen, die – unzufrieden mit dem Leben unter den Menschen – nach einer privilegierten Sonderstellung streben, die behaupten, zu etwas berufen zu sein, die »mit Ansprüchen an die Macht herantreten«.[15] Manchmal geben sie vor, Künstler zu sein – so der Hungerkünstler in der gleichnamigen Erzählung, und die Maus in *Josefine, die Sängerin*.

> Auch Josefines Wesen ist Kampf um Anerkennung ihres phantastischen Anspruchs, von allen Mäusepflichten befreit zu sein. Diesen Anspruch erhebt sie auf ebenso fragwürdiger Basis wie K. den seinen. [...] Die zwei Behauptungen, auf die sich ihr frecher Anspruch stützt, sind beide unbeweisbar oder werden vielmehr vom Augenschein widerlegt. Erstens behauptet Josefine, eine große Sängerin zu sein, deren Kunst von absolutem Wert sei. Zweitens behauptet sie, daß sie mit ihrem Gesang das Volk der Mäuse vor seinen Feinden schütze. [...] Beide Behauptungen widersprechen der empirischen Erfahrung. Ihr Gesang läßt sich vom gewöhnlichen Pfeifen der Mäuse nicht unterscheiden, und weit entfernt davon, ihr Volk vor Feinden zu schützen, lockt sie sie mit ihrem Pfeifen an.[16]

Auf den Protagonisten des *Schloß*-Romans bezogen, kommt Sokel zu dem Urteil: »Es ist K. weniger um die Landvermesserstelle zu tun als um die Ausnahmestellung.«[17] und: »Ein Teil seines Wesens ist Ehrgeiz, mystisch-faustisches Streben nach der Höhe und der Auszeichnung.«[18] Auch in Kafkas Tagebuchaufzeichnungen und

---

15 Walter H. Sokel, *Franz Kafka. Tragik und Ironie*, Frankfurt a. M. 1976, S. 451.
16 Ebd., S. 452.
17 Ebd.
18 Ebd., S. 453.

Briefen aus der Zeit der *Schloß*-Entstehung wird dieses Streben nach einer Ausnahmeposition problematisiert, das zu einem Nicht-Wurzeln im gewöhnlichen Leben führt. Kafka sieht sich selbst als jemand, der wie K. eine Wanderung angetreten, die Welt, in der er zu Hause ist oder zu Hause sein könnte, verlassen hatte, weil sie ihm nicht genügte. In den autobiographischen Aufzeichnungen wird ähnlich wie in dem Roman das Negative und Selbstzerstörerische dieser Ruhelosigkeit herausgestellt. In dem schon erwähnten Brief an Brod vom 5. Juli 1922 schreibt Kafka: »Der Schriftsteller in mir wird natürlich sofort sterben, denn eine solche Figur hat keinen Boden, hat keinen Bestand, ist nicht einmal aus Staub; ist nur im tollsten Leben ein wenig möglich, ist nur eine Konstruktion der Genußsucht«; und: »Nötig zum Leben ist nur auf Selbstgenuß zu verzichten [...]« (BKB 378).[19] Hinter dem Schriftstellerseinwollen verbirgt sich eine ungeheure Egozentrik oder »Genußsucht«.

In die Reihe negativer Beurteilungen des eigenen Lebens scheint auch der Roman *Das Schloß* zu gehören, jedenfalls ist das wohl eine Bedeutungsschicht. Kafka spiegelt sich in dem Protagonisten, der, um ein hochgestecktes Ziel zu erreichen, sich selbst und anderen etwas vormacht, in einer Scheinwelt eine Scheinexistenz führt und daher unfähig ist, echte menschliche Bindungen einzugehen. Ob die Jagd nach dem hohen Ziel, die zwangsläufig in Isolation mündet, wirklich einen Sinn hat, wird in dem Romantext immer wieder in Frage gestellt. In dem Kapitel »Warten auf Klamm« bleibt K. am Ende allein auf dem Hof zurück, er

---

19 In den Tagebüchern findet sich auch eine Reihe von Gegenentwürfen zu einem solchen Leben in Einsamkeit. So heißt es zum Beispiel in einer Eintragung vom 1. Februar 1922: »Nichts, nur müde. Glück des Fuhrmanns z. B., der jeden Abend so wie ich heute meinen, und noch viel schöner erlebt. Abend etwa auf dem Ofen« (KKAT 899). Eine Aufzeichnung vom 19. Januar 1922 lautet: »Das unendliche tiefe warme erlösende Glück neben dem Korb seines Kindes zu sitzen der Mutter gegenüber« (KKAT 881).

behauptet den Platz, »aber es war ein Sieg, der keine Freude machte« (KKAS 168). Weiter heißt es:

> [als der Kutscher] nun auch alles elektrische Licht verlöschte – wem hätte es leuchten sollen? – und nur noch oben der Spalt in der Holzgallerie hell blieb und den irrenden Blick ein wenig festhielt, da schien es K. als habe man alle Verbindung mit ihm abgebrochen und als sei er nun freilich freier als jemals und könne hier auf dem sonst verbotenen Ort warten solange er wolle und habe diese Freiheit erkämpft sich wie kaum ein anderer es könnte und niemand dürfe ihn anrühren oder vertreiben, ja kaum ansprechen, aber – diese Überzeugung war zumindest ebenso stark – als gäbe es gleichzeitig nichts Sinnloseres, nichts Verzweifelteres als diese Freiheit, dieses Warten, diese Unverletzlichkeit. (KKAS 169)

Literaturhinweise

Das Schloss. Ein Roman. [Nachw. von Max Brod.] Leipzig: Kurt Wolff, 1926.

Althaus, Horst: Franz Kafka – Ghetto und Schloß. In: H. A.: Zwischen Monarchie und Republik. Schnitzler, Hofmannsthal, Kafka, Musil. München 1976. S. 134–158.

Binder, Hartmut: Motiv und Gestaltung bei Franz Kafka. Bonn 1966.

– Kafka in neuer Sicht. Mimik, Gestik und Personengefüge als Darstellungsformen des Autobiographischen. Stuttgart 1976.

Brod, Max: ›The Castle‹. Its Genesis. In: Franz Kafka Today. Hrsg. von A. Flores und H. Swander. Madison (Wisconsin) 1958. S. 161–164.

Church, Margaret: Time and Reality in Kafka's ›The Trial‹ and ›The Castle‹. In: Twentieth Century Literature 2 (1965) S. 62–69.

Fietz, Lothar: Möglichkeiten und Grenzen einer Deutung von Kafkas Schloß-Roman. In: Deutsche Vierteljahrsschrift für Literaturwissenschaft und Geistesgeschichte 37 (1963) S. 71–77.

Heller, Erich: The World of Franz Kafka. In: E. H.: The Disinherited Mind. Cambridge 1952. S. 155–181.

Henel, Ingeborg C.: Zur Deutbarkeit von Kafkas Werken. In: Zeitschrift für deutsche Philologie 86 (1967). H. 2. S. 250–266.

Kudzus, Winfried: Erzählhaltung und Zeitverschiebung in Kafkas ›Prozeß‹ und ›Schloß‹. In: Deutsche Vierteljahrsschrift für Literaturwissenschaft und Geistesgeschichte 38 (1964) S. 192–207. – Wiederabgedr. in und zit. nach: Franz Kafka. Hrsg. von H. Politzer. Darmstadt 1973. (WdF. 322.) S. 331–350.

– Between Past and Future. Kafka's Later Novels. In: Mosaic 3 (1969/70). H. 4. S. 107–118.

Martini, Fritz: Franz Kafka ›Das Schloß‹. In: F. M.: Das Wagnis der Sprache. Stuttgart 1954. S. 291–335.

Pasley, Malcolm: Zur äußeren Gestalt des ›Schloß‹-Romans. In: Jürgen Born [u. a.]. Kafka-Symposion. Berlin 1966. S. 181–189.

Pongs, Hermann: Franz Kafka: ›Das Schloß‹. In: H. P.: Das Bild in der Dichtung. Bd. 3. Marburg 1969. S. 435–463.

Schoeps, Hans-Joachim: Theologische Motive in der Dichtung Franz Kafkas. In: Die neue Rundschau 62 (1951) S. 21–37.

Seidler, Manfred: Strukturanalysen der Romane ›Der Prozeß‹ und ›Das Schloß‹. [Masch. Diss.] Bonn 1953.

Sheppard, Richard: On Kafka's Castle. London 1973.
Swander, Homer: ›The Castle‹. K's Village. In: Franz Kafka Today. Hrsg. von A. Flores und H. Swander. Madison (Wisconsin) 1958. S. 173–192.
Wagenbach, Klaus: Wo liegt Kafkas Schloß? In: Jürgen Born [u. a.]. Kafka-Symposion. Berlin 1966. S. 161–180.

Ein Hungerkünstler

Von Michael Müller

Versuche, jemandem die Hungerkunst zu erklären!

[...] nur vorwärts hungriges Tier führt der Weg zur eßbaren Nahrung, atembaren Luft, freiem Leben, sei es auch hinter dem Leben.   (10. Februar 1922, KKAT 903 f.)

Immer wieder ist in Franz Kafkas Schriften, nicht nur in den autobiographischen Aufzeichnungen, sondern auch in den literarischen Texten, von »Nahrung« und Nahrungsaufnahme die Rede. Das ist zunächst noch nicht außergewöhnlich, denn gegessen wird in den Werken anderer Schriftsteller auch. Auffallend ist jedoch, daß Kafka in seinen Romanen und Erzählungen das Motiv einsetzt, um die Außenseiterposition bestimmter Figuren zu verdeutlichen; zum Außenseiter werden sie dadurch, daß sie am Essen der anderen nicht teilnehmen, sondern fasten oder hungern. Der Hungerkünstler aus der 1922 entstandenen Erzählung hat also im Werk Kafkas eine ganze Reihe von Vorläufern.

Man setzte sich gar nicht erst, sondern stand, in Erwartung der Hauptsache, in einem vorläufigen und nachlässigen Gespräch beieinander. Und Johann Buddenbrook, der Ältere, bot auch schon Madame Köppen seinen Arm, indem er mit vernehmlicher Stimme sagte:
»Na, wenn wir alle Appetit haben, mesdames et messieurs ...«
Mamsell Jungmann und das Folgemädchen hatten die weiße Flügeltür zum Speisesaal geöffnet, und langsam, in zuversichtlicher Gemächlichkeit, bewegte sich die Gesellschaft hinüber; man konnte eines nahrhaften Bissens gewärtig sein bei Buddenbrooks ...[1]

---

1 Thomas Mann, *Buddenbrooks. Verfall einer Familie*, Frankfurt a. M. 1967, S. 13.

In Thomas Manns Roman feiern die Mitglieder der Familie Buddenbrook und ihre Gäste mit dem vom Autor von der Vorsuppe bis zum Dessert in allen Einzelheiten beschriebenen opulenten Diner sich selbst: sie beweisen sich, daß sie ihrer Stellung in der großbürgerlichen Gesellschaft sicher sein können. Behaglichkeit und Zufriedenheit ziehen ins Speisezimmer ein; Appetit haben sie alle – und so essen sie, bis einer der Herren das »deutliche Bedürfnis« verspürt, »ein paar Knöpfe seiner Weste zu öffnen«.[2] Es ist kein Zufall, daß das schwächste Mitglied der Tafelrunde, der junge Christian, der sich später als lebensuntüchtiger Sonderling erweisen wird, schließlich an Indigestion leidet und »leise und herzbrechend« ächzt.[3]

Die Essenden bilden, indem sie alle kräftig zulangen, eine Gemeinschaft. In diese Gemeinschaft werden auch die weniger vom Schicksal begünstigten Mitglieder der Großfamilie einbezogen:

> [Thilda] ließ sich nicht einschüchtern, sie aß, ob es auch nicht anschlug und ob man sie verspottete, mit dem instinktmäßig ausbeutenden Appetit der armen Verwandten am reichen Freitische, lächelte unempfindlich und bedeckte ihren Teller mit guten Dingen, geduldig, zäh, hungrig und mager.[4]

Diesem Beispiel aus Thomas Manns Roman ließen sich noch zahllose Stellen aus den Werken anderer Schriftsteller anfügen, in denen durch das gemeinsame Einnehmen von Mahlzeiten etwas ins Bild gesetzt wird, das man im weitesten Sinne mit Intaktheit bezeichnen kann, Integration der Essenden in die Gemeinschaft und Verwurzeltsein im Leben schlechthin. Für den Leser sind diese Darstellungen positiv besetzt, auf ihn überträgt sich das Gefühl der Sicherheit, das die Teilnehmer bei diesen Mahlzeiten verspüren.

2 Ebd., S. 25.
3 Ebd., S. 26.
4 Ebd., S. 23.

Diese Szenen bleiben einem als angenehm in Erinnerung, auch wenn Mann im weiteren Verlauf der Romanhandlung zeigt, daß die Sicherheit trügerisch ist und der »Verfall« der Familie sowie der Welt, in der sie lebt, schon begonnen hat.

Was Mann als Prozeß darstellt, was der Zielpunkt ist, auf den die Handlung seines Romans zusteuert, hat sich bei Kafka schon vollzogen; von hier nimmt das Geschehen seinen Ausgang – und in welchem Maße die Personen ›verfallen‹ sind, wird unter anderem an ihrem Eßverhalten sichtbar.

In der Erzählung *Das Urteil* lebt Georg Bendemann mit seinem verwitweten Vater in einer Wohnung, ohne Kontakt mit ihm zu haben; für den Sohn besteht keine »Nötigung« dazu, den Vater in seinem Zimmer aufzusuchen, »denn er verkehrte mit seinem Vater ständig im Geschäft, das Mittagessen nahmen sie gleichzeitig in einem Speisehaus [...]« (E 26; Hervorhebung M. M.). Georg empfindet das Zusammensein also als Zwang, nur der Konvention zuliebe läßt er sich mit seinem Vater im Gasthaus sehen, aber auch bei diesen Gelegenheiten besteht keine emotionelle Bindung der Familienmitglieder aneinander; man ist eben nur zur selben Zeit im selben Raum. In *Der Proceß* wird Josef K. als Einzelgänger eingeführt, als Junggeselle, der sich von seiner Familie gelöst hat und in einer Pension wohnt. Seine verwitwete, kranke Mutter hat er schon seit zwei Jahren nicht mehr gesehen, die Abende pflegt er »in der Weise zu verbringen, daß er nach der Arbeit [...] einen kleinen Spaziergang allein oder mit Bekannten machte und dann in eine Bierstube gieng, wo er an einem Stammtisch mit meist älteren Herren gewöhnlich bis elf Uhr beisammensaß« (KKAP 30). Das Verlangen, nach langer Zeit einmal seine Mutter wiederzusehen, überfällt ihn bezeichnenderweise, als er eines Tages irgendwo allein ein Mahl einnimmt: »Plötzlich beim Mittagessen fiel ihm ein er solle seine Mutter besuchen« (KKAP 351).

Während Josef K. in selbstgewählter Isolation lebt, ist Karl Roßmann, die jugendliche Hauptfigur des Romans *Der Verschollene*, von seinen Eltern ins Abseits gedrängt worden: sie haben ihn nach Amerika verbannt, weil »ihn ein Dienstmädchen verführt und ein Kind von ihm bekommen hatte« (KKAV 7). Als »Extragabe« (also etwas, das nicht unbedingt notwendig ist, sondern mehr ein Zeichen sein soll, das an vergangenes Familienglück erinnert) hat die Mutter Karl eine »Veroneser Salami« in den Koffer gepackt, von der er aber auf der Überfahrt kaum etwas gegessen hat, da er »ganz ohne Appetit gewesen war und die Suppe die im Zwischendeck zur Verteilung kam, ihm reichlich genügt hatte« (KKAV 15).

Daß auch Gregor Samsa nach seiner »Verwandlung« in ein Insekt von seiner Familie verstoßen worden ist, wird unter anderem in einer Essensszene deutlich, die aus der Perspektive des Protagonisten geschildert wird, und in der der Leser mit Gregor im wahrsten Sinne des Wortes ›draußen vor der Tür‹ bleibt und sich auf die Rolle des Beobachters beschränken muß. Da der Sohn als Ernährer ausgefallen ist, hat die Familie drei Untermieter, »Zimmerherren« aufnehmen müssen. Diese drei Fremden nehmen abends am Eßtisch dort Platz, wo »in früheren Zeiten der Vater, die Mutter und Gregor gesessen hatten«, und werden von Gregor durch die halboffene Tür beobachtet:

> Sofort erschien in der Tür die Mutter mit einer Schüssel Fleisch und knapp hinter ihr die Schwester mit einer Schüssel hochgeschichteter Kartoffeln. Das Essen dampfte mit starkem Rauch. Die Zimmerherren beugten sich über die vor sie hingestellten Schüsseln, als wollten sie sie vor dem Essen prüfen, und tatsächlich zerschnitt der, welcher in der Mitte saß und den anderen zwei als Autorität zu gelten schien, ein Stück Fleisch noch auf der Schüssel, offenbar um festzustellen, ob es mürbe genug sei und ob es nicht etwa in die Küche zurückgeschickt

werden solle. Er war befriedigt, und Mutter und Schwester, die gespannt zugesehen hatten, begannen aufatmend zu lächeln.
Die Familie selbst aß in der Küche. Trotzdem kam der Vater, ehe er in die Küche ging, in dieses Zimmer herein und machte mit einer einzigen Verbeugung, die Kappe in der Hand, einen Rundgang um den Tisch. Die Zimmerherren erhoben sich sämtlich und murmelten etwas in ihre Bärte. Als sie dann allein waren, aßen sie fast unter vollkommenem Stillschweigen. Sonderbar schien es Gregor, daß man aus allen mannigfachen Geräuschen des Essens immer wieder ihre kauenden Zähne heraushörte, als ob damit Gregor gezeigt werden sollte, daß man Zähne brauche, um zu essen, und daß man auch mit den schönsten zahnlosen Kiefern nichts ausrichten könne. »Ich habe ja Appetit«, sagte sich Gregor sorgenvoll, »aber nicht auf diese Dinge. Wie sich diese Zimmerherren nähren, und ich komme um!« (E 90f.)

Hier wird deutlich, daß die Familie Samsa der Verwandlung des Sohnes nicht gewachsen ist, der alte Zusammenhalt existiert nicht mehr. Drei Fremde nehmen am Eßtisch die Plätze ein, auf denen sonst Gregor mit seinen Eltern gesessen hat. Besonders evident wird dieser Austausch dadurch, daß die Zimmerherren ihrerseits so etwas wie eine Familie bilden: einer von ihnen besitzt die Autorität, die sonst der Vater innehatte, er begutachtet das Essen, bevor er es an die anderen weiterreicht. Weiterhin wird sichtbar, wie isoliert Gregor ist: er wird auch nicht zu seiner eigentlichen Familie, die in der Küche verborgen ihr Essen einnimmt, zugelassen. Angesichts der Vitalität der drei Untermieter, die sich in deren geräuschvoller Art der Nahrungsaufnahme äußert, wird Gregor bewußt, daß er selbst vom Hunger-Tod bedroht ist, weil sein Appetit sich auf andere Dinge als Braten und Kartoffeln richtet; hier wird die Vorstellung von einer besonderen Art von Nahrung evoziert, die mit der ge-

wöhnlichen Menschen-Nahrung nichts gemein hat und den, der nach ihr verlangt, die Speisen der anderen zurückweisen läßt, ihn also zum »Hungern« veranlaßt.
Kafkas Texte sind mit solchen Gestalten, mit ›hungrigen Tieren‹, bevölkert, die sich auf einer vergeblichen Jagd nach der wirklich »eßbaren Nahrung« befinden. In der 1922 entstandenen Erzählung *Forschungen eines Hundes* berichtet der ›Forscher‹, daß er durchaus dem gewöhnlichen Nahrungstrieb, der Gier nach dem »Fraß«, unterworfen war, daß sich dem aber ein Trieb – ein Erkenntnisdrang, eine Wißbegierde – entgegenstellte, der ihn zum Hungern zwang.
So sind Kafkas Außenseiterfiguren fast immer durch Appetitlosigkeit gekennzeichnet, das heißt, der gewöhnliche Nahrungstrieb wird von ihnen gewaltsam unterdrückt oder ist in ihnen erloschen. An vielen Stellen des Romans *Der Verschollene* wird das Motiv des Nicht-Essens eingesetzt, um Karl Roßmanns Verhältnis zu seinen Mitmenschen, sein ›Anders-Sein‹ darzustellen. Eingeführt wird das Motiv zu Beginn des ersten Kapitels, wo es in der schon zitierten Passage heißt, daß der junge Mann auf der Überfahrt nach Amerika »ganz ohne Appetit« gewesen sei. Im weiteren Verlauf der Handlung konfrontiert Kafka ihn immer wieder mit solchen starken Essern, wie es die Zimmerherren in der *Verwandlung* sind; so zum Beispiel im dritten Kapitel, in dem Karl in einem »Landhaus bei New York« zu einem Abendessen geladen ist, an dem außer ihm Herr Pollunder, ein Geschäftsfreund seines Onkels, dessen Tochter und ein gewisser Herr Green, ein Freund der Familie, teilnehmen. »Das Essen«, heißt es, »verging [für Karl] langsam wie eine Plage«:

> [Herr Green] führte einen Bissen in den Mund, wo die Zunge, wie Karl zufällig bemerkte, mit einem Schwunge die Speise ergriff. Ihm wurde fast übel und er stand auf. Fast gleichzeitig griffen Herr Pollunder und Klara nach seinen Händen. »Sie müssen noch sitzen bleiben«, sagte Klara. Und als er sich wieder gesetzt hatte, flüsterte sie

ihm zu: »Wir werden bald zusammen verschwinden. Haben Sie Geduld.« Herr Green hatte sich inzwischen ruhig mit dem Essen beschäftigt, als sei es Herrn Pollunders und Klaras natürliche Aufgabe, Karl zu beruhigen, wenn er ihm Übelkeiten verursachte.
Das Essen zog sich besonders durch die Genauigkeit in die Länge, mit der Herr Green jeden Gang behandelte, wenn er auch immer bereit war, jeden neuen Gang ohne Ermüdung zu empfangen, es bekam wirklich den Anschein, als wolle er sich von seiner alten Wirtschafterin gründlich erholen. Hin und wieder lobte er Fräulein Klaras Kunst in der Führung des Hauswesens, was ihr sichtlich schmeichelte, während Karl versucht war ihn abzuwehren, als greife er sie an. Aber Herr Green begnügte sich nicht einmal mit ihr, sondern bedauerte öfters, ohne vom Teller aufzusehn, die auffallende Appetitlosigkeit Karls. Herr Pollunder nahm Karls Appetit in Schutz, trotzdem er als Gastgeber Karl auch zum Essen hätte aufmuntern sollen. Und tatsächlich fühlte sich Karl durch den Zwang, unter dem er während des ganzen Nachtmahls litt, so empfindlich, daß er gegen die eigene bessere Einsicht diese Äußerung Herrn Pollunders als Unfreundlichkeit auslegte. Und es entsprach nur diesem seinem Zustand, daß er einmal ganz unpassend rasch und viel aß und dann wieder für lange Zeit müde Gabel und Messer sinken ließ und der unbeweglichste der Gesellschaft war, mit dem der Diener, der die Speisen reichte, oft nichts anzufangen wußte. (KKAV 82 f.)

Hier kommt zu dem Gefühl des Ekels vor der gewöhnlichen Nahrung und denen, die sie so unbekümmert genießen, ein zweites hinzu, das dem ersten in gewisser Weise zuwiderläuft und dazu führt, daß Karl in einen inneren Konflikt gerät. Er hat das Empfinden, sich als Nicht-Esser in einer Gemeinschaft von Essenden außerhalb der Norm zu befinden, das heißt, nicht nur gegen die gesellschaftliche

Konvention zu verstoßen und als unhöflich sowie undankbar angesehen zu werden, sondern auch benachteiligt zu werden. Sowohl Pollunder als auch Green werden als »große dicke Herren« (KKAV 68) beschrieben, zu denen Karl aufsehen muß. Ihre Körperfülle und Statur symbolisieren Kraft und Vitalität, ebenso aber geschäftlichen Erfolg und Integration in die Gesellschaft; Männer wie sie stehen auf ihren gewaltigen Beinen fest im Leben. Greens Verzicht darauf, Karl zum Essen zu ermuntern, kommt diesem unbewußt wie eine Ablehnung seiner Person vor: man bemüht sich gar nicht darum, ihn in die Gruppe der Erfolgreichen und Lebenstüchtigen aufzunehmen, sondern stempelt ihn zum ewigen Außenseiter ab, indem man seine Appetitlosigkeit akzeptiert. Das Urteil, das Herr Pollunder, als er Karl ›in Schutz nimmt‹, indirekt fällt, wird im folgenden bestätigt. Vom Onkel verstoßen, weil er gegen dessen Willen die Einladung zu dem Abendessen angenommen hat, beginnt der Junge eine Wanderschaft durch Amerika. Seine Versuche Fuß zu fassen scheitern; nachdem er erst von seinen Eltern, dann von seinem Onkel verbannt worden ist, wird er auch aus dem Hotel gewiesen, in dem er als Liftjunge Anstellung gefunden hatte. Er gerät zunehmend in Isolation, seine Bindung ans Leben wird immer schwächer. Immer wieder stellt Kafka seinem Helden Essende gegenüber, um anschaulich zu machen, daß Karl die Verbindung mit dem Leben der anderen verliert. Zwar wird ihm etwas angeboten, doch er selbst weigert sich, von anderen Nahrung anzunehmen und sich so auf eine Stufe mit ihnen zu stellen.

Der Vagabund Robinson, der wie Karl zu den Unterprivilegierten gehört, aber trotzdem am Leben hängt, fordert diesen auf, sein Mahl mit ihm zu teilen; er hat in einem Versteck ein seltsames Menü verborgen, das aus einer schwarzen Wurst, einigen Zigaretten, Sardinen, Brot und einer »Menge meist zerdrückter und zu einem Ballen gewordener Bonbons« besteht (KKAV 298).

Voller Ironie läßt Kafka den Vagabunden zu Karl sagen:

»Nun vielleicht bekommst Du Appetit, wenn Du mir zuschaust« (KKAV 299). Daß das nicht eintritt, versteht der Leser sofort, wenn er gemeinsam mit dem Protagonisten verfolgt, wie Robinson seine Vorräte nach und nach zehrt, zum Beispiel wie er, nachdem er »das Weiche aus dem Brot« herausgeschnitten »und sorgfältig in dem Öl der Sardinenbüchse« getränkt hat, »mit möglichst weit geöffnetem Mund das fette Brot verspeiste, während er mit einer Hand das vom Brot herabtropfende Öl auffing, um von Zeit zu Zeit das noch übrige Brot in diese als Reservoir dienende hohle Hand zu tauchen« (KKAV 300f.).

Ein tiefsitzender Ekel verbietet es Karl, an dem Leben der anderen teilzuhaben, die Appetitlosigkeit, die ihn schon auf dem Schiff befiel, das ihn in das mythische Land der unbegrenzten Möglichkeiten brachte (der Zugang zu diesem Land wird bei Kafka von einer Freiheitsgöttin bewacht, die statt einer Fackel ein Schwert emporhält), bleibt ihm erhalten.

Während Karl Roßmann hungert, weil er nicht anders kann, da er gefühlsmäßig auf die Welt der anderen reagiert, schmeckt dem Ich-Erzähler in *Forschungen eines Hundes* durchaus sein Fraß. Er nimmt die Qualen des Hungers aus eigenem Antrieb auf sich, weil es ihm nicht genügt, zu leben ›wie man leben darf‹. Mit dem Beginn seiner Forschungen hört er auf, »ein Hund unter Hunden« zu sein; er sucht die Einsamkeit und verzichtet auf alle Genüsse, um »zur Wahrheit hinüber zu kommen, aus dieser Welt der Lüge« (E 350f.) – und:

> Durch das Hungern geht der Weg, das Höchste ist nur der höchsten Leistung erreichbar, wenn es erreichbar ist, und diese höchste Leistung ist bei uns freiwilliges Hungern. (E 348)

So führen viele von Kafkas Gestalten aus innerer Notwendigkeit heraus ein asketisches Leben. Durch ihren Verzicht entfremden sie sich den anderen, den ›Essern‹, sie gewinnen Distanz zu ihnen, nehmen die Position eines kritischen Beobachters ein. Sie suchen – wie es in der Tagebucheintragung vom 10. Februar 1922 heißt – nach etwas, das sie vielleicht erst »hinter dem Leben« finden werden; ihre Sinne sind aufs äußerste geschärft, da sie sich nicht mit der gewöhnlichen Nahrung sättigen und damit unempfindlich machen. »Hast du den Fraß im Maul, so hast du für diesmal alle Fragen gelöst« (E 344), lautet eine drastisch formulierte Erkenntnis der Hundeschaft.

Man hat oft versucht, diese freiwilligen und unfreiwilligen Hungerkünstler mit dem Autor zu identifizieren. Kafkas differenzierte (um nicht zu sagen komplizierte) Einstellung zum Essen ist gut dokumentiert. Er wählte seine Speisen mit Sorgfalt, mied bestimmte Lebensmittel, wurde zum Vegetarier, legte Wert auf eine bedachte Art der Nahrungsaufnahme, die seiner Meinung nach der Gesundheit zuträglich war. So experimentierte er zum Beispiel mit dem ›Fletschern‹, einer von dem Amerikaner Horace Fletcher ersonnenen Kaumethode, die vorschrieb, daß man jeden Bissen sorgfältig und lange mit den Zähnen zu zerkleinern hatte, bevor man ihn hinunterschluckte. Daß er sich mit solchen Eßgewohnheiten in die Position eines Sonderlings hineinmanövrierte, war ihm selbst sehr bewußt; selbstironisch schilderte er Felice Bauer in einem Brief, wie sein Vater, ein großer und kräftiger Mann, Sohn eines Fleischhauers, auf die ›Tischsitten‹ seines Sohnes reagierte: »Meine Lebensweise [...] käme Ihnen närrisch und unerträglich vor. Monatelang mußte mein Vater während meines Nachtessens die Zeitung vors Gesicht halten, ehe er sich daran gewöhnte« (F 79).[5]

---

5 Max Brod war der Meinung, daß die Eltern Kafkas gerade durch die Ablehnung seines Vegetarismus ihr Unverständnis für den Sohn dokumentierten; in einem Brief vom 22. November 1912 an Felice Bauer schreibt er: »Franz hat nach jahrelangem Probieren endlich die für ihn einzig bekömmliche Kost gefunden, die vegetarische. Jahrelang hat er an Magenkrankheiten gelitten, jetzt ist er so gesund und frisch wie nie, seit ich ihn kenne. Aber natürlich, da kommen die Eltern mit ihrer banalen Liebe und wollen ihn zum Fleisch und in die Krankheit zurückzwingen« (F 115).

Daß Kafkas Enthaltsamkeit auffällig war, wird auch dadurch belegt, daß sie in den Erinnerungen seiner Zeitgenossen an ihn immer wieder erwähnt wird und den Kern von Anekdoten bildet. So blieb Alois Gütling, einem Kollegen Kafkas in der Arbeiter-Unfall-Versicherungsanstalt, im Gedächtnis, daß dieser sich in der Mittagspause mit Brötchen, Yoghurt und Milch begnügte, während die anderen Angestellten die Köstlichkeiten der böhmischen Küche ins Büro kommen ließen.[6] Als eine ehemalige Haushälterin der Familie Kafka ihre Erinnerungen an Franz zu Papier brachte, schloß sie das Rezept für den Gesundheitskuchen ein, der dem Dichter immer so gut geschmeckt hatte. Das Interesse der Literaturwissenschaftler für diese biographischen Fakten war groß, generell versuchte man ja, soviel Informationen wie möglich über Kafkas Leben zu sammeln und zur Deutung seines rätselhaften Werks heranzuziehen. Seine Idiosynkrasien werden von einigen auf psychische Störungen, auf eine krankhafte Triebunterdrückung und den Wunsch nach Selbstbestrafung zurückgeführt und für eine psychopathologische Interpretation seiner Schriften eingesetzt. Andere entdecken in seinem Vegetarismus eine gleichsam säkularisierte Wiederaufnahme der Kashrut, der jüdischen Speisegesetze, die den Verzehr bestimmter Nahrungsmittel verbieten, und nehmen dies als Beweis dafür, daß die jüdische Tradition sein Werk stärker geprägt hat, als man gemeinhin annimmt. Es gibt jedoch auch nüchternere Erklärungen, die für die Werkinterpretation nicht viel hergeben, wie die Vermutung, daß Kafka unter einem Magengeschwür gelitten habe, »das ihm der ungewohnte Streß im Büro eingebracht hatte«.[7]

Kafka selbst hat seine Verweigerung bestimmter Speisen explizit und implizit mit einer Schädigung durch seine eigene Familie, das heißt vor allem durch seinen Vater und dessen

---

6 Alois Gütling, »Erinnerungen an Franz Kafka«, in: *Prager Nachrichten* (1. Oktober 1950) S. 3–5.
7 Ernst Pawel, *Das Leben Franz Kafkas*, München 1986, S. 237.

Vorfahren, in Zusammenhang gebracht. »Mein väterlicher Großvater war Fleischhauer in einem Dorf bei Strakonitz, ich muß soviel Fleisch nicht essen, als er geschlachtet hat«, heißt es in einem Brief an Milena Jesenská.[8] In dem 1919 entstandenen *Brief an den Vater* geht Kafka auf das Gebaren seines Vaters bei Tisch ein, um ihm seine tyrannische Verhaltensweise gegenüber seinen Kindern vor Augen zu führen; die Regeln, die Hermann Kafka aufstellte, galten für alle, nur für ihn selbst nicht:

> Da ich als Kind hauptsächlich beim Essen mit Dir beisammen war, war Dein Unterricht zum großen Teil Unterricht im richtigen Benehmen bei Tisch. Was auf den Tisch kam, mußte aufgegessen, über die Güte des Essens durfte nicht gesprochen werden – Du aber fandst das Essen oft ungenießbar, nanntest es »das Fressen«, das »Vieh« (die Köchin) hatte es verdorben. Weil Du entsprechend Deinem kräftigen Hunger und Deiner besonderen Vorliebe alles schnell, heiß und in großen Bissen gegessen hast, mußte sich das Kind beeilen, düstere Stille war bei Tisch, unterbrochen von Ermahnungen: »zuerst iß, dann sprich« oder »schneller, schneller, schneller« oder »siehst Du, ich habe schon längst aufgegessen«. Knochen durfte man nicht zerbeißen, Du ja. Essig durfte man nicht schlürfen, Du ja. Die Hauptsache war, daß man das Brot gerade schnitt; daß Du das aber mit einem von Sauce triefenden Messer tatest, war gleichgültig. Man mußte achtgeben, daß keine Speisereste auf den Boden fielen, unter Dir lag schließlich am meisten. Bei Tisch durfte man sich nur mit Essen beschäftigen, Du aber putztest und schnittest Dir die Nägel, spitztest Bleistifte, reinigtest mit dem Zahnstocher die Ohren. Bitte, Vater, verstehe mich recht, das wären an sich vollständig unbedeutende Einzelheiten gewesen, niederdrückend wurden sie für mich erst dadurch, daß Du, der für mich so ungeheuer maßgebende

---

[8] 25. Juni 1920 (M 79).

> Mensch, Dich selbst an die Gebote nicht hieltest, die Du
> mir auflegtest. (KKAN II,155 f.)

Man erkennt sofort die Parallelen zwischen dieser Darstellung der häuslichen Verhältnisse und den bereits zitierten Passagen aus dem Roman *Der Verschollene* und sieht, wenn man sich den die Knochen zerbeißenden Vater vergegenwärtigt, wieder die drei Zimmerherren aus der *Verwandlung* vor sich und hört deren Kaugeräusche. Man geht wohl nicht fehl in der Annahme, daß Kafkas Enthaltsamkeit zu einem beträchtlichen Teil aus Protest gegen seinen Vater und dessen gesamte Lebensweise entspringt, diesem bürgerlich-saturierten Dasein, in dem materieller Besitz ganz oben in der Werteskala steht und alles Geistige mit Mißtrauen und Feindseligkeit betrachtet wird. Den aufgetragenen Schweinebraten zurückzuschieben und statt dessen ein wenig Gemüse zu fletschern, war somit auch ein demonstrativer Akt; indem man nicht alles, ›was auf den Tisch kam‹, aß, zeigte man dem mächtigen Ernährer der Familie, daß man anders, das heißt eigentlich besser war als er.

Auf den primitiven, fast animalischen *élan vital* des Vaters reagierte Kafka also mit einem anderen Trieb; mehrfach hat er gesagt, daß sein Interesse ausschließlich auf Geistiges, in seinem Fall die Literatur gerichtet sei; das ›Schreiben‹ war etwas, das ihm zur Erhaltung seiner Existenz absolut notwendig war:

> Mein Leben besteht und bestand im Grunde von jeher
> aus Versuchen zu schreiben und meist aus mißlungenen.
> Schrieb ich aber nicht, dann lag ich auch schon auf dem
> Boden, wert hinausgekehrt zu werden. Nun waren meine
> Kräfte seit jeher jämmerlich klein und, wenn ich es auch
> nicht offen eingesehen habe, so ergab es sich doch von
> selbst, daß ich auf allen Seiten sparen, überall mir ein wenig entgehen lassen müsse, um für das, war mir mein
> Hauptzweck schien, eine zur Not ausreichende Kraft zu
> behalten. (F 65)

Was er unter »sparen« verstand, geht aus einer Tagebucheintragung vom 2. Januar 1911 hervor:

> In mir kann ganz gut eine Koncentration auf das Schreiben hin erkannt werden. Als es meinem Organismus klar geworden war, daß das Schreiben die ergiebigste Richtung meines Wesens sei, drängte sich alles hin und ließ alle Fähigkeiten leer stehn, die sich auf die Freuden des Geschlechtes, des Essens, des Trinkens, des philosophischen Nachdenkens der Musik zu allererst richteten. Ich magerte nach allen diesen Richtungen ab. Das war notwendig, weil meine Kräfte in ihrer Gesamtheit so gering waren, daß sie nur gesammelt dem Zweck des Schreibens halbwegs dienen konnten.
> (KKAT 341; Hervorhebung M. M.)

Das Nicht-Essen wird somit als eine Voraussetzung für das Schreiben-Können bezeichnet; eine andere Voraussetzung dieser Art ist die sexuelle Abstinenz, wie nicht nur in der zitierten Aufzeichnung, sondern auch aus anderen Tagebucheintragungen und Briefstellen hervorgeht. Dies ist einer der Gründe dafür, daß Kafka über einen Zeitraum von fünf Jahren hinweg um Felice Bauer wirbt, letztlich aber doch davor zurückschreckt, die Ehe mit ihr einzugehen. An mehreren Stellen hat Kafka das »Alleinsein« als die einzig ihm gemäße Existenzform bezeichnet, das heißt eine Existenzform, die es ihm erlaubt, seine Kräfte auf das Schreiben zu konzentrieren. Dieses Alleinsein impliziert einen freiwilligen Ausschluß aus der bürgerlichen Gesellschaft, eine radikale Reduktion der äußeren Bedürfnisse: »[...] ich brauche ein Zimmer und vegetarische Pension, sonst fast nichts« (KKAT 508). Felice hingegen wollte »stumpf gegen alle stummen Bitten das Mittelmaß, die behagliche Wohnung, [...] reichliches Essen, Schlaf von 11 Uhr abends an« usw. (KKAT 722).

Später in seinem Leben entwickelte Kafka eine äußerst ambivalente Haltung gegenüber dem von ihm praktizierten

Dasein in selbstgewählter Isolation; nachdem sich 1917 seine Lungentuberkulose bemerkbar gemacht hatte, spürte er, daß er seine Widerstandskraft durch seine Lebensweise geschwächt hatte. Er machte sich Sorgen wegen seiner auffallenden Magerkeit, verglich sich voll bitterer Selbstironie mit einem lebenden Leichnam[9], gestand schließlich den ›Dicken‹ ein Mehr an Kraft zu, das auch in literarischer Produktion seinen Niederschlag finden konnte; den fülligen Franz Werfel nannte er 1920 in einem Brief an Milena Jesenská einen »Kapitalisten des Luftraums« und meinte, daß nur »in diesen starkwandigen Gefäßen alles zuendegekocht« würde.[10]

In der Erzählung *Ein Hungerkünstler* kommt Kafkas ambivalente Einstellung gegenüber der asketischen und weltabgewandten Künstlerexistenz besonders scharf zum Ausdruck. Hungerkünstler sei er gewesen, gesteht der Artist im Sterben, »weil ich nicht die Speise finden konnte, die mir schmeckt. Hätte ich sie gefunden [...], ich hätte kein Aufsehen gemacht und mich vollgegessen wie du und alle« (E 171). Er gehört also in die Reihe der vielen anderen Außenseiter in Kafkas Werk, denen es verwehrt ist, sich auf die normale Weise zu sättigen. Allerdings wird in dieser Erzählung der Akzent auf ein neues Problem gesetzt. Dieser Außenseiter erhebt einen Anspruch, den er aus seinem Anderssein ableitet: er will aufgrund seines Nicht-Essen-Könnens eine Sonderstellung innerhalb der Gemeinschaft einneh-

---

9 In einem Brief vom 29. Mai 1920 erzählt Kafka Milena Jesenská folgende Anekdote: »Vor einigen Jahren war ich viel im Seelentränker (manas) [tsch., ›kleiner Kahn‹] auf der Moldau, ich ruderte hinauf und fuhr dann ganz ausgestreckt mit der Strömung hinunter, unter den Brücken durch. Wegen meiner Magerkeit mag das von der Brücke aus sehr komisch ausgesehn haben. Jener Beamte, der mich eben so einmal von der Brücke sah, faßte seinen Eindruck [...] so zusammen: Es hätte so ausgesehn, wie vor dem Jüngsten Gericht. Es wäre wie jener Augenblick gewesen, da die Sargdeckel schon abgehoben waren, die Toten aber noch stillagen« (M 21).
10 20. Mai 1920 (M 24).

men. Der forschende Hund schließt sich freiwillig aus der Hundeschaft aus, er will mit seinem einsamen Hungern die »Welt der Lüge« hinter sich lassen, der Hungerkünstler scheint mit seinem Hungern in dieser Welt zu verharren, beziehungsweise selbst dazu beizutragen, daß eine »Welt des Unverstandes« bestehen bleibt; für den Hund ist freiwilliges Hungern die »höchste Leistung«, für den Hungerkünstler gar keine Leistung: »Es war die leichteste Sache von der Welt« (E 165).

Den Text durchzieht ein resignativer Grundton; er scheint ein selbstkritisches Element zu beinhalten, das heißt, Kafka scheint in ihm auf seine eigene Karriere als (Hunger-)Künstler zurückzublicken. Die Erzählung ist 1922 entstanden, vermutlich am 23. Mai. Am 25. des Monats notierte Kafka in seinem Tagebuchheft: »Vorgestern H.-K.«, und es ist anzunehmen, daß damit der *Hungerkünstler* gemeint ist. Auf jeden Fall ist der Text in einer Zeit geschrieben worden, die Kafka als krisenhaft empfand, und er spiegelt dies wider. Zum Entstehen der Krise trugen verschiedene Faktoren bei, in erster Linie das unaufhaltsame Voranschreiten seiner Krankheit, das durch mehrfache Aufenthalte in Sanatorien und Kurorten nicht verlangsamt werden konnte, aber auch das Scheitern der Beziehung zu Milena Jesenská, zu dem es schon Ende 1920 gekommen war, das ihm aber noch lange danach gedanklich zu schaffen machte. Im Januar 1922 erlitt er einen schweren Nervenzusammenbruch: »Alles schien zuende [...]« (KKAT 877). Am 22. des Monats faßte er einen »nächtlichen Entschluß«. Nach langer Zeit literarischer Unproduktivität wollte er wieder mit dem Schreiben beginnen. Am 27. fuhr er in den Kurort Spindlermühle, wo er vermutlich bald nach seiner Ankunft den Roman *Das Schloß* in Angriff nahm.[11] Vom 29. Januar datiert eine Tagebuchnotiz, in der Kafka über seine Verlassenheit in dem Ort

---

11 Vgl. hierzu den Abschn. »Zur Datierung« in: KKAS, App.-Bd., S. 61 bis 72.

und auch in der »Heimat« Prag reflektiert. Er sei nicht von den Menschen verlassen, sondern ihm selbst fehle die »Kraft« eine Beziehung zu den Menschen herzustellen; weiter heißt es:

> [...] ich kann nicht lieben, ich bin zu weit, bin ausgewiesen, habe da ich doch Mensch bin und die Wurzeln Nahrung wollen, auch dort »unten« (oder oben) meine Vertreter, klägliche ungenügende Komödianten, die mir nur deshalb genügen können (freilich, sie genügen mir gar nicht und deshalb bin ich so verlassen) weil meine Hauptnahrung von anderen Wurzeln in anderer Luft kommt, auch diese Wurzeln kläglich, aber doch lebensfähiger. (KKAT 895 f.)

Kafka sieht sich als jemand, der von den anderen – deren Willen »trotz allem« (ebd.) leben zu wollen, er bestaunt – abgetrennt ist und sich von anderen Dingen als diese nährt. Diese Vorstellung begegnet in der eingangs zitierten Tagebucheintragung, die zwei Wochen später zu Papier gebracht wurde, wieder. Man kann diese Eintragung wohl so verstehen, daß Kafka sich selbst anspricht, sich selbst auffordert, nicht nachzugeben und den Roman *Das Schloß* zu Ende zu schreiben, denn das Schreiben kann »vielleicht erlösenden Trost« (KKAT 892) spenden.

Die Handschrift von *Das Schloß* zeigt, daß die Arbeit zunächst recht flüssig vonstatten ging; erst gegen Ende des vierten Kapitels scheint Kafka über den weiteren Fortgang der Handlung unsicher gewesen zu sein und die Niederschrift des Romans unterbrochen zu haben, um die kurze Prosaskizze *Erstes Leid* zu schreiben. Mit dem Titel dieses Textes, dessen Hauptfigur ein Trapezkünstler ist, spielt Kafka auf die Schwierigkeiten an, den Roman weiterzuentwickeln. Etwas Ähnliches muß einige Wochen später noch einmal passiert sein; Kafka gab die Arbeit an *Das Schloß* für zumindest einen Tag auf und schrieb *Ein Hungerkünstler*. Es ist nicht mit Sicherheit festzustellen, an welcher Stelle des Romans er am 23. Mai angekommen war. Möglicherweise kündigte sich die Schreibkrise (der der kürzere Text seine Entstehung verdankt) an, als es Kafka nicht gelang das neunte Kapitel einem Ende zuzuführen. Zu Beginn des zehnten Kapitels findet sich eine Passage, die man als Anspielung auf den sich zunehmend schwieriger gestaltenden Schreibprozeß und eine mögliche »Unterbrechung« deuten könnte. Der Landvermesser K. erhält einen Brief, in dem er für Arbeiten gelobt wird, die er gar nicht ausgeführt hat, und es heißt: »Führen Sie die Arbeiten zu einem guten Ende! Eine Unterbrechung würde mich erbittern« (in der Handschrift lautet diese Stelle: »ich kann das was ich Ihnen anvertraut habe, nicht etwa zur Fortsetzung einem andern übergeben«; KKAS, App.-Bd., 291).[12]

Die Erzählung *Der Hungerkünstler* beginnt mit einer sachlich-nüchternen Feststellung eines scheinbar unbeteiligten Erzählers: »In den letzten Jahren ist das Interesse an Hungerkünstlern sehr zurückgegangen« (E 163). Es folgt eine Rückschau auf die »anderen Zeiten«, in denen das Publikum noch teilnahm. Zwischen dem Erzähler und dem Erzählgegenstand bzw. dem ›Subjekt‹ seiner Geschichte besteht also auch eine zeitliche Distanz. Allerdings macht sich bald ein Wechsel in der Einstellung des Erzählers bemerkbar, er berichtet nicht nur über äußere Ereignisse, er dringt zudem in das Seelenleben des Künstlers vor, wird gleichsam zu dessen Sprachrohr, das heißt, er nimmt gleichzeitig die Position des Publikums und des Artisten ein; er scheint zu den wenigen »Eingeweihten« zu gehören, von denen an zwei Stellen die Rede ist (E 164). Indem er von außen, vom Standpunkt der Zuschauer aus, auf den Künstler blickt, zugleich aber die Perspektive des Künstlers einnimmt und mit dessen Augen auf das Publikum schaut, kann der allwissende Erzähler deutlich machen, welche unüberbrückbare Kluft zwischen diesen beiden ›Parteien‹ besteht.

---

12 Die Passage in eckigen Klammern ist in der Handschrift gestrichen.

Der erste Teil des Textes ist der Darstellung der Glanzzeit des Artisten gewidmet, die allerdings nur in sehr äußerlicher Hinsicht eine solche ist; es wird herausgestellt, daß ihn die Anerkennung, die ihm zuteil wurde, nie innerlich befriedigte, weil sie nicht auf einem Verständnis seiner Kunst beruhte. Keiner der Zuschauer war in der Lage das, was der Hungerkünstler tat, richtig einzuschätzen und zu beurteilen – mit anderen Worten: es gab nur Fehlinterpretationen. Es werden zwei Typen von Zuschauern, von »Wächtern« vorgeführt. Sie alle meinen, daß das Hungern auf Betrug beruhe; da es ihnen selbst unmöglich ist, ihren Appetit für so lange Zeit zu unterdrücken, sind sie davon überzeugt, daß es auch für den Künstler unmöglich sein muß. Unter diesen Zweiflern gibt es welche, die mit dem Künstler gemeinsame Sache machen wollen, sie wollen es ihm ermöglichen, heimlich Nahrung zu sich zu nehmen. Diese Zuschauer gehen also nicht davon aus, daß sie betrogen werden, sie sind sogar zufrieden damit, ihnen genügt die Illusion, der Schein. Angesichts eines solchen Publikums wird die Ausübung der Kunst sinnlos: »Nichts war dem Hungerkünstler quälender als solche Wächter; sie machten ihn trübselig; sie machten ihm das Hungern entsetzlich schwer [...]« (E 164). Versuche des Hungerkünstlers, solche Menschen von der Echtheit seiner Kunst zu überzeugen, ihnen zu zeigen, »wie ungerecht sie ihn verdächtigten«, schlagen fehl; er steigt zwar in der Achtung der Zuschauer, aber nur, weil er ein außerordentliches Talent als Betrüger, große »Geschicklichkeit« (ebd.) zu besitzen scheint. So geben jene ein geeigneteres Publikum ab, die, von Mißtrauen getrieben, den Hungerkünstler genauestens beobachten. Der Artist kann zumindest hoffen, sie von der Makellosigkeit seiner Kunst zu überzeugen, ihnen zu zeigen, »daß er hungerte, wie keiner von ihnen es könnte« (E 165). Um seiner Darbietung zu mehr Wirkung zu verhelfen, läßt er ihnen ein Essen servieren und schaut keineswegs begierig, sondern distanziert und daher glücklich zu, wie sie ihrem vitalistischen Trieb gehorchen und sich mit dem »Appetit gesunder Männer« auf diese Nahrung werfen. Doch erlauben es ihm die äußeren Umstände nicht, die Echtheit seiner Darbietungen unter Beweis zu stellen: »Niemand war ja imstande, alle die Tage und Nächte beim Hungerkünstler ununterbrochen als Wächter zu verbringen [...]« (E 165).

Der Impresario wird als eine äußerst dubiose Figur dargestellt; der der »Ehre seiner Kunst« lebende Künstler hebt sich positiv von ihr ab. Der Impresario vermittelt zwischen dem Publikum und dem Artisten, er tut dies allerdings nur in einem sehr äußerlichen Sinne, er trägt nicht dazu bei, daß die Zuschauer den Künstler verstehen. Er profitiert von den Leistungen des Artisten, die er dem Publikum ›verkauft‹. (In *Erstes Leid* wird die Darbietung des Trapezkünstlers als »Produktion« bezeichnet, E 156.) Um einen möglichst hohen Profit zu erzielen, inszeniert er publikumsgerechte Veranstaltungen. Er setzt eine Frist fest, nach deren Überschreiten sich eine »wesentliche Abnahme des Zuspruchs« (E 165) einstellen würde, und gestaltet die ›Erlösung‹ des Künstlers von seiner Hungerpein zu einer wirksamen Schau. Damit hintergeht er aber sowohl den Künstler als auch das Publikum. Den Künstler, weil er ihm aus Berücksichtigung des Publikums nicht die Gelegenheit gibt, seine Kunst zu vervollkommnen (»Warum wollte man ihn des Ruhmes berauben, weiter zu hungern [...]«, E 166), das Publikum, weil er ihm einen Künstler präsentiert, der scheinbar schon das Höchste vollbracht hat, an die Grenzen seiner Möglichkeiten gegangen ist:

> Der Impresario kam, hob stumm [...] die Arme über dem Hungerkünstler, so, als lade er den Himmel ein, sich sein Werk hier auf dem Stroh einmal anzusehen, diesen bedauernswerten Märtyrer, welcher der Hungerkünstler allerdings war, nur in ganz anderem Sinn; faßte den Hungerkünstler um die dünne Taille, wobei er durch übertriebene Vorsicht glaubhaft machen wollte, mit einem wie

gebrechlichen Ding er es hier zu tun habe; und übergab ihn – nicht ohne ihn im geheimen ein wenig zu schütteln, so daß der Hungerkünstler mit den Beinen und dem Oberkörper unbeherrscht hin und her schwankte – den inzwischen totenbleich gewordenen Damen. (E 166)

Der Impresario wird zum Verräter an dem Künstler, seine Kunst bedeutet ihm nur eine Ware, die er möglichst gewinnbringend verkauft – und er ›verdreht die Wahrheit‹ (E 168). Dieser Zwischenhändler macht sich eigentlich des Vergehens schuldig, dessen man den Hungerkünstler verdächtigt; wenn der aufrichtige und ehrenhafte Künstler zugibt, daß ihm das Hungern gar keine Leiden bereite, dann:

glaubte [man] ihm nicht, hielt ihn günstigstenfalls für bescheiden, meist aber für reklamesüchtig oder gar für einen Schwindler, dem das Hungern allerdings leicht war, weil er es sich leicht zu machen verstand, und der auch noch die Stirn hatte, es halb zu gestehn. (E 165)

So bleibt der Artist mehr als in einem Sinne in seinem Käfig gefangen, an dessen Stäben er manchmal vor Wut wie ein wildes Tier rüttelt: »Gegen diesen Unverstand, gegen diese Welt des Unverstandes zu kämpfen, war unmöglich«, so lautet das Fazit des Hungerkünstlers, das der Erzähler am Ende des ersten Teils übermittelt (E 168). Künstler und Publikum gehören zwei völlig verschiedenen Sphären an – der Künstler wird letztlich in eine solipsistische Position gezwungen: »nur der Hungerkünstler selbst konnte [...] der von seinem Hungern vollkommen befriedigte Zuschauer sein« (E 165). Der Bewußtseinsenge des Publikums steht also eine ebensolche Verengung der Sehweise des Künstlers gegenüber, der nur sich selbst in den Blick nimmt. Und wenn die Zuschauer kein echtes Verständnis für den Artisten haben, so hat dieser auch keins für sein Publikum: er wird von einem übersteigerten Ehrgeiz getrieben, er will den Ruhm und erkennt nicht, daß er diesen mit seinen Dar-

bietungen nicht erlangen kann. Was er zeigt, ist nach seinen eigenen Worten keine »Leistung«: er versucht sein endogenes Außenseitertum auszunützen, um nicht nur in die Gemeinschaft einbezogen zu werden, sondern in dieser überdies eine herausragende Stellung einzunehmen. Er erhebt den Anspruch, den anderen überlegen zu sein; wenn er zuschaut, wie sich die Wächter auf das ihnen servierte Frühstück werfen, macht sich eine gewisse Arroganz bemerkbar. Dieser Künstler definiert sich durch sein Publikum: er hat keine innere Freiheit von ihm gewonnen. Dies wird vor allem im zweiten Teil der Erzählung vor Augen geführt.
Während der Hungerkünstler in seiner Hoch-Zeit in innere Isolation gerät (»so lebte er [...] in scheinbarem Glanz, von der Welt geehrt, bei alledem aber meist trüber Laune«, E 167), vereinsamt er in der zweiten Phase seiner Laufbahn auch in einem ganz konkreten äußeren Sinn. Nicht erklärt wird, wie es dazu kam, daß der »Umschwung« eintrat, die Zuschauer das Interesse verloren und sich »oft selbst unverständlich« wurden, wenn sie daran zurückdachten, wie sie sich früher vor dem Käfig gedrängt hatten: »es mochte tiefere Gründe haben, aber wem lag daran, sie aufzufinden« (E 168), mit anderen Worten, den Desinteressierten interessiert es auch nicht, die Ursachen seines Desinteresses aufzuspüren.
Zunächst wird die Tatsache, daß die Zuschauer ausbleiben, von dem Hungerkünstler als positive Entwicklung gedeutet: das Publikum kann keine Forderungen mehr an ihn stellen, er hat somit die langersehnte Möglichkeit, ganz seiner Kunst zu leben und sie zu perfektionieren: »[...] er behauptete sogar, er werde, wenn man ihm seinen Willen lasse, und dies versprach man ihm ohne weiteres, eigentlich erst jetzt die Welt in berechtigtes Erstaunen setzen« (E 169). Erst später wird ihm bewußt, daß er zwar einerseits in seiner völligen Isolation die idealen Bedingungen für die Ausübung seiner Kunst hat, daß aber auf der anderen Seite »die Welt«, die dies würdigen soll, nicht mehr existiert: ihm –

der innerlich immer noch auf ein Publikum angewiesen ist – wird die Daseinsberechtigung, der »Lebenszweck« (E 169) entzogen. Eine Zeitlang versucht er sich mit ›Selbsttäuschungen‹ (ebd.), die aber der Realität nicht lange standhalten, über diese Situation hinwegzutrösten, oder aber mit Hoffnungen auf die »neuen, kommenden, gnädigeren Zeiten«, die ihm die Kinder – Angehörige einer möglicherweise idealeren zukünftigen Zuschauergeneration – einflößen. Zuvor hatte der Erzähler schon konstatiert, daß die Aussicht auf eine bessere Zukunft »für die Lebenden [...] kein Trost« sein konnte (E 168). Der Artist gerät in eine Situation, die man als absurd bezeichnen kann; als einziges Mittel, gegen das Urteil Einspruch zu erheben, das das Publikum über seine Kunst gefällt hat, bleibt ihm die Ausübung dieser Kunst; doch: »Er mochte so gut hungern, als er nur konnte, und er tat es, aber nichts konnte ihn mehr retten, man ging an ihm vorüber. Versuche, jemandem die Hungerkunst zu erklären!« (E 170)

Durch die Nichtbeachtung ist der Künstler, der seine Kunst in Beziehung zu einem Publikum setzt, zum Sterben verurteilt, in einem übertragenen und einem konkreten Sinn. Das, was er schafft, wird wertlos, da niemand mehr erkennt, »wie groß die Leistung« ist, sogar dem Künstler selbst gehen die Wertmaßstäbe verloren (E 170). Sein Körper verliert immer mehr an Substanz, bis er tatsächlich im Stroh, das den Käfigboden bedeckt, unsichtbar wird.

Durch seine Bitte um ›Verzeihung‹ – »Immerfort wollte ich, daß ihr mein Hungern bewundert [...] Ihr sollt es aber nicht bewundern [...]« (E 171) –, dem dann das ›Geständnis‹, nie die richtige Speise gefunden zu haben, folgt, scheint sich der Sterbende im nachhinein selbst ins Unrecht zu setzen, zuzugeben, daß er sein Publikum betrogen hat, wenn auch nicht in der Weise, wie man es ihm früher unterstellt hatte. Einer solchen Auslegung widerspricht jedoch der Satz: »Das waren seine letzten Worte, aber noch in seinen gebrochenen Augen war die feste, wenn auch nicht mehr stolze Überzeugung, daß er weiterhungere« (E 171). Er verzichtet demnach auf die Bewunderung durch andere, nicht aber auf das Hungern an sich. Peter Beicken hat dies so interpretiert, daß die Position des Hungerkünstlers »nicht eindeutig bestätigt, sondern am Ende in seinem Geständnis zurückgenommen und dann durch den Panther relativiert« wird.[13] Beicken führte aus:

> Das Zugeständnis geht dahin, nicht eine Betrugsabsicht zuzugeben, [...] sondern eine innere Notwendigkeit einzugestehen, nämlich den Drang nach der unauffindbaren Speise, wobei die Hoffnung auf Erfüllung bzw. die innere Vollendung, diesen Drang zur Grundlage der gesamten Existenz machen und als künstlerisches Können ausgeben zu können, keine überzeugende Rechtfertigung des Kunstanspruches ergeben. Diese Einsicht ist dem Hungerkünstler verwehrt, weshalb er auch kein Betrüger in dem hergebrachten Sinne ist. Er stirbt, resigniert, aber mit Überzeugung.[14]

Man könnte das Geständnis auch so interpretieren: dahinter verbirgt sich eine späte Erkenntnis des Hungerkünstlers. Dieser hat in der Einsamkeit seines Käfigs eine Entwicklung durchgemacht, hat begriffen, daß er einen falschen Anspruch an die Gemeinschaft erhoben und damit seine Kunst kontaminiert hat. Er versucht jetzt nicht mehr, den anderen die »Hungerkunst zu erklären«; er entläßt sozusagen das Publikum, das ihn ohnehin nicht versteht, macht sich unabhängig von diesem. Er verzichtet auf Bestätigung durch andere, ist sich selbst genug, ist selbst einziger Kritiker seiner Kunst. Daß die Zuschauer nach seinem Tod den Panther bewundern, würde demnach nicht gegen den Künstler sprechen, sondern ein weiterer Beweis dafür sein, daß sein Verständnis von Kunst und das des Publikums nicht zur Dek-

---

13 Beicken, S. 323.
14 Ebd.

kung zu bringen sind. Seine Emanzipation vom Publikum ist jedoch ein tragischer Triumph: der Künstler akzeptiert sein Außenseitertum und gelangt zu einer totalen Autonomie; er lebt, ohne andere Interessen zu berücksichtigen, in der einzigen Weise, in der es ihm zu leben möglich ist, ganz seiner ›Kunst‹ hingegeben. Eine solche Existenz ist aber, um noch einmal die eingangs zitierte Tagebucheintragung heranzuziehen, nur »hinter dem Leben« möglich, erst im Moment des Todes zu realisieren.
Der Text lädt in gewisser Weise zu einer moralisierenden Interpretation ein; man fühlt sich aufgefordert, für den Hungerkünstler oder für das Publikum Partei zu ergreifen und nachzuweisen, daß entweder der Artist den Zuschauern ein Unrecht zufügt oder ihm von den Zuschauern ein Unrecht geschieht. Man kann zum Beispiel zu dem Schluß kommen, daß der Artist das Künstlertum schlechthin repräsentiere, und an seinem Schicksal gezeigt werde, wie »hoffnungslos« isoliert der Künstler, in »einer bereits verfremdeten, veräußerlichten, gesellschaftlichen Welt« sei.[15] Oder aber man kann dem Hungerkünstler »Vermessenheit« und Fehlverhalten gegenüber dem Publikum nachweisen: »Der Hungerkünstler unterscheidet sich [...] von allen Mitmenschen dadurch, daß er nicht finden kann, was jeder andere findet, nämlich die Speise, die ihm schmeckt. Er aber macht aus dem Minus ein Plus und will für das, was er nicht kann, Bewunderung und Anerkennung der Menschheit bekommen.«[16] Man muß sich fragen, ob Kafka mit seinem Text wirklich zu solchem moralischen Urteil auffordert; das Verhältnis von Künstler und Publikum ist durch Beziehungslosigkeit und völliges Unverständnis gekennzeichnet. Die Angehörigen der beiden ›Parteien‹ sind in ihrer Anschauungs- und Verhaltensweise determiniert. Die Zuschauer unterliegen dem vitalen Trieb, das anscheinend freiwillige

---

15 v. Wiese, S. 337.
16 Walter H. Sokel, *Franz Kafka. Tragik und Ironie. Zur Struktur seiner Kunst*, Frankfurt a. M. 1975, S. 569.

Hungern ist für sie etwas Fremdes, das sie durch Scharlatanerie zu erklären versuchen, oder das sie als Kuriosum für eine kurze Zeit ertragen können, bis sie durch Gewohnheit gegen das Ungewöhnliche stumpf werden und der Ekel sie übermannt. Das fanatische Fasten des Artisten muß ihnen als lebensfeindlich vorkommen, ihre eigene Existenzweise wird damit in Frage gestellt, während ein Wesen wie der vor Kraft und Gesundheit strotzende Panther, von dem es heißt: »Ihm fehlte nichts« (E 171), sie zu bestätigen scheint. Der Hungerkünstler andererseits muß auf die Nahrung verzichten, das Essen verursacht ihm »schon allein in der Vorstellung Übelkeiten« (E 166). Er kann lange Zeit nicht begreifen, daß seine Askese den anderen nutzlos vorkommen muß und daß sie nicht bereit sein können, ihn für einen solchen Akt zu bewundern.

Dafür, daß dieser Zirkusartist das »Künstlertum überhaupt«[17] in der modernen Gesellschaft verkörpern soll, gibt es im Text keine Belege. Das Dargestellte läßt sich an keiner Stelle in Beziehung zu Tendenzen im Literaturbetrieb während der Entstehungszeit der Erzählung setzen. Dagegen hat Kafka in der ihm eigenen Art der »verhüllenden Verfremdung«[18] Autobiographisches in den Text einfließen lassen. Wenn überhaupt, dann ›verkörpert‹ der Hungerkünstler den Schriftsteller Franz Kafka, der sich am Ende seines Lebens angekommen glaubt und auf die eigene künstlerische Existenz zurückblickt. Das Fazit dieses Rückblicks scheint ein negatives zu sein. Er hat nicht nur versucht, etwas ihm Lebensnotwendiges zur Kunst zu erheben, und damit eine Scheinexistenz geführt, er hat zugleich in einem anderen Sinne nicht gelebt: er hat sich aus der Gemeinschaft der anderen ausgegrenzt. Solche kritischen Selbstreflexionen, die in Resignation und Pessimismus münden, finden sich auch in Tagebuchaufzeichnungen und Briefen aus dem

---

17 Benno von Wiese, »Der Künstler und die moderne Gesellschaft«, in: *Akzente* 5 (1958) H. 2, S. 112–123; hier S. 114.
18 Schillemeit, S. 389.

Sommer 1922. Im *Hungerkünstler* hat Kafka in literarischer Form die ihn bedrängenden Zweifel zum Ausdruck gebracht, die er Max Brod in einem Brief vom 5. Juli 1922 ausführlich darstellte:

> Das Schreiben erhält mich, aber ist es nicht richtiger zu sagen, daß es diese Art Leben erhält. Damit meine ich natürlich nicht, daß mein Leben besser ist, wenn ich nicht schreibe. Vielmehr ist es dann viel schlimmer und gänzlich unerträglich und muß mit dem Irrsinn enden. Aber das freilich nur unter der Bedingung, daß ich, wie es tatsächlich der Fall ist, auch wenn ich nicht schreibe, Schriftsteller bin und ein nicht schreibender Schriftsteller ist allerdings ein den Irrsinn herausforderndes Unding. Aber wie ist es mit dem Schriftstellersein selbst? Das Schreiben ist ein süßer wunderbarer Lohn, aber wofür? In der Nacht war es mir mit der Deutlichkeit kindlichen Anschauungsunterrichtes klar, daß es der Lohn für Teufelsdienst ist. [...] Vielleicht gibt es auch anderes Schreiben, ich kenne nur dieses, in der Nacht, wenn mich die Angst nicht schlafen läßt, kenne ich nur dieses. Und das Teuflische daran scheint mir sehr klar. Es ist die Eitelkeit und Genußsucht, die immerfort um die eigene oder auch um eine fremde Gestalt – die Bewegung vervielfältigt sich dann, es wird ein Sonnensystem der Eitelkeit – schwirrt und sie genießt. Was der naive Mensch sich manchmal wünscht: »ich wollte sterben und sehn wie man mich beweint« das verwirklicht ein solcher Schriftsteller fortwährend, er stirbt (oder er lebt nicht) und beweint sich fortwährend. Daher kommt seine schreckliche Todesangst [...]. (BKB 377–379)

Ein Hungerkünstler erschien erstmals 1922 im Oktoberheft der Zeitschrift *Die neue Rundschau*; 1924 stellte Kafka für den Berliner Verlag »Die Schmiede« einen Band mit Erzählungen zusammen, in den er *Ein Hungerkünstler*, *Erstes Leid*, *Eine Kleine Frau* und *Josefine, die Sängerin* aufnahm.

Die Drucklegung des Buches verzögerte sich; als der Autor im Mai 1922 die Fahnen zur Korrektur zugesandt bekam, lag er bereits – aufgrund seiner Erkrankung fast unfähig, zu sprechen und Nahrung aufzunehmen – im Sanatorium Kierling, in dem er am 3. Juni starb. Sein Freund Robert Klopstock berichtete über Kafkas letzte Beschäftigung mit dem *Hungerkünstler*-Band:

> Kafkas körperlicher Zustand zu dieser Zeit und die ganze Situation, daß er selbst im wahren Sinne des Wortes verhungerte, war wirklich gespenstisch. Als er die Korrektur beendete, was eine ungeheure, nicht nur seelische Anstrengung, sondern eine Art erschütternder geistiger Wiederbegegnung für ihn sein mußte, rollten ihm lange Tränen herunter. Es war das erste Mal, daß ich eine Äußerung von Bewegung dieser Art in Kafka miterlebte.
>
> (Br 520 f.)

Literaturhinweise

Ein Hungerkünstler. In: Die neue Rundschau. Oktober 1922. S. 983–992.

Ein Hungerkünstler. In: Prager Presse. Jg. 2. Nr. 279 (Morgen-Ausg.). 11. Oktober 1922. S. 4–6.

Ein Hungerkünstler. In: F. K.: Ein Hungerkünstler. Vier Geschichten. Berlin: Die Schmiede, 1924. S. 31–51.

Beicken, Peter U.: Franz Kafka. Eine Kritische Einführung in die Forschung. Frankfurt a. M. 1974. [Zu »Ein Hungerkünstler«, S. 319–324.]

Dietz, Ludwig: Kafkas letzte Publikation. Probleme des Sammelbandes »Ein Hungerkünstler«. In: Philobilon 18 (1974) S. 119 bis 128.

Edel, Edmund: Zum Problem des Künstlers bei Kafka. In: Der Deutschunterricht 15 (1963) H. 3. S. 9–31.

Fingerhut, Karl-Heinz: Die Funktion der Tierfiguren im Werke Franz Kafkas. Bonn 1966.

Henel, Ingeborg: Ein Hungerkünstler. In: Deutsche Vierteljahrsschrift für Literaturwissenschaft und Geistesgeschichte 38 (1964) S. 230–247.

Pasley, J. M. S.: Asceticism and Cannibalism: Notes on an Unpublished Kafka Text. In: Oxford German Studies 1 (1966) S. 102 bis 133.

Pott, Hans-Georg: Allegorie und Sprachverlust. Zu Kafkas »Hungerkünstler«-Zyklus und der Idee einer »Kleinen Literatur«. In: Euphorion 73 (1979) H. 4. S. 435–450.

Schillemeit, Jost. In: KHB II. S. 378–402.

Sheppard, Richard W.: Kafka's »Ein Hungerkünstler«. In: German Quarterly 46 (1973) S. 219–233.

Spann, Meno: Franz Kafkas Leopard. In: The Germanic Review 34 (1959) S. 85–104.

Waidson, H. M.: The Starvation-Artist and the Leopard. In: The Germanic Review 35 (1960) S. 262–269.

Wiese, Benno von: Franz Kafka. »Ein Hungerkünstler«. In: B. v. W.: Die deutsche Novelle von Goethe bis Kafka. Düsseldorf 1956. S. 325–342.

– Der Künstler und die moderne Gesellschaft. In: Akzente 5 (1958) H. 2. S. 112–123.

Bibliographische Hinweise

Ausgaben der Schriften, Tagebücher und Briefe

Gesamtausgaben

Gesammelte Schriften. Hrsg. von Max Brod in Gem. mit Heinz Politzer. Bd. 1–4. Berlin: Schocken, 1935. Bd. 5. 6. Prag: Heinrich Mercy, 1936–37.
- Bd. 1: Erzählungen und kleine Prosa.
- Bd. 2: Amerika. Roman.
- Bd. 3: Der Prozeß. Roman.
- Bd. 4: Das Schloß. Roman.
- Bd. 5: Beschreibung eines Kampfes. Novellen, Skizzen, Aphorismen. Aus dem Nachlaß.
- Bd. 6: Tagebücher und Briefe.

Gesammelte Schriften. Hrsg. von Max Brod. Bd. 1–5. New York: Schocken, 1946.
- Bd. 1: Erzählungen und kleine Prosa.
- Bd. 2: Amerika. Roman.
- Bd. 3: Der Prozeß.
- Bd. 4: Das Schloß.
- Bd. 5: Beschreibung eines Kampfes. Novellen, Skizzen, Aphorismen. Aus dem Nachlaß.

Gesammelte Werke [in Einzelbänden]. Hrsg. von Max Brod. [Lizenzausg. von Schocken Books New York.] Frankfurt a. M.: S. Fischer, 1950ff.
- Der Prozeß. Roman. [1950.]
- Das Schloß. Roman. [1951.]
- Tagebücher 1910–1923. [1951.]
- Briefe an Milena. Hrsg. von Willy Haas. [1952.]
- Erzählungen. [1952.]
- Amerika. Roman. [1953.]
- Hochzeitsvorbereitungen auf dem Lande und andere Prosa aus dem Nachlaß. [1953.]
- Beschreibung eines Kampfes. Novellen, Skizzen, Aphorismen aus dem Nachlaß. [1954.]
- Briefe 1902–1924. [1958.] [Unter Mitarb. von Klaus Wagenbach.] [Zit. als: Br.]

Gesammelte Werke in 8 Bänden. Tb.-Ausg. Frankfurt a. M.: S. Fischer, 1989. [Mit Ausnahme des Briefbandes von 1958 textidentisch mit vorgenannter Ausgabe.]

Schriften. Tagebücher. Briefe. Krit. Ausg. Hrsg. von Jürgen Born, Gerhard Neumann, Malcolm Pasley und Jost Schillemeit. Frankfurt a. M.: S. Fischer, 1982 ff.
- Das Schloß. Roman. Hrsg. von Malcolm Pasley. Text-Bd. 1982. [Zit. als: KKAS.] App.-Bd. 1982. [Zit. als: KKAS, App.-Bd.]
- Der Verschollene. Roman. Hrsg. von Jost Schillemeit. Text-Bd. 1983. [Zit. als: KKAV.] App.-Bd. 1983. [Zit. als: KKAV, App.-Bd.]
- Der Proceß. Roman. Hrsg. von Malcolm Pasley. Text-Bd. 1990. [Zit. als: KKAP.] App.-Bd. 1990. [Zit. als: KKAP, App.-Bd.]
- Tagebücher. Hrsg. von Hans Gerd Koch, Michael Müller und Malcolm Pasley. Text-Bd. 1990. [Zit. als: KKAT.] App.-Bd. 1990. [Zit. als: KKAT, App.-Bd.]. Kommentar-Bd. 1990.
- Nachgelassene Schriften und Fragmente I. Hrsg. von Malcolm Pasley. Text-Bd. 1993. [Zit. als: KKAN I.] App.-Bd. 1993. [Zit. als: KKAN I, App.-Bd.]
- Nachgelassene Schriften und Fragmente II. Hrsg. von Jost Schillemeit. Text-Bd. 1992. [Zit. als: KKAN II.] App.-Bd. 1992. [Zit. als: KKAN II, App.-Bd.]

Weitere Ausgaben

Briefe an Felice [Bauer] und andere Korrespondenz aus der Verlobungszeit. Hrsg. von Erich Heller und Jürgen Born. Mit einer Einl. von Erich Heller. Frankfurt a. M.: S. Fischer, 1967. [Zit. als: F.]

Briefe an Milena [Jesenská]. Erw. und neu geordnete Ausgabe. Hrsg. von Jürgen Born und Michael Müller. Frankfurt a. M.: S. Fischer, 1982. [Zit. als: M.]

Briefe an die Eltern aus den Jahren 1922–1924. Hrsg. von Josef Cermák und Martin Svatos. Frankfurt a. M.: S. Fischer, 1990.

Briefe an Ottla [Kafka] und die Familie. Hrsg. von Hartmut Binder und Klaus Wagenbach. Frankfurt a. M.: S. Fischer, 1974.

Hochzeitsvorbereitungen auf dem Lande und andere Prosa aus dem Nachlaß. Hrsg. von Max Brod. Frankfurt a. M. 1953. [Zit. als: H.]

Amtliche Schriften. Hrsg. von Klaus Hermsdorf unter Mitw. von Winfried Poßner und Jaromir Louzil. Berlin: Akademie Verlag, 1984.

Max Brod / Franz Kafka: Eine Freundschaft. Hrsg. von Malcolm Pasley. Bd. 1: Reiseaufzeichnungen. Hrsg. unter Mitarb. von Hannelore Rodlauer von M. P. Frankfurt a. M.: S. Fischer, 1987. Bd. 2: Briefwechsel. Hrsg. von M. P. Frankfurt a. M.: S. Fischer, 1989. [Bd. 2 zit. als: BKB.]

Sämtliche Erzählungen. Hrsg. von Paul Raabe. Frankfurt a. M.: S. Fischer, 1970. [Zit. als: E.]

Bibliographien, Dokumente, Materialien

Beicken, Peter U.: Franz Kafka. Eine kritische Einführung in die Forschung. Frankfurt a. M. 1974.

Bezzel, Chris: Kafka-Chronik. Daten zu Leben und Werk. München/Wien 1975.

Binder, Hartmut: Kafka-Kommentar zu sämtlichen Erzählungen. München 1975.

– Kafka-Kommentar zu den Romanen, Rezensionen, Aphorismen und zum Brief an den Vater. München 1976.

– / Parik, Jan: Kafka. Ein Leben in Prag. München 1982.

Born, Jürgen [u. a.]: Kafka-Symposion. 2., veränd. Aufl. Berlin 1966.

Born, Jürgen [u. a.] (Hrsg.): Franz Kafka. Kritik und Rezeption zu seinen Lebzeiten, 1912–1924. Frankfurt a. M. 1979.

Born, Jürgen [u. a.] (Hrsg.): Franz Kafka. Kritik und Rezeption 1924–1938. Frankfurt a. M. 1983.

Brod, Max: Streitbares Leben. München 1960.

– Der Prager Kreis. Stuttgart 1966.

Caputo-Mayr, Maria Luise / Herz, Julius M.: Franz Kafkas Werke. Eine Bibliographie der Primärliteratur (1908–1980). Bern/München 1982.

– Eine kommentierte Bibliographie der Sekundärliteratur (1955–1980, mit einem Nachtrag 1985). Bern/München 1987.

Dietz, Ludwig: Franz Kafka. Die Veröffentlichungen zu seinen Lebzeiten (1908–1924). Eine textkritische und kommentierte Bibliographie. Heidelberg 1982.

Heller, Erich / Beug, Joachim (Hrsg.): Dichter über ihre Dichtungen. Franz Kafka. München 1969.

Hemmerle, Rudolf: Franz Kafka. Eine Bibliographie. München 1958.

Janouch, Gustav: Gespräche mit Kafka. Aufzeichnungen und Erinnerungen. Frankfurt a. M. 1961 [u. ö.].

Järv, Harry: Die Kafka-Literatur. Eine Bibliographie. Malmö/Lund 1961.
Kafka-Handbuch in zwei Bänden. Unter Mitarb. zahlreicher Fachwissenschaftler hrsg. von Harmut Binder. Bd. 1: Leben und Persönlichkeit. Bd. 2: Das Werk und seine Wirkung. Stuttgart 1979. [Bd. 2 zit. als: KHB II.]
Pasley, Malcolm / Wagenbach, Klaus: Datierung sämtlicher Texte Franz Kafkas. In: Kafka-Symposion. 2., veränd. Aufl. Hrsg. von J. Born [u. a.]. Berlin 1966, S. 55–83.
Unseld, Joachim: Franz Kafka. Ein Schriftstellerleben. München/Wien 1982.
Wagenbach, Klaus: Franz Kafka. Eine Biographie seiner Jugend 1883–1912. Bern 1958.
– Franz Kafka in Selbstzeugnissen und Bilddokumenten. Reinbek 1964 [u. ö.].
– Franz Kafka. Bilder aus seinem Leben. Berlin 1983.

Gesamtdarstellungen und Sammelbände

Abraham, Ulf: Der verhörte Held. Verhöre, Urteile und die Rede von Recht und Schuld im Werk Franz Kafkas. München 1985.
Beißner, Friedrich: Der Erzähler Franz Kafka und andere Vorträge. Mit einer Einf. von Werner Keller. Frankfurt a. M. 1983.
Binder, Hartmut: Kafka in neuer Sicht. Mimik, Gestik und Personengefüge als Darstellungsformen des Autobiographischen. Stuttgart 1976.
– Kafka. Der Schaffensprozeß. Frankfurt a. M. 1983.
Brod, Max: Über Franz Kafka. Frankfurt a. M. 1966.
Deleuze, Gilles / Guattari, Félix: Kafka. Für eine kleine Literatur. Frankfurt a. M. 1976.
Dietz, Ludwig: Franz Kafka. Stuttgart 1975.
Emrich, Wilhelm: Franz Kafka. Das Baugesetz seiner Dichtung. Der mündige Mensch jenseits von Nihilismus und Tradition. Bonn / Frankfurt a. M. 1958.
Flores, Angel und Swander, Homer (Hrsg.): Franz Kafka Today. Madison (Wisconsin) 1958.
Gray, Ronald (Hrsg.): Kafka: A Collection of Critical Essays. Englewood Cliffs (New Jersey) 1962.
Heintz, Günter: Franz Kafka. Sprachreflexion als dichterische Einbildungskraft. Würzburg 1983.

Heller, Erich: The Disinherited Mind. Essays in Modern German Literature and Thought. Harmondsworth 1961.
Hiebel, Hans Helmut: Die Zeichen des Gesetzes. Recht und Macht bei Franz Kafka. München 1983.
Kobs, Jörgen: Kafka. Untersuchungen zu Bewußtsein und Sprache seiner Gestalten. Bad Homburg 1970.
Kraft, Werner: Franz Kafka. Durchdringung und Geheimnis. Frankfurt a. M. 1972.
Kreis, Rudolf: Die doppelte Rede des Franz Kafka. Eine textlinguistische Analyse. Paderborn 1976.
Kremer, Detlef: Kafka. Die Erotik des Schreibens. Frankfurt a. M. 1989.
Kurz, Gerhard: Traum-Schrecken. Kafkas literarische Existenzanalyse. Stuttgart 1980.
– (Hrsg.): Der junge Kafka. Frankfurt a. M. 1984.
Mecke, Günter: Franz Kafkas offenbares Geheimnis. Eine Psychopathographie. München 1982.
Politzer, Heinz: Franz Kafka. Der Künstler. Frankfurt a. M. 1965.
– (Hrsg.): Franz Kafka. Darmstadt 1973. (Wege der Forschung. 322.)
Robertson, Ritchie: Kafka, Judaism, Politics, and Literature. Oxford 1985.
Sokel, Walter H.: Franz Kafka. Tragik und Ironie. München/Wien 1964.
Walser, Martin: Beschreibung einer Form. Versuch über Franz Kafka. München 1961.
Zimmermann, Hans Dieter: Der babylonische Dolmetscher. Zu Franz Kafka und Robert Walser. Frankfurt a. M. 1985.

Die Autoren der Beiträge

KARLHEINZ FINGERHUT

Geboren 1939. Studium der Germanistik, Romanistik, Philosophie in Münster, Besançon und Bonn. Dr. phil. Professor für Deutsche Literatur und Literaturdidaktik an der Pädagogischen Hochschule Ludwigsburg.

Publikationen: Die Funktion der Tierfiguren im Werke Franz Kafkas. Offene Erzählgerüste und Figurenspiele. 1969. – Das Kreatürliche im Werke Rainer Maria Rilkes. Untersuchungen zur Figur des Tieres. 1970. – Standortbestimmungen. Vier Untersuchungen zu Heinrich Heine. 1971. – (Mitverf.) Politische Lyrik. 1972. ³1981. – Kafka, Klassiker der Moderne. 1981. ²1983. – (Mitverf.) Liebeslyrik. 1983. ²1986. – (Mitverf.) Naturlyrik. 1984. ²1988. – Heine der Satiriker. 1991. – Heinrich Heine. *Deutschland. Ein Wintermärchen.* Grundlagen und Gedanken zum besseren Verständnis. 1992. – (Mithrsg.) Diskussion Deutsch. 1985 ff. – Aufsätze zu Fragen der Literaturdidaktik, zu Heine und Kafka.

RICHARD T. GRAY

Geboren 1952. Studien der Germanistik an der University of Virginia. Ph. D. Professor für Neuere deutsche Literatur an der University of Washington (Seattle).

Publikationen: Constructive Destruction. Kafka's Aphorisms. Literary Tradition and Literary Transformation. 1987. – Stations of the Divided Subject: Contestation and Ideological Legitimation in German Bourgeois Literature, 1770–1914. [Ersch. 1995] – (Hrsg.) Approaches to Teaching Kafka's Short Fiction. [Ersch. 1995] – Aufsätze zu Büchner, Heine, Hofmannsthal, Kafka, Klinger, Lavater, Nietzsche, Schiller, Süskind.

AAGE A. HANSEN-LÖVE

Geboren 1947. Studium der Slawistik und Byzantinistik an der Universität Wien. Dr. phil. Professor für Slawische Philologie an der Universität München.

Publikationen: Arbeiten zur Intermedialität, zur russischen Moderne, zu allgemein theoretischen Fragen der Mythopoetik, Literaturpsychologie und typologischen Periodisierung der Literaturgeschichte.

ROGER HERMES

Geboren 1962. Studium der Germanistik, Anglistik und Amerikanistik in Wuppertal, M. A. DAAD-Lektor für deutsche Sprache und Literatur an der University of Strathclyde (Glasgow).

HANS GERD KOCH

Geboren 1954. Studium der Germanistik, Anglistik und Editionswissenschaft in Wuppertal, Münster und Osnabrück. Dr. phil. Mitarbeiter an der Kritischen Kafka-Ausgabe.

DETLEF KREMER

Geboren 1953. Studium der Germanistik, Anglistik, Literaturwissenschaft und Philosophie in Hannover und Bielefeld. Dr. phil. habil. Hochschuldozent für Neuere Deutsche Literatur und Allgemeine Literaturwissenschaft an der Universität Bielefeld.

Publikationen: Wezel. Über die Nachtseite der Aufklärung. Skeptische Lebensphilosophie zwischen Spätaufklärung und Frühromantik. 1985. – Kafka. Die Erotik des Schreibens. 1989. – Romantische Metamorphosen. E. T. A. Hoffmanns Erzählungen. 1993. – Aufsätze zur Literaturgeschichte vom 16. bis zum 20. Jahrhundert, zur Ästhetik und zum Film.

MICHAEL MÜLLER

Geboren 1950. Studium der Anglistik und Germanistik in Köln. Dr. phil. Mitarbeiter an der Kritischen Kafka-Ausgabe.

BODO PLACHTA

Geboren 1956. Studium der Germanistik und Geschichte in Münster. Dr. phil. habil. Privatdozent am Fachbereich Sprach- und Literaturwissenschaft der Universität Osnabrück.

Publikationen: Der handschriftliche Nachlaß der Annette von Droste-Hülshoff. 1988. – Damnatur-Toleratur-Admittitur. Studien und Dokumente zur literarischen Zensur im 18. Jahrhundert. 1994. – Aufsätze über Achim von Arnim, Brecht, Droste-Hülshoff, Freiligrath, Fontane, Grabbe, Operntexte des 18. Jahrhunderts u. a.

RITCHIE ROBERTSON

Geboren 1952. Studium der Anglistik und Germanistik in Edinburgh und Oxford. Ph. D. Dozent an der Universität Oxford und Fellow of St. John's College.

Publikationen: Kafka. Judaism, Politics, and Literature. 1985. – Heine. 1988. – Kafka. Judentum, Gesellschaft, Literatur. Übers. von Josef Billen. 1988. – (Mithrsg.) Austrian Studies: A Yearbook. 1990ff. – Aufsätze zu Kafka, Canetti, Hofmannsthal, Joseph Roth, Musil, Werfel, Heine, Grillparzer u. a.

SABINE SCHINDLER

Geboren 1963. Studium der Allgemeinen Literaturwissenschaft, Sprachwissenschaft und Philosophie an der Universität-GH Wuppertal. M. A. 1987–91 Mitarbeiterin an der Kritischen Kafka-Ausgabe.

HANS DIETER ZIMMERMANN

Geboren 1940. Studium der Germanistik, Geschichte und Philosophie in Mainz und Berlin. Dr. phil. Professor für Allgemeine und Vergleichende Literaturwissenschaft an der TU Berlin.

Publikationen zu Kafka: Der Babylonische Dolmetscher. Zu Franz Kafka und Robert Walser. 1985. – (Mithrsg.) Kafka und das Judentum. 1987. – (Mithrsg.) Berlin und der Prager Kreis. 1991. – (Hrsg.) Nach erneuter Lektüre: Kafkas Roman *Der Prozeß*. 1992. – (Mithrsg.) Kafka und Prag. 1994.

Weitere Veröffentlichungen: Die politische Rede. 1969. ³1975. – Kleist, die Liebe und der Tod. 1989. – Heinrich von Kleist. Eine Biographie. 1991. – Der Wahnsinn des Jahrhunderts. Die Verantwortung der Schriftsteller in der Politik. 1992.